Elke Pistor & Ralf Kramp (Hg.)
Nordeifel Mordeifel 2

*Wir bedanken uns
für die freundliche Unterstützung bei:*

Kreis Euskirchen • Nordeifel Tourismus GmbH, Kall • Salvatorianerkloster Steinfeld • Seepark Zülpich gGmbH • Galerie Woewwesch, Blankenheim-Uedelhoven • Dr. Axe-Stiftung, Bonn • PAPSTAR GmbH, Kall • Bungard Tischlerwerkstätten, Hellenthal • Kartbahn Dahlemer Binz GmbH • Astronomie-Werkstatt »Sterne ohne Grenzen«, Köln • WeinBaum, Kall • Tanzschule Schumacher, Euskirchen • Burg Satzvey, Familie Graf Beissel zu Gymnich • LVR-Freilichtmuseum Kommern • Kreissparkasse Euskirchen • Kulturhof Velbrück e. V., Weilerswist-Metternich • Stadt Bad Münstereifel • Eifelgemeinde Nettersheim • Thelenshof, Kall-Steinfelderheistert • GfW Schleiden mbH • Hochwildpark Kommern GmbH • LVR-Industriemuseum Tuchfabrik Müller, Euskirchen-Kuchenheim • Gemünder Ferienpark Salzberg • Printenmanufaktur Portz, Bad Münstereifel • Aktivpark, Kall • e-regio GmbH & Co. KG, Euskirchen

Nordeifel Mordeifel
Krimitage im Krimiland Eifel
www.nordeifel-mordeifel.de

Elke Pistor & Ralf Kramp (Hg.)

# NORDEIFEL MORDEIFEL 2

Kriminelle Kurzgeschichten

Originalausgabe
© 2024 KBV Verlags- und Mediengesellschaft mbH, Hillesheim
www.kbv-verlag.de
E-Mail: info@kbv-verlag.de
Telefon: 0 65 93 – 998 96-0
Umschlaggestaltung: Ralf Kramp unter Verwendung von
© torstensimon - pixabay
Druck: CPI books, Ebner & Spiegel GmbH, Ulm
Printed in Germany
ISBN 978-3-95441-682-0

# INHALTSVERZEICHNIS

*Elke Pistor & Ralf Kramp*
**Man kennt sich, man hilft sich** ...................................... 9

*Klaus Stickelbroeck*
**Auf den Spuren der Raubritter** ..................................... 23

*Stefan Barz*
**Die Bekenntnisse des Bruders Gregorius** ................. 37

*Marcus Metzner*
**Gluck, gluck, gluck oder:**
**Tod in Tolbiacum** ............................................................ 49

*Ulrike Bliefert*
**Rönnemöss oder:**
**Wie killt man einen Kunstbanausen** .......................... 57

*Herbert Pelzer*
**Daniel** .................................................................................. 67

*Thomas Kiehl*
**Verdammtes Recycling** .................................................. 77

*Elke Pistor*
**Bei uns liegen Sie immer richtig** ................................ 87

*Rudi Jagusch*
**Asphaltduelle** ........................................................................ 97

*Angelica Netz*
**Mord unter Sternen** ............................................................ 109

*Carsten Sebastian Henn*
**Burgundisches Roulette** ..................................................... 119

*Jutta Wilbertz*
**Malte, die Rumba und ich** .................................................. 133

*Christiane Dieckerhoff*
**Hexentanz** ........................................................................... 143

*Tobias Quast*
**Alte Zeiten** .......................................................................... 153

*Tatjana Kruse*
**Der große Blonde mit der rosa Bauchtasche** ........... 163

*Carsten Berg*
**Deadline für Metternich** .................................................... 175

*Andrea Revers*
**Wechselbäder** ..................................................................... 187

*Manfred Lang*
**Anschlag** ............................................................................. 197

*Ute Mainz*
**Eiskalte Hand** .................................................................. 207

*Andreas J. Schulte*
**Noch ein Mord mit Aussicht** ....................................... 217

*Christina Bacher*
**Keilerglück** ..................................................................... 227

*Sabine Trinkaus*
**Sonntagskind** ................................................................. 237

*Ralf Lano*
**Des Wanderers Last** ...................................................... 249

*Isabella Archan*
**Duell um Mitternacht** .................................................. 259

*Ralf Kramp*
**Hinweise, die zur Ergreifung
des Täters führen** ............................................................ 269

*Peter Godazgar*
**Es werde Licht** ............................................................... 281

**Die Autorinnen und Autoren** ..................................... 293

**Elke Pistor & Ralf Kramp**

# MAN KENNT SICH, MAN HILFT SICH,

Genau genommen war das alles eigentlich der Schmitte Döllef mit seiner Kneipe schuld. Wenn Axmachers Manes nämlich nicht beim Döllef, der dem Möllers Trien seine Cousine, das Wellesse Stien, geheiratet hat und deswegen die Kneipe von Fischers Jeret, der der Bruder von der Tante von dem Trien war, übernommen hat, wenn also der Manes also nicht beim Döllef an der Theke gestanden hätte, dann stünde er jetzt nicht hier.

Dicke Schneeflocken schwebten geräuschlos durch die Dunkelheit auf sein kaltes, kahles Haupt und verharrten dort einen Moment, bevor sie zerschmolzen. Heinrich Gilles fluchte kaum hörbar. Er guckte auf seine Armbanduhr. Noch sechs Minuten bis zur vereinbarten Uhrzeit. Vom Jülicher Ring drang dumpf das Geräusch des nachlassenden Verkehrs herüber. Er selbst hatte sein Auto auf dem Friedhofsparkplatz abgestellt und war zu Fuß bis zum Eingang der Tiefgarage gegangen. Sein Besuch im Kreishaus um diese Uhrzeit ging niemanden etwas an. Er hatte den Ablauf immer und immer wieder in Gedanken durchgespielt, damit ihm auch kein Wenn und kein Aber entging und er keinen Fehler machte. Denn einen Fehler zu machen, das konnte er sich kein zweites Mal leisten. Den würde er sich noch weniger verzeihen als den ersten. Aber nach zwölf Pils und acht Schabau, die der Döllef jedes Mal mit einem »Prost, Dreckes!« vor ihm abgestellt hatte, hatte er irgendwann den Überblick verloren. Dreckes – so hieß Heinrich Gilles überall. Er hatte alles brav ausgetrunken. Und nur deswegen hatte er ja überhaupt erst seine Unterschrift unter dieses vermaledeite Papier vom Manes gesetzt.

»Dreckes? Bist du da?« Finkens Regina spähte in das fahle Licht der Tiefgarage und lauschte. Sie hatte sechs Uhr gesagt. Und wenn sie sechs Uhr sagte, dann meinte sie das auch so. Nicht viertel vor und viertel nach. Sonst käme sie hinten und vorne nicht mehr klar. Oder besser gesagt, oben und unten nicht klar. Denn ausgerechnet heute hatte sich Ayse krankgemeldet, und die machte normalerweise die komplette untere Etage im Alleingang. Sie musste also nicht nur ihre Etage, das Katasteramt, sondern auch noch die Kantine und vor allem die Sache mit Dreckes bewerkstelligen. Sie hatte schon überlegt, ihn anzurufen und alles abzublasen, aber das konnte sie Schmöllesse Clärchen, der allerbesten Freundin ihrer Schwester, nicht antun. Die hatte nämlich beim Adventskaffeetrinken vom Frauenchor gefragt, ob sie sich noch daran erinnern könnte, wie sie, Clärchen, dem Jien seinem Jungen, dem Enjolino, Ende letzten Juli geholfen hatte. Zuerst hatte Regina gar nicht gewusst, worum es ging, aber dann hatte Clärchen ihr die Sache mit dem Spülmittel im Marktbrunnen in Euskirchen ins Gedächtnis gerufen und dass die Polizei ja immer noch nicht wüsste, wer das nun war. Sie, Clärchen, aber schon. Deshalb wäre es nur anständig, wenn Regina jetzt ihrem Schwager einen kleinen Gefallen tun könnte. Und weil Schmöllesse Clärchen nun mal die allerbeste Freundin ihrer Schwester war und man sich ja hilft, wenn man sich kennt, hatte Regina dann zugestimmt. Aber nur deshalb.

Wieder lauschte sie angestrengt in die Leere der Tiefgarage.

»Regina? ... Rejien? ... Jien? Ich bin hier!« Dreckes' Stimme kam von weiter weg.

Regina klemmte ihren Putzwagen in die Tür, damit sie sich nicht aussperrte, und lief in die Richtung, aus der die Stimme gekommen war. Per Knopfdruck öffnete sie das Rollgitter.

»Dann mal rein in die gute Stube.«

Dreckes knetete nervös die Hände, sagte aber nichts und folgte ihr durch die Tiefgarage ins Kreishaus.

»Keine Panik, kriegen wir schon gewuppt. Ich kenn mich im Katasteramt besser aus als in meiner eigenen Schminktasche. Wir zwei flitzen da hoch, du holst dir, was du brauchst, und bist schneller wieder draußen, als du Antragsformular sagen kannst.« Sie zog den Putzwagen aus dem Türrahmen und schob ihn vor sich her, bis sie den Fahrstuhl erreicht hatten. Mit einem leisen *Ping* öffnete sich die Tür, und die beiden traten ein.

»Wir müssen nur aufpassen, dass der Zingsheims Weckes, der Wachmann, uns nicht sieht. Ludwig Zingsheim? Kennst du doch, oder? Das ist der uneheliche Sohn vom Herresse Wellem, der in Kuchenheim die

Tankstelle hat, da, wo vorm Krieg die Bäckerei von dem Drintzens Paul gestanden hat. Aber der geht sowieso nicht so oft seine Runde, wie der die gehen sollte.«

Dreckes schwieg. Er war nervös, und Regina quasselte einfach weiter, um die Stille zu überbrücken. »Mache ich alles alleine hier oben«, sagte sie und umfasste mit einer Geste den gesamten Flurbereich, als sie aus dem Fahrstuhl traten. «Nur die Fenster macht ein Externer.« Sie verzog die Mundwinkel. »Was meinst du, wie oft ich da nachpolieren muss, damit das anständig aussieht.«

Missmutig trottete Dreckes hinter Regine her, deren Schlüsselbund bei jedem Schritt laut durch den schwach beleuchteten Flur klimperte. Den Putzwagen hatte sie neben dem Fahrstuhl abgestellt. Für ihren ausladenden, wogenden Hintern unter dem Arbeitskittel hatte er heute überhaupt keinen Blick. Immer wieder musste er sauer aufstoßen. Kein Wunder, sechs Weihnachtsfeiern in vier Tagen. Firma, Dorfverschönerungsverein, Kegelclub, Sportverein, KG, Schützenverein ... Das ging an die Substanz.

Zuerst hatte er ja noch die Hoffnung gehabt, dass seine Unterschrift auf diesem Wisch vielleicht zu unleserlich gewesen sein könnte, bei all dem Alkohol, den er intus hatte, aber Axmachers Manes hatte gejubelt: »Gestochen scharf und mit großen, wunderschön geschwungenen Buchstaben!« Dann hatte Manes eine Lokalrunde gegeben und den Wisch noch am selben Abend persönlich beim Kreishaus in den Postkasten geworfen.

Regine spähte vorsichtig um die Ecke und bedeutete ihm mit einer stummen Geste, ihm zu folgen. Sie zeigte auf seine Winterschuhe: »Zieh die besser mal aus. Die quietschen.« Hätte er denn mit Flip-Flops kommen sollen? Er hätte gerne etwas über ihren Schlüsselbund gesagt, folgte aber stumm ihrer Anweisung.

Der Manes und seine ganze puckelige Verwandtschaft waren die Pest! Die kamen ihm im Dorf immer überall in die Quere! Ihre Uropas hatten sich schon bei jedem Schützenfest gekloppt. Axmachers Hilla, die blöde Schlampe, die hatte sich damals von seinem Vater Zwillinge machen lassen und lebte bis heute von den Alimenten auf Fuerte. Schmenglers Dustin, der verwöhnte Neffe vom Manes, hatte ihm mit seinem doofen Quad eine fette Schramme in die Seite vom Pick-up geratscht. Auch wenn er das nicht beweisen konnte, wusste er hundertprozentig, dass der das war! Und Euteneuers Heinz, der Vetter vom Manes, der hatte ihm mal den Bosch-Hammer kaputt zurückgegeben! Die ganze Drecksbande hielt immer zusammen. Und jetzt machten sie Ärger wegen seiner Grenzbebauung zu Hörsels Billa ihrem Grundstück.

Fast wäre er auf Regine aufgelaufen, als diese plötzlich vor einer Tür stehen blieb und auf ein Schild an der Wand deutete: Abteilung Geoinformation, Vermessung und Kataster. Sein Puls verdoppelte die Geschwindigkeit, als Regina lärmend die Tür aufschloss.

»Dann mal rein ins Reich.« Regina breitete die Arme aus. »Alles meins. Hier entkommt mir kein Staubkorn!« Sie trat einen Schritt zur Seite. »Da hinten am Fenster, da sitzt der Meiers Schorsch, der macht die Kartierungen. Der hat irgendwas mit seiner Haut. Das hat er von seiner Oma, dem Hasselmanns Gret. Nicht schön. Er muss sich immer die Hände und die Ellenbogen eincremen. Und ich kann dann immer gucken, wie ich die Sauerei von der Schreibtischplatte kriege. Aber ich hab da ja mein selbst gemachtes Mittel. Das Rezept habe ich von der ... ach, wie heißt die noch ... also die, die bei Schneiders Tünni um die Ecke gewohnt hat. Die kennst du bestimmt! In dem Haus, wo die Tochter erst studiert und nachher mit den siebzehn Katzen, elf Meerschweinchen, drei Hunden und der Ziege allein gewohnt hat. Doch, du weißt, wen ich meine. Auf jeden Fall hat die mir das mit dem Natron und dem Kokosöl verraten. Damit mache ich hier praktisch alles. Und das riecht auch noch lecker.« Sie wedelte Dreckes mit ihrem Putzlappen die Luft entgegen. Ein Hauch von Karibik im Katasteramt umwehte ihn. »Damit mach ich auch die Elektrosachen. Telefone, Computermäuse, Taschenrechner ... Soll ich ja eigentlich nicht. Aber Bakterien, sag ich nur. Bei der warmen Luft hier teilen die sich alle zwanzig Minuten! Musste dir mal vorstellen! Da wird man krank von, und dann wundern sich die Leute, wenn das auf den Ämtern so langsam vorangeht. Aber nicht in meiner Abteilung. Ohne meine Hygienefürsorge läuft hier gar nichts.«

»Können wir denn jetzt vielleicht ...« Dreckes deutete mit der Handytaschenlampe in den Raum.

»Wat? Ach so, ja sicher.« Regina machte Dreckes den Weg frei. »Dann such mal schön deinen Antrag.«

Dreckes eilte zum ersten Schreibtisch.

»Janssens Minna, Datenauswertung, Kaffeeflecken«, kommentierte Regina, während sie den einhändig wühlenden Dreckes beobachtete. Doch weder hier noch an den nächsten beiden Arbeitsplätzen – Henkes' Jasmin, Auskunft und Urkundenerstellung, Krümel in der Tastatur, Palmersheims Mechel, Katasterfortführung, Kaugummis unter der Schreibtischplatte – fand er das Gesuchte. Dreckes blickte hilflos zu ihr hinüber.

»Einen hab ich noch.« Sie drehte sich auf dem Absatz um und öffnete eine Tür im hinteren Bereich. »Griesbergs Thomas, Vermessung und Essensreste in der Schublade.«

Dreckes lief zum Schreibtisch, die Arme ausgestreckt, den Atem angehalten. Hier musste es jetzt einfach sein. Wenn nicht, dann ... Sein Blick blieb an der obersten Etage einer Stapelablage hängen. Für einen kurzen Moment hatte er das Gefühl, der gesamte Raum würde leuchten und strahlen. Da war es! Mit zitternden Händen griff er nach dem Papier, das sich glatt und kühl anfühlte. Über seiner Schulter spürte er Reginas warmen Atem.

»Isset dat?« Laut las sie vor: »An-trag auf Neu-ver-mes-sung.«

Dreckes nickte lächelnd. Am unteren Rand des Papiers prangte unübersehbar seine Unterschrift.

Regina lobte ihn: »Gestochen scharf und mit schön geschwungenen Buchstaben.«

Der Eingangsstempel vom gestrigen Tag war darauf. Wenn es nicht so kurz vor Weihnachten wäre, hätte Dreckes wahrscheinlich weniger Glück gehabt.

Dabei wäre das eigentlich alles gar nicht nötig. Es hatte sich ja nie einer beschwert. Vor allem nicht Hörsels Billa, und die war die Einzige, die in der Sache was zu kamellen hatte. Denn Hörsels Billa war nicht nur 96, sondern vor allem seine Nachbarin. Mit der war er in all den Jahren immer gut klargekommen. Hatte ihr schon mal Pferdemist für die Erdbeerbeete besorgt, ab und zu mal die Güllegrube leer gepumpt und war immer mal mit dem Balkenmäher über ihre riesige Obstbaumwiese drübergegangen. Man kennt sich, man hilft sich. Und Billa hatte dann auch nicht rumgemeckert, wenn er im Verlaufe der letzten acht, neun Jahre die Grenze Stückchen für Stückchen in ihre Richtung verschoben hatte. Manchmal fuhr man eben mit dem Aufsitzrasenmäher gegen so einen Grundstein, und zack – war der zwei Handbreit weiter in Richtung Nordosten gewandert. Billa kriegte das gar nicht mit. War ja auch insgesamt nur ein drei bis vier Meter breiter Streifen, den er da auf einer Länge von 900 Metern dazugemäht hatte. Nicht mal ein halber Hektar.

»Hast du alles, was du brauchst?«, fragte Regina. »Wir müssen wieder, bevor Zingsheims Weckes kommt.«

Sie verließen die Räume des Katasteramts so, wie sie sie vorgefunden hatten. Nur um ein Schriftstück ärmer.

»Ich kapier ja immer noch nicht, was das alles soll«, flüsterte Regina, während sie um die Ecke spähte. »Die Grenze zu Hörsels Billa? Was soll denn da nicht in Ordnung sein?«

Das war auch gut so, dass Regina das nicht kapierte, dachte Dreckes. Die erzählte viel zu viel rum.

Zuerst hatte er mit seiner Grundsteinrückerei ja nur den Kartoffelacker ein bisschen verbreitert. Aber nach ein paar Jahren war er das mit den Kartoffeln leid gewesen, und dann hatte er da einen gepflasterten Parkstreifen hingemacht. Und einen Hühnerstall. Zuerst aus

Holz, dann gemauert. Und irgendwann auch noch eine Doppelgarage. Wenn einer fragte, hatte er immer behauptet, das wäre alles ganz ordentlich genehmigt.

»Ist doch alles genehmigt, oder?«, schien Regina seine Gedanken zu lesen. Sie winkte ihn zu sich, und sie schlüpften in den Fahrstuhl. »Den Putzwagen hole ich später.«

Nichts war genehmigt. Im Schutz der üppigen Weißdornhecken hatte Dreckes dann irgendwann den Hühnerstall und die Garage zu kleinen Ferienhäuschen umfunktioniert, und dann auch noch ein drittes einfach so dazu gebaut. Auf dem Land geht so was. Solange keiner kommt und einen anscheißt, läuft das glatt. Aber dann kam Manes, der Drecksack. Nur weil Dreckes ihm den Ferguson angedreht hatte, der zwei Wochen später den Motorbrand hatte. Totalschaden. Zuerst hatte Dreckes noch hämisch gelacht, aber dann hatte der Manes plötzlich von der Grundstücksgrenze angefangen und hatte ihn immer weiter getrieben, und die hatten sich immer öfter in die Wolle gekriegt. Und eines Abends hatte der Manes ihm dann beim Döllef in der Kneipe ganz provokant diesen Antrag auf Grenzvermessung vorgelegt. Und Dreckes, der schon hackedicht gewesen war, hatte ihn mit den Worten »Du kannst mich mal! Ist alles genehmigt! Die sollen ruhig messen kommen!« unterschrieben.

»Ich war Billa demletzt im Krankenhaus besuchen. Wusstest du, dass die krank ist?«, plauderte Regina, während das Lämpchen an der Fahrstuhlwand Etage um Etage nach unten wanderte. Dreckes nickte stumm.

Natürlich wusste er das. Wenn Billa nicht im Krankenhaus liegen würde, hätte er sie nämlich ganz flott zum Notar gekarrt und die ganze Sache ruckzuck legitimiert. Hätte keiner mehr was sagen können, und dem Manes wäre das dreckelige Lachen aus dem Gesicht gefallen.

Die Fahrstuhltür öffnete sich zum Kellerflur hin. Nur noch ein paar Augenblicke, und die Sache wäre endgültig erledigt.

»Die Billa hat es schwer am Herz«, plapperte Regina und ging voraus in Richtung Tiefgarage. »Dabei ist in der ihrer Familie noch nie einer mit Herz im Krankenhaus gewesen. Sie kann sich nicht erinnern, dass überhaupt einer mal was am Herz gehabt hat.« Sie drückte auf den automatischen Türöffner. »Die sind alle an was anderem gestorben, jedenfalls nicht am Herz, sagt Billa.« Regina machte einen Schritt in die Tiefgarage hinein und blieb abrupt stehen. Dreckes hätte fast den Antrag fallen lassen.

»Ach Mist!« Regina drehte sich um, packte ihn an den Schultern und schob ihn zurück in den Flur.

»Was ist?«

»Das blöde Tor ist zu. Aber keine Panik. Ich kenne noch einen anderen Weg raus.« Sie quetschte sich an ihm vorbei, und er stolperte hinter ihr her. Regina lief drei Schritte, stoppte plötzlich erneut und packte ihn mit einem Mal hektisch am Handgelenk. »Ach du Scheiße, da kommt Zingsheims Weckes! Jetzt aber flöck!« Sie zerrte ihn in Richtung einer weiteren Tür und zog sie auf. »Der Weckes darf uns auf keinen Fall sehen.« Dreckes' Puls raste. In seinen Ohren rauschte es. Ihm fiel ein, dass in seiner Familie durchaus Leute was am Herz gehabt hatten und auch daran gestorben waren. Abgesehen davon, dass es schwierig würde, dem Wachmann zu erklären, warum er um diese Zeit hier war, und davon, dass der mit Sicherheit die Polizei rufen würde, wollte er sich nicht dem Gespött am Stammtisch bei Schmitte Döllef aussetzen. Und auf gar keinen Fall gönnte er dem Manes seinen Triumph. Er glaubte tatsächlich, Schritte zu hören.

»Hier rein!«, zischte Regina. Ihr Gesicht war vor Aufregung rot angelaufen. Sie zeigte auf die schwere, offene Tür eines riesigen Tresorraums.

»In den Tresor?« Dreckes zögerte, machte aber dann einen Schritt vorwärts. Unvermittelt spürte er einen kräftigen Stoß gegen die Schulter. Reginas Hände grabschten gleichzeitig nach dem Schriftstück und nach seinem Handy. Dreckes stolperte und fiel. Dann hörte er einen dumpfen, satten Knall.

Mit einem Schlag war es pechschwarz um ihn herum. Keine natürliche Finsternis, an die sich die Augen nach einer Weile gewöhnen, keine Konturen, die nach und nach aus dem Dunkel hervortreten und einem ein bisschen Orientierung ermöglichen. Nur tiefschwarzes Nichts.

Als er sich wieder aufgerappelt hatte, hielt er das zuerst für einen schlechten Scherz. Er ertastete etwas, das er für Regale hielt. Aktenordner? Er fühlte die Rückendeckel. Warum hatte sie die Luke geschlossen? Wirklich wegen dem Wachmann? Ein brennendes Gefühl der Panik kroch ihm den Rücken hinauf.

»Regina?«, fragte er zuerst in normaler Lautstärke, so, als wäre zwischen ihnen beiden nur eine papierdünne Wand. »Was soll das?«

Der Klang seiner eigenen Stimme war gedämpft, ein bisschen so, als hätte er einen Kopfhörer an. »Lass den Quatsch, hörst du?« Und noch einmal, mit einem erzwungenen, sehr, sehr schwachen Lachen: »Lass doch den Blödsinn.«

Aber zwischen ihnen war massives Metall. Faustdicker Stahl, durch den kein Geräusch drang, solange er auch angestrengt lauschte.

Was sollte das werden? War die bekloppt geworden? Die hatte sie doch nicht mehr alle!

»Rejien!?!?« Selbst sein lautes Rufen klang hohl und wie durch Watte.

Er sah ihr Gesicht vor sich. Ihre meistens gleichgültige Miene, ihren immer ein bisschen verschleierten Blick. Was hatte die denn gegen ihn? Warum machte die das? Er begriff jetzt, dass das mit der Garage eine fette Lüge gewesen war. Immerhin hatte sie ihn doch vor einer halben Stunde durch das Rollgitter reingelassen. Und jetzt sollte das auf einmal nicht mehr von innen aufgehen? Diese blöde Trulla! Diese verdammte Kuh!

Und plötzlich durchzuckte es ihn wie ein Blitz: Der Manes! Diese Drecksau wollte ihn in die Pfanne hauen! Der Manes steckte dahinter! Gehörte sie etwa zu seiner Sippe? Mit wem war sie noch mal verheiratet? Mit Finkens Fränz, dem schwerhörigen Schlossermeister. Der hatte ihm mal die Anhängerkupplung repariert und war auch mal mit auf der Kegeltour nach Malle gewesen. Und ihre Schwester war Strothkötters Angnies, die Sprechstundenhilfe vom Doktor Ülpenich, wo er zwei, drei Mal mit seinem eingewachsenen Zehnagel gewesen war … aber wo war denn da die Verbindung zum Manes? Wo, verdammt noch mal?

»Jien!!!«, schrie er. Vielleicht hörte ihn ja wenigstens der blöde Wachmann. »Jiiieeen!!!«

Finkens Regina ließ den Putzlappen sinken und guckte auf die dicken Beschläge der nun wieder makellos glänzenden Metalltür. In ihr breitete sich das Gefühl tiefer Zufriedenheit aus, das man empfindet, wenn man seine Arbeit wirklich gut erledigt hat. Mit ihrem selbst gemachten Reinigungsmittel kriegte sie alles weg. Auch Fingerabdrücke. Schließlich bestanden die auch nur aus Fett. So schnell würde auch niemand neue Flecken auf die Tür machen, denn in den nächsten vierzehn Tagen käme keine Menschenseele hier unten vorbei. Auch Zingsheims Weckes nicht. Der lag nämlich mit Rücken und Fieber im Bett. Das hatte ihr die Ayse erzählt, als sie mit ihr telefoniert und ihr gute Besserung gewünscht hatte. Und die wusste das von ihrer Nachbarin, die mit der Frau vom Weckes in der Dienstagabendgymnastik war und sich bei ihr über den Weckes und seine Männergrippe bitterlich beklagt hatte.

Regina lächelte versonnen und freute sich auf ihre Weihnachtsferien. Sie sah sich schon vor ihrem Kaminofen sitzen, gewärmt von einem lustig lodernden Feuerchen. Das Holz für den Ofen bekäme sie von Lorbachs Päul, dem Neffen von Schmitte Döllef. Weil man sich ja hilft, wenn man sich kennt, und so. Der Päul, der war ein netter Junge, der war Dachdecker, und vielleicht konnte der ihr dann ja auch noch das mit der kaputten Regenrinne machen und noch so ein paar andere Sachen. Vor allen Dingen aber war der Päul seit der letzten Kirmes der feste Freund von der Machereys Jacqueline. So fest, dass die schon einen ganz runden Bauch kriegte. Und die Jacqueline wiederum war die Tochter von Machereys Irmhild, der einzigen direkten Verwandten vom Dreckes. So, und da käme nämlich dessen ganzes großes Anwesen doch schon bald ganz automatisch in gute Hände.

Zum Kaminanzünden würde sie den Antrag vom Dreckes nehmen, der interessierte ja dann auch keinen mehr.

Regina schlug ihren Putzlappen das letzte Mal in diesem Jahr aus, faltete ihn ordentlich und steckte ihn in ihre Tasche.

Zuallererst würde sie aber jetzt zu Schmitte Döllef in die Kneipe gehen und sich ein Sektchen gönnen. Denn schließlich war der es ja eigentlich schuld, dass das jetzt mit seinem Neffen und seiner Freundin alles so schön passte.

**Klaus Stickelbroeck**

# AUF DEN SPUREN DER RAUBRITTER

Meiner Mutter war die Familie wichtig. Sehr, sehr wichtig. Und nicht nur unsere Kernfamilie – Mutter, Vater, Schwester Sabine und ich – nein, die ganze Bagage, unsere komplette Sippe. Blut ist dicker als Wasser, pflegte sie immer zu sagen.

Sie wusste, wer neu dazukam und wer ging. Taufe, runder Geburtstag, Beerdigung. Dann hat sie die großen Karten gekauft und die Unterschriften gesammelt. Oder ergänzt. Onkel Peter war ja Arzt und immer schwer beschäftigt. Dessen krakelige Unterschrift bekam Mutter besser hin als er selbst.

Und sie hat sich gekümmert. Nachdem Onkel Peter und Onkel Theo sich damals aber so richtig in die Wolle gekriegt hatten, weil dem Onkel Theo seine Melanie immer mit dem Auto auf Onkel Peters Stellplatz parkte, hat Mutter die beiden kurzerhand zum Krisengespräch geladen. Als nach langer Debatte nichts Konkretes rumkam, hat Mutter den großen Kühlschrank aufgemacht und von ganz hinten die dunkle Flasche rausgeholt. Die ohne Etikett. Der Boguslav hatte seinerzeit bei uns im Bad die Fliesen neu gelegt und damals die Flasche mitgebracht. Aus Schlesien. Ostschlesien. Östliches Ostschlesien. Da, wo die Menschen oft vorzeitig erblinden.

Die drei haben die Flasche leer gemacht, und am nächsten Morgen konnten Onkel Peter und Onkel Theo sich an nichts erinnern. Mutter hat ihnen dann erklärt, was für einen Kompromiss sie am Vorabend ausgehandelt hatten. Schwupps, war das Problem gelöst.

Selbstverständlich hat Mutter auch die regelmäßigen Sippentreffen organisiert. Das war immer ein großes Hallo, wenn wir irgendwo eingefallen sind. An unsere Meute hatte der liebe Gott gedacht, als er sich im Alten Testament für die Ägypter die achte Plage ausgedacht hat. Die mit den Heuschrecken.

Und jetzt hatte Mutter mir am Sterbebett das Versprechen abgerungen, dass ich mich in Zukunft um unsere Sippe kümmere.

Schöne Scheiße!

Ich hab doch nicht mal gewusst, wie viele wir überhaupt waren. So um die dreißig, würde ich schätzen.

Onkel Michael haben wir zweimal. Und einer meiner Cousins, der Heiko, heißt seit ein paar Jahren Heike. Melanie und ihr Mann haben Drillinge, deren Namen ich mir nicht merken kann. Ich nenne sie Tick, Trick und Track. Die sind zwischen sechs und zehn Jahre alt, ungefähr. Das ändert sich ja jedes Jahr. Yakubu Ike, den Namen des Lebensgefährten meiner Schwester, konnte ich mir merken, weil ein Fußballspieler aus Nigeria genauso heißt. Deren fünf Monate altes Baby heißt Tayo Elias.

Und Tante Thea, die schrullige, ältere Schwester meiner Mutter, die kannte jeder.

Alles in allem waren wir eine richtig nette Truppe, ein lustiger Haufen. Wenn wir feiern, dann richtig. Am Ende ging es über Tische und Bänke. Da waren wir alle gleich.

Außer Onkel Paul. Der nicht.

Onkel Paul war Mutters jüngerer Bruder und mehr so waagerecht beliebt. Von drei Kindern war er das vierte. Ein mieser Stinkstiefel. Beliebt wie Herpes. Der wurde beim Versteckenspielen nie gefunden. Im Sandkasten ist der als Kind mal eingeschlafen, da haben Katzen versucht, den zu vergraben.

Nun ja. Als jetzt das Sippentreffen anstand, bin ich geografisch schnell in der Eifel gelandet. Kanufahren aufm Rursee, Marschieren durchs Hochmoor, griffige Basaltsäulen zum dran Klettern. Und dann, zack! Höhenburg Reifferscheid. In der Nordeifel. Wandern, ein Rundweg. *Auf den Spuren der Raubritter*. Ja, sicher! Raubritter waren ja auch so was wie Heuschrecken. Nur mit Schwert, Rüstung und Lanze. Das passte wie die Faust aufs Auge.

\* \* \*

Getroffen haben wir uns am Fuß der Burg Reifferscheid im gemütlichen *Café Burgliebe*. Eine sagenhafte Spekulatius-Mandarinen-Torte hatten sie dort im Angebot, böse Sünde und liebliches Gedicht zugleich. Nach und nach trudelte die ganze Sippe ein. Die Drillinge fanden Raubritter klasse und benahmen sich ähnlich. Zuletzt rollte

Tante Thea herein. Äh ... rollte? Sie saß in einem Rollstuhl.

»Bandscheibe, Klaus«, stöhnte Tante Thea mit leidender Stimme. »Ganz doll. War im Zug schon lästig, aber machste nix.«

Ich blinzelte irritiert. »Tante Thea, wir machen eine Wanderung. Hatte ich dir doch am Telefon erzählt. 14,1 Kilometer, 390 Höhenmeter, vier Stunden.«

»Find ich gut«, lobte Tante Thea aufgeräumt.

Ich deutete auf ihren Rollstuhl. »Ja, aber ...«

»Muss mich halt jemand schieben. Oder tragen. Sind ja genug kräftige Männer hier. Oder werden körperlich Benachteiligte neuerdings ausgegrenzt?«, fragte sie mit dem tückischen Blick einer giftigen Natter.

Onkel Paul hatte sich dazugestellt. »Dein Ernst, Klaus? 14,1 Kilometer im Kreis laufen? Wie dämlich ist das denn?«

»Das ist ein Rundweg.«

»Vier Stunden laufen und dann biste da, wo du angefangen hast.«

»Deshalb nennt man es Rundweg.«

»Ich nenn das: bescheuert«, kodderte Onkel Paul.

Er schlenderte zum Tresen, um ein weiteres Eifeler Landbier zu ordern. Sein fünftes oder sechstes.

Tante Thea unkte düster: »Auf den doofen Paul musst du aufpassen, der hat eben schon einer deiner Cousinen an den Hintern gepackt. Ich weiß nicht, wie der es in unsere Familie geschafft hat. Ich bin sicher, der wurde bei der Geburt vertauscht.«

Tick, Trick und Track spielten Raubritter, die schreiend alles kaputtschlagen.

Ich beglich bei der sympathischen Betreiberin des Cafés eine beeindruckende Rechnung – die Heuschrecken hatten ganze Arbeit geleistet – und klatschte dynamisch in die Hände. »Auf geht's, meine Lieben!«

Schwester Sabine trug Tayo Elias, ich schob Tante Theas Rollstuhl. Tick, Trick und Track johlten vergnügt. Onkel Paul rülpste zum Abschied ein Eifeler Landbier durchs Café.

\* \* \*

Das erste Teilstück des mit weiß-grünen Tafeln gut ausgeschilderten Weges ging sich über absteigende Serpentinen entspannt an, jedoch wurde die Strecke jenseits des Reifferscheider Bachs deutlich steiler. Onkel Michael und Onkel Michael nahmen mir Tante Thea samt Gefährt ab. Der schmale Aufstieg zum Hohleberg wurde auch als Kreuzweg genutzt. Festes Schuhwerk grub sich schmatzend in den regenfeuchten Untergrund.

Tick, Trick oder Track gesellte sich neben mich und deutete auf das Bild zur zweiten Kreuzwegstation, Jesus nimmt das Kreuz auf seine Schultern. »Haben die Raubritter auch Kreuze gestohlen?«

»Äh, nein. Das auf dem Bild ist kein Raubritter, das ist eine ganz andere Geschichte.«

Rotzigs Stimme wurde nölig. »Wann treffen wir denn endlich die Raubritter?«

Hinter mir diskutierten Onkel Theo und Onkel Peter.

»Akupunktur hat sich durchgesetzt!«

»Nur bei den Doofen.«

»Akupunktur ist eine traditionelle chinesische Behandlungsmethode«, behauptete Onkel Theo.

»Ein Schlag auf'n Hals ist auch eine traditionelle Behandlungsmethode«, wusste der Doktor.

Oha. Auf der ersten Aussichtsplattform angekommen, drückte ich den beiden Tante Thea aufs Auge. Da der Rollstuhl regelmäßig über Unebenheiten und Hindernisse gehoben werden musste, würde ihnen fürs leidenschaftliche Diskutieren schnell der Atem fehlen. Der wunderschöne Ausblick über die Höhen zwischen Hellenthal und dem Ländchen vertrug keinen Zank.

Sabine und Tayo Elias lächelten. Aber, was roch denn da plötzlich so komisch? Aha, Onkel Paul war hinzugetreten, es wehte eine stramme Fahne.

Wie unschuldig beugte er sich über den Kleinen. »Ganz der Papa. Wenn man feste an dem Kurzen rubbelt, geht dann die Farbe ab?«

Ich schnappte nach Luft.

Sabine zischte, hochroter Kopf: »Spinnst du?«

Paul leckte sich über den Daumen und streckte ihn Richtung Elias.

»Wenn du den Kleinen anrührst«, fauchte Sabine. »Breche ich dir die Nase!«

Paul ließ die Hand sinken. »Meine Güte, ich mach doch nur Spaß.«

Sabine blickte mir fest in die Augen. »Halt mir den Spinner vom Leib. Der kann von Glück sagen, dass Yakubu Ike das gerade nicht mitbekommen hat, sonst wäre hier aber was los.«

Sie rammte sich an Paul vorbei. Der Trottel zuckte wie unschuldig mit den Schultern. Mir wurde klar, dass ich ein ernstes, ernstes Problem hatte.

Der Weg wurde komfortabel und breit. Über uns gab die Sonne ihr Bestes. Die Drillinge schlugen mit kleinen Stöcken auf alles, was Krach machte. Melanie und ihr Gatte, dessen Name mir nicht einfiel, liefen neben mir.

Melanie raunte: »Onkel Paul stänkert und geht allen tierisch auf den Keks.«

»Was soll ich machen? Ich kann ihn ja nicht in den Reinzelbach schubsen und ertränken.«

»Wieso eigentlich nicht?«, fragte Melanies Ehemann.

Ganz vorne brach in diesem Moment Tumult aus. Einige aus unserer Sippe standen kurz davor, mit einer Gruppe Jugendlicher zu rangeln, die offensichtlich auf Onkel Paul losgehen wollten. Hui, das waren stramme Kerle, durchweg mit Oberarmen, aus denen man Oberschenkel hätte kneten können.

Ich rempelte mich mitten hinein in die Menschentraube. »Was ist denn hier los?«

Heike-Heiko klärte mich auf. »Das sind Belgier. Onkel Paul hat einen von ihnen beleidigt.«

»Beleidigt? Mein Gott, da muss man ja nicht gleich durchdrehen!«

Heike-Heiko räusperte sich. »Nun ja, er hat den Belgier als fettigen holländischen Dreckspommesfresser bezeichnet.«

Ich legte eilig einen Zeigefinger über meine Lippen. Weitere Details mussten die Drillinge, die mit geöffneten Mündern und gespitzten Ohren inzwischen direkt neben uns standen und interessiert lauschten, jetzt nicht mitbekommen. Die Gören klebten wie Kletten an meinem Bein.

Ich machte einen Koloss im rot-weißen Trikot von *Standard Lüttich* als Rädelsführer aus. Der belgische Gigant bestand nur aus Muskeln. Irgendwie schaffte ich es, Onkel Paul glaubwürdig als im Grunde schwer verhaltensgestört zu beschreiben, sehr bedauerlich. Das mit den Dreckspommesfressern und so, das sei eine Art Tourette-Syndrom.

»Sind das Raubritter?«, fragte Tick, Trick oder Track.

Ich nickte ernst.

»Klasse. Ich hoffe, sie schlagen Onkel Paul den Kopf ab. Das wäre echt cool.«

Dem rot-weißen Würfel gelang es allerdings, oder glücklicherweise, die Gemüter seiner Kumpel zu beruhigen. Wahrscheinlich war es darüber hinaus günstig, dass die Belgier geradeaus Richtung Wollenberg marschierten, während wir den Hinweisschildern folgend nun nach links abbiegen mussten.

Es ging auf feuchtweichem Grund steil abwärts. Ich nahm mir vor, ein sehr deutliches Gespräch mit Problemonkel Paul zu führen. Der Weg wurde schmaler, es ging plötzlich wieder steil bergauf. Paul lief drei Verwandte vor mir, als Sabine mich ansprach: »Kannst du den Kleinen ein Stück tragen? Mir fällt der Arm ab.«

Ich wollte gerade auf den Erzeuger verweisen, aber Yakubu Ike drückte zusammen mit Heike-Heiko den Rollstuhl mit Tante Thea den Berg hoch. Deren Gesichtsfarbe hatte ins Grünlichblasse gewechselt, aber sie hielt sich tapfer.

»Gib her, den Burschen«, erklärte ich.

Tayo Elias strahlte mich an. Dann knatterte es in seinem Strampler. Lange und laut. Das Rattern grollte dumpf über die Mauerreste der Burgwüstung Altenberg, Bussarde stoben erschreckt gen Himmel.

Tick, Trick oder Track fragte: »Hatten die Raubritter eigentlich Maschinengewehre?«

Tayo Elias lächelte, rundum zufrieden. Alle Achtung, der Kurze konnte stinken wie ein Großer. Da wuchs ein echter Raubritter heran.

Mit meinem Neffen auf dem Arm schaffte ich es aber nicht, zu Problem-Paul aufzuschließen. Ich sah ihn erst kurz vor Blumenthal auf einer Lichtung wieder. Links des Pfads hatten Arbeiter dicke, schwere Baumstämme lose aufgeschichtet. Mitten davor nahm Onkel Paul einen tiefen, finalen Zigarettenzug auf Lunge und schnippte die Kippe ungeniert in die Eifeler Flora. Boah, Alter! Hatte der Umwelt-Asi keinen transportablen Ascher dabei?

Hm. Hatte ich erwähnt, dass der fragile Stapel nur lose geschichtet war? Massige, schwere Baumstämme? Ich sah es vor mir: Urplötzlich flutscht unten der vorderste der Baumstämme weg. Der Holzstapel gerät ins Rutschen. Ein schwerer Stamm holpert von ganz oben mit Schmackes herunter. Mit einem holzhohlen *Plomp* hebelt sich der Baumstamm in die Höhe und begräbt Onkel Paul schließlich unter sich und zermalmt jeden Knochen in dessen Körper.

Äh, nein. Das war eine schöne Vorstellung, aber da holzhohlplompte gar nichts. Wo war die verdammte Schwerkraft, wenn man sie brauchte? Onkel Paul vergrub seelenruhig seine Hände in den Taschen und marschierte zügig weiter.

»Danke dir«, nahm Sabine mir den kleinen, süßen Stinksack wieder ab.

»Die Hälfte haben wir schon!«, rief ich aufmunternd in die Runde.

Onkel Michael sah mich mit leerem Blick an, ging in die Knie und stemmte Tante Theas Rollstuhl in Bewegung.

Tante Thea wirkte gezeichnet. Ihre Frisur hatte sich aufgelöst. Die Augen flatterten. »Ich habe extra ein Modell mit breiten Reifen ausgesucht. Da schiebt es sich leichter.«

Onkel Michael murmelte etwas in einer Sprache, die nicht von dieser Welt war.

Wir durchquerten nun das schöne historische Blumenthal. Dann ging es wieder aufwärts, diesmal auf den Kirchenberg. Für den doch wieder recht anspruchsvollen Anstieg wurde man mit einer traumhaften Aussicht über die sattgrünen Tannen der Nordeifel und den Geruch frischer, erdiger Natur belohnt.

»Mist!«, fluchte Onkel Michael.

Herrje! Tante Theas Rollstuhl war schmatzend im matschigen Boden eingesackt. Nach vorne geruckelt, nach hinten gezogen, die Reifen sanken immer tiefer in den Morast.

»Festgefahren«, murmelte ich.

»Tja«, zirpte Tante Thea. »Dann lasst ihr mich am besten einfach zurück.«

Onkel Michael schaute mich mit hochgezogenen Augenbrauen erwartungsvoll an.

Ich runzelte irritiert die Stirn. »Nein. Wir lassen dich natürlich nicht zurück.«

Onkel Michael seufzte enttäuscht.

Ich winkte den anderen Onkel Michael und Heike-Heiko heran, das schienen mir die Sippenkräftigsten zu sein. »Wir vier holen Tante Thea aus der Mocke. Ihr anderen geht vor. Nach hundert Metern müsst ihr rechts abbiegen, ist ausgeschildert. Dann stoßt ihr auf eine Waldhütte, das Sündentempelchen. Da macht ihr Pause, wir kommen nach!«

Der Rest der Truppe marschierte los, die Drillinge kreischten. Uns vieren gelang es nach wenigen Minuten, Tante Thea samt Stuhl aus dem Sumpfloch zu bergen.

»Ich möchte eigentlich keine Umstände machen«, flötete Tante Thea.

»Machst du auch nicht«, summte ich leise.

Stille. Wir blickten uns an. Und prusteten los. Ich hatte ja schon erwähnt, dass unsere Sippe eigentlich eine ganz coole Truppe war. Wenn man Onkel Paul mal außen vor ließ.

Wir trugen Tante Thea bis zum Sündentempelchen, was ein bisschen so aussah wie bei Asterix, wenn Majestix, der Häuptling, auf dem Schild durchs Dorf getragen wurde. Tante Thea blickte gönnerhaft auf ihr Trägervolk herab.

Links, etwas unterhalb des Felsplateaus mit dem Tempelchen, erwartete uns der Sippenrest. Eisig schweigend. Oha. Wir trugen Tante Thea eilig an ihnen vorbei und setzten sie rechts der Hütte auf dem Wanderweg ab, direkt vor einem hüfthohen Holzgeländer, das den gemeinen Wanderer vor einem Sturz ins Tal schützen sollte. Die Fernsicht war fantastisch.

Ich wechselte auf die gegenüberliegende Seite der liebevoll ausgestatteten Wanderhütte zu den anderen und fragte Sabine. »Was ist denn passiert?«

»Unser lieber Onkel Paul hat den Drillingen Zigaretten zu rauchen gegeben und sie aus seiner Dose Bier trinken lassen. Ich hab Patrick noch nie so brüllen gehört.«

»Ich kümmere mich.«

»Das wird allerhöchste Zeit, Klaus. Der Paul geht gar nicht!«

Es musste etwas passieren. Nachdenklich schritt ich zurück zur Rollstuhltruppe. Sie blickten mich fragend an.

Ich berichtete, was anlag. »Am besten gehen wir zügig weiter. Sind alle etwas im Stimmungstief.«

»Außer Paul«, nickte Heike-Heiko zur Seite.

Knapp zwei Meter neben uns stellte sich Paul, ein fröhliches Liedchen pfeifend, ans Holzgeländer. Er ließ eine leere Bierdose zu Boden fallen, öffnete seine Hose und schiffte breitbeinig stehend und im hohen Bogen übers Geländer den Hang hinab.

»Das darf doch nicht wahr sein«, schnappte Onkel Michael.

»Du musst was tun«, forderte Heike-Heiko energisch.

Onkel Michael und Onkel Michael nickten.

Ich seufzte. »Ich werde mit ihm reden.«

Tante Thea fauchte fragend: »Reden?«

»Ja, ich werde ihm ins Gewissen reden. Ihn zur Vernunft bringen. Das geht so nicht. Das Rülpsen, das Schimpfen, das Qualmen, das Pinkeln …«

Ich blickte in die Gesichter rund um mich herum. Das schien sie irgendwie nicht zufriedenzustellen.

Schwungvoll schnellte Tante Thea mit einem Mal aus dem Rollstuhl hoch. Fix trat sie von hinten an Pinkel-Paul heran und stieß ihm kraftvoll in den Rücken. Völlig überrascht stürzte Onkel Paul übers Geländer. Wir sprangen entsetzt nach vorn und sahen, wie sein Kopf nach wenigen Metern beim Aufschlagen grob gegen einen Stein knallte. Das knackte sehr laut und sehr fies. Onkel Paul kullerte weiter, überschlug sich mehrmals und donnerte schließlich krachend gegen den Stamm einer dicken Tanne. Leblos blieb er dort liegen.

Tante Thea setzte sich wieder in ihren Rollstuhl. »Das konnte man ja nicht mit ansehen. Nur dass du's weißt, Klaus, so was ist ab jetzt deine Aufgabe.«

Aha, dachte ich. Offensichtlich hatte ich den Umfang meiner Aufgabe als Sippenbeauftragter noch nicht in voller Gänze erfasst.

»Äh, aber wieso der Rollstuhl, Tante Thea? Du hast gar nichts an der Bandscheibe und kannst laufen?«

»Kannst du so nicht sagen. Klar, hab ich Bandscheibe. Ist aber eher was Vorsorgliches, also so prophylaktisch.«

Onkel Michael blickte rüber zum Sündentempelchen, der Rest der Familie hatte Onkel Pauls Sturz augenscheinlich nicht mitbekommen. Er zuckte stoisch mit den Schultern und murmelte: »Beim Wasserlassen ums Leben gekommen.«

Heike-Heiko nickte. »Wahrscheinlich Prostata.«

»Er hatte ja auch viel getrunken«, fügte der andere Onkel Michael hinzu.

»Da kann man mal das Gleichgewicht verlieren«, ergänzte Tante Thea.

Ich seufzte, ließ meinen Blick schweifen und atmete tief ein. Was für eine klare Luft, welch ein großartiger Ausblick. Vom Onkel Paul da drunten mal abgesehen. Herrlich. So friedvoll.

In diesem Moment war ich sicher, dass wir ollen Heuschrecken diesen traumhaften Rundweg auf den Spuren der Raubritter nächstes Jahr noch einmal gehen würden. Mit der ganzen Bagage, mit der kompletten Sippe.

Nur ohne Onkel Paul.

**Stefan Barz**

# DIE BEKENNTNISSE DES BRUDERS GREGORIUS

*Magnus es, Domine!* – Groß bist Du, o Herr, der die Welt erschaffen hat. Meine Zelle ist klein, ich bin es nicht gewohnt, eingesperrt zu sein, im Geiste bin ich aber immer noch frei, und gnädigerweise hat man mir Feder und Papier gebracht – mein letzter Wille vor meiner Hinrichtung. Draußen ist ein herrlicher Sommertag, ich kann durch das kleine Fenster ein Stück des Gartens unseres Klosters in Steinfeld sehen. In diesem Moment wird mir klar, dass die Welt bald ohne mich weitergeht. Weil man mir heimtückischen Mord vorwirft, wird man mich gewiss enthaupten, vielleicht schon heute oder morgen. Ich will Dir, o Herr, mein Bekenntnis ablegen für das, was ich vor wenigen Tagen, am 20. August 1416, getan habe, und ich sage gleich vorneweg: Es war nicht der Teufel, der mich verführt hat. Nur ich allein bin für meine Taten verantwortlich. Und auch wenn ich sie nun vor Dir, o Herr, bekenne, um hoffentlich mit Dir ins Reine zu kommen und nach dem Fegefeuer ins Himmelreich einkehren zu können, so empfinde ich in dieser Stunde keine Reue.

Wie beginnt man nun die Geschichte seiner Missetat?

Vielleicht mit jenem Abend, als ich die nackte Haut eines Mädchens sah und eine Ahnung davon bekam, welche Begehrlichkeiten dieser Anblick wecken kann. Es kam so: Weil ich nicht schlafen konnte, wollte ich im Skriptorium meine Arbeit für den nächsten Tag vorbereiten, und als ich bemerkte, dass ich nicht allein in der Schreibstube war, versteckte ich mich hinter einem Regal. Meine Augen brauchten eine Weile, um sich an die Dunkelheit zu gewöhnen, aber schließlich erblickten sie in einer Ecke zwei Gestalten auf dem Boden. Sie schienen mich nicht zu bemerken. »Es ist Zeit, du musst nun gehen, liebe Anna«, murmelte eine männliche Stimme plötzlich. Sie gehörte Frater Simon.

»Ich weiß«, flüsterte das Mädchen – ihr Name war offenbar Anna – verständnisvoll. »Auf bald!« Dann stand sie auf, und dabei konnte ich trotz der Dunkelheit die Umrisse ihres weiblichen Körpers wahrnehmen. So eine vollkommene Form hatte ich mein Leben lang noch nicht gesehen. Sanft strich Anna über Frater Simons Tonsur, dann zog er sich seine Kutte an. Auch Anna bekleidete sich wieder, und beide schlichen sich hinaus. Eine Weile blieb ich zurück und wusste nicht, ob ich träumte. Ausgerechnet Simon! Hier in diesen heiligen Klostermauern!

Als ich einige Zeit später die Treppe zum Dormitorium hochlaufen wollte, blieb ich einen Moment an der Figur unserer Mutter Maria stehen, die vor der Treppe wacht. Ich hatte sie schon Tausende Male wahrgenommen, aber erst jetzt sah ich sie wirklich. So keusch und so rein, ein Vorbild für uns alle soll sie doch sein. Mahnend hebt sie den Zeigefinger, um uns immer wieder daran zu erinnern, wer wir sind.

Ich eilte schließlich in den Schlafsaal, legte mich hin und fauchte Simon an: »Was hast du getan?«

Er schien gar nicht überrascht zu sein und antwortete: »Wenn du wüsstest ...« Aus seiner Stimme klang das pure Glück. Nein, das konnte es nicht sein. Es war nur der oberflächliche Hedonismus, von dem er berauscht war. Das wahre Glück konnte nur durch Annäherung an das Gottesgeheimnis erzielt werden. »Dann warst du es also, der uns gestört hat?«, kicherte er amüsiert.

»Du bist ein Sittich in einem goldenen Käfig«, flüsterte ich ihm streng zu. »Ein standhafter Christ möchtest du sein, aber auch durch die Welt fliegen, ohne Regeln und Gebote. Es ist an der Zeit, dich zu entscheiden, Simon.«

»Wieso sollte ich mich entscheiden, Frater Gregorius? Mir geht es doch gut, so wie es ist.«

»Könnt ihr nun endlich still sein und schlafen?«, raunte jemand durch den Schlafsaal. Es war Frater Walthelm.

Wie die meisten Chorherren teilte Simon das Schicksal der Zweitgeborenen. Sein Vater war ein Bauer, der älteste Bruder war dazu bestimmt, den Hof zu erben und im Schweiße seines Angesichts den Acker zu bearbeiten, und der Jüngste wurde ins Kloster geschickt, um versorgt zu werden – und die segensreiche Chance auf Bildung zu bekommen. Aber wie so viele andere wollte Simon das auch wirklich, denn es war ein großes Abenteuer, Gott zu suchen. Wenn unsere Stimmen zum Stundengebet durch die Basilika hallten, war das ein erhabenes Erlebnis, als würden wir selbst zur Stimme Gottes verschmelzen, und in Momenten wie diesen waren wir alle dankbar, hier sein zu dürfen. Dennoch verschafften sich viele ein wenig mehr Freiheit, als sie sich erlauben durften: Größere Essensportionen, ein bisschen mehr Besitz, ein Stündchen mehr Schlaf als erlaubt – oder, wie ich nun erfahren musste, die billige, fleischliche Lust, das Niedrigste aller Bedürfnisse.

Doch schon bald sollte sich die Freiheit, die sich so mancher hier nahm, ändern. Denn am nächsten Tag rief unser Abt, Jakob von Rützheim, die Chorherren schon früh, noch vor der Mittagszeit, in den Kapitelsaal. Das war zunächst nicht ungewöhnlich, denn hier fanden regelmäßig Besprechungen statt. Diesmal aber hatte Jakob uns etwas mitzuteilen, was das Klosterleben unseres Prämonstratenserordens grundlegend verändern sollte. Zuerst las Jakob, wie üblich, ein Kapitel aus dem Evangelium – ich glaube, es war die Geschichte, in der Maria von Magdala unserem Herrn Jesus die Füße mit ihren Tränen reinigt und so den Zorn der Pharisäer auf sich zieht. Ob Jakob das Kapitel zufällig auswählte oder ob er damit eine versteckte Andeutung machen wollte, kann ich beim besten Willen nicht sagen. Aber an das, was er uns daraufhin mitzuteilen hatte, erinnere ich mich genau: »Liebe Fratres«, sprach er, »wir sind Diener Gottes, die nach den Prinzipien des heiligen Augustinus und unseres Vaters Norbert leben, die da wären: Armut, Enthaltsamkeit, Gehorsam. Doch zu meinem Bedauern muss ich feststellen, dass es in der letzten Zeit immer wieder Entgleisungen gegeben hat, die eines Chorherren unwürdig sind. So ist mir zu Ohren gekommen, dass in jüngster Zeit ein Bruder für seine besonderen Schreibkünste ein wertvolles Geschenk von einem mir unbekannten Gönner erhalten hat, ohne mich darüber zu informieren.

Und immer wieder kommen Chorherren zu spät zum Gebet, weil sie noch in ihren Betten liegen wie die Tagediebe. Einigen von euch fehlt es an der nötigen Disziplin, liebe Brüder! Und was noch schlimmer ist, diese Ausschreitungen sind offenbar ansteckend, denn ich muss feststellen, dass immer mehr von euch Muße, Luxus und sogar sündhafte Lust wichtiger sind als die Gebote des Alten und Neuen Testaments, die Gott durch Moses verkünden ließ und durch seinen Sohn Jesus Christus zur Vollendung brachte. Bei einigen fielen meine Ermahnungen zwar auf fruchtbaren Boden, bei anderen jedoch prallen sie einfach ab.«

Er sah sich um und schien zu bemerken, dass mehrere Brüder versuchten, sich ein Lachen zu verkneifen. »Ja, lacht nur, ich weiß, dass ihr mich nicht ernst nehmt. Aber wir wollen doch sehen, wie lange das noch so bleibt. Also, liebe Chorherren, ich habe beschlossen, zur Erneuerung des Klosterlebens in diesen Klostermauern Reformen durchzusetzen.«

Kaum hatte er das Wort *Reformen* ausgesprochen, herrschte eine beklemmende Stille im Kapitelsaal. Aber erst, als Jakob daraufhin weitere Einzelheiten nannte, wurde allen die ganze Tragweite seiner Klosterreform bewusst. Die Erhöhung der Gebetszeiten war dabei noch harmlos, denn schließlich gebührt Dir, o Herr, die Anbetung. Schon schlimmer war dagegen die Ankündigung, auch die Zahl der Schuldkapitel zu erhöhen, bei denen jeder Bruder im Kapitelsaal öffentlich vor den anderen seine Sünden bekennen sollte. Und statt einer Nachtwache sollten zwei Wachen am Tor postiert werden, um ungebetene Gäste von nun an konsequent fernzuhalten. Außerdem sollte die Fastenordnung noch strenger beachtet werden. Und bei schweren Vergehen drohte von nun an die Zelle!

Glaube nicht, o Herr, dass ich mich über Jakobs Pläne zur Erneuerung des Klosterlebens empören möchte. Tief im Inneren wusste ich, dass er mit allem recht hatte. Die Disziplin hier im Kloster Steinfeld ließ durchaus zu wünschen übrig, nicht nur bei Simon. Chorherren wollten wir sein! Kanoniker! Kanon bedeutet doch im Lateinischen nichts anderes als Regel! Herren der Regel, die nicht einmal pünktlich zum Stundengebet erscheinen, was waren wir doch für ein erbärmlicher Haufen.

Und was bekamen wir alles dafür geboten! Niemals hätte ich, wäre ich bei meinem Vater geblieben, das Handwerk des Lesens und Schreibens gelernt. Was für einen schöneren Beruf konnte es geben, als die Schriften des heiligen Thomas von Aquin im warmen Skriptorium zu kopieren. *Quid pro quo!* Die Privilegien eines Chorherrn gegen eiserne Disziplin im Namen Gottes.

Nach der Ansprache unseres Abtes lief ich eine ganze Weile allein durch den Kreuzgang, um mich zu sammeln und mir den Sinn dieser neuen Regeln immer wieder vor Augen zu führen. Plötzlich hörte ich hinter mir eine Stimme.

»Du hast doch niemandem erzählt, was du gestern Nacht gesehen hast, oder?«

Es war Simon. Er zitterte, und seine Augen waren gerötet.

»Niemandem«, versicherte ich ihm. »Aber du weißt, dass ich deinen Fehltritt, der hoffentlich einmalig war, nicht gutheißen kann. Du hast gehört, was Jakob gesagt hat. Er erwartet mehr Gehorsam und wird sündige Vergehen härter bestrafen. Also sei vernünftig ...«

»Ich halte es aber nicht aus!«, wimmerte Simon plötzlich. »Ich halte es ohne sie nicht aus! Wenn du wüsstest, wie es sich anfühlt, wenn ich ...«

»Schweig, Simon!«, mahnte ich. »Ich möchte es gar nicht hören.«

Weinend lief er davon.

Am nächsten Morgen zum ersten Stundengebet, der Prim, fiel mir sofort auf, dass Simon fehlte. Zuerst dachte ich, er hätte es verschlafen, dann fragte ich mich, ob er noch bei seiner geliebten Anna war. Er tauchte auch später nicht auf, und ich verfluchte ihn, weil er sich nicht an die Regeln hielt. Nach dem Gebet ging ich in den Garten, wo Simon gewöhnlich arbeitete, aber ich fand dort nur Walthelm, unseren zweiten Gärtner.

»Wo ist Simon?«, fragte ich ihn.

»Da, wo er hingehört, dieser elende Lüstling!«, antwortete Walthelm barsch.

»Und das wäre?«

»Nun, in der Zelle!«

Ich erschauderte. Die Zelle ist eine Turmkammer oberhalb der Kapelle, die nur über eine Falltür erreichbar ist. Ein viel zu kleiner Raum mit einem viel zu kleinen Fenster. Schon jahrelang war niemand mehr dort zur Disziplinierung eingesperrt worden. Die Stunden in der Zelle können sehr lang werden.

Auch am nächsten Tag tauchte Simon nicht auf. Immer wieder dachte ich an ihn, während ich meiner Arbeit nachging und Thomas von Aquins erstes Buch gegen die Heiden, die *Summa contra gentiles*, zur Vervielfältigung abschrieb. Meine Sorgen um ihn versuchte ich mit meiner Vernunft zu besänftigen. Simon hatte aus freiem Willen gesündigt, er hatte es selbst zu verantworten, dass er nun eine Strafe zu verbüßen hatte. Als ich schließlich beim *XC. Capitulum* des Texts angekommen war, stutzte ich. Denn das Kapitel trug die Überschrift: *Quod in Deo sit delectatio et gaudium non tamen repugnat divinae perfectioni*, was so viel bedeutete wie: »Es widerspricht jedoch nicht der Vollkommenheit Gottes, dass es in ihm Lust und Freude gibt.«

Was schrieb der heilige Thomas da? In Gott gab es Freude – und Lust? Man hatte uns immer gelehrt, dass Gott die Lust verabscheut, was auch der heilige Thomas von Aquin mit der Vernunft hergeleitet haben sollte. Und nun schrieb dieser in seinem Buch gegen die Ungläubigen, dass Freude und Lust zu Gottes Vollkommenheit gehörten? In diesem Moment kam die Sonne hinter einer Wolke hervor und schien so hell, dass sie mich blendete und ich die Augen zusammenkniff. Das, was der heilige Thomas schrieb, hatte Geltung! Ich suchte sofort Abt Jakob auf und erzählte ihm von meiner Entdeckung, in der Hoffnung, Simon damit entlasten zu können.

Doch Jakob von Rützheim wehrte sofort ab: »Nicht jedes Wort eines großen Philosophen hat das gleiche

Gewicht.« Dann zitierte er einen anderen Satz des heiligen Thomas, in dem dieser unmissverständlich feststellte, dass Sexualität außerhalb der Ehe Sünde sei, weil ebendiese Sexualität einzig und allein dem gottgewollten Zweck diene, Kinder zu zeugen. Im Übrigen solle ich die Arbeit am ersten Buch der *Summa contra gentiles* nun bis auf Weiteres einstellen und mir eine andere Arbeit als Kopist vornehmen. Zumindest so lange, bis er selbst das neunzigste Kapitel geprüft habe. Möglicherweise sei mir eine Fälschung in die Hände geraten.

Dabei wusste ich von diesem Tag an, dass ich Thomas von Aquin wirklich verstanden hatte – weil er Dich verstanden hatte, o Herr. Was der heilige Thomas da schrieb, schien mir auf einmal völlig evident: Auch wenn Sexualität in der Ehe aus genannten Gründen vorzuziehen sei, widerspreche das doch nicht, dass in Dir, als vollkommenem Wesen, als Anfang aller Dinge, die Lust und Freude enthalten sind – als guter Teil der Schöpfung, nicht als Sünde, nicht als Abkehr von Dir! So jedenfalls verstand ich den Philosophen Thomas.

Ich teilte Jakob diesen Gedanken mit, doch dieser drohte mir mit einem noch nie erlebten Tadel, sollte ich ihm noch einmal widersprechen.

Schließlich blieb mir nur noch, mit Simon selbst zu sprechen, um ihm wenigstens, wenn ich ihm schon nicht anders helfen konnte, ein reines Gewissen zu bereiten. Und so schlich ich mich zu später Stunde aus dem Dormitorium, machte mich auf zur Zelle und klopfte von unten an die Falltür.

»Simon? Ich bin es, Gregorius!«

Ich hörte ein lautes Jammern, das dem eines Kätzchens glich. »Verschwinde besser, sonst ergeht es dir wie mir! Hier wimmelt es nur so von Verrätern!«

»Du glaubst, du wurdest verraten?«

»Gewiss wurde ich das. Ich bin mir sicher, dass Frater Walthelm mich beim Abt denunziert hat. Er hat unser Gespräch im Schlafsaal gehört und mich am Tag darauf immer wieder verächtlich angesehen.«

»Walthelm? Bist du sicher?«

Mit einem kläglichen Schreien sagte er plötzlich: »Diese Schmerzen hören einfach nicht auf!«

»Welche Schmerzen?«, wollte ich wissen.

»Die von der Geißel!«, heulte Simon.

»Aber Simon, wieso hast du dich denn selbst gegeißelt?«

»Ich? Ich mich selbst? Er war es! Er war es!«, schrie Simon.

»Wer?«

»Abt Jakob! Es tut so weh! Und Anna werde ich auch nie wiedersehen. Sonst peitscht er sie auch aus, das kann ich ihr nicht antun! Verflucht ist mein Leben!«

Ich war erschüttert. Noch nie hatte ich erlebt, dass hier in diesem Kloster jemand geschlagen worden war. Die Strafe gegen Simon war zu hart – und so ungerecht! Ich verschwand wieder, denn ich konnte sein Wehklagen nicht länger ertragen, und ich sage die Wahrheit, o Herr, dass ich niemals zuvor so ein Leid gehört hatte. Was sollte ich nur tun? Wie konnte ich Simon helfen? Und wie konnte ich verhindern, dass weiteren Brüdern dieses Leid geschah? Welch erbärmliche Kreatur hatte Jakob aus meinem lieben Bruder Simon gemacht?

Im Morgengrauen wusste ich endlich eine Antwort auf meine Fragen. Ich suchte Jakob von Rützheim auf, um mit ihm bei einem morgendlichen Tee zu sprechen, und erzählte ihm von meinem nächtlichen Besuch bei Simon und von den körperlichen und seelischen Qualen, unter denen er litt. Ob dies mit den christlichen Geboten vereinbar sei, wollte ich wissen. Ob es nicht möglich sei, die Reformen hinsichtlich ihrer Sanktionen zu lockern. Wie nicht anders erwartet, empörte sich Jakob fürchterlich darüber, dass ich es immer noch wagte, seine Reformen in Zweifel zu ziehen. Doch viel weiter kam er nicht. Er trank seinen Tee in einem großen Zug aus, dann glitt ihm der Becher aus der Hand, fiel zu Boden, und sein Körper sackte in sich zusammen.

Baldrian.

In kleiner Dosis ist dieses Kraut durchaus heilsam, aber in zu großer Dosierung führt diese Substanz zum Tod. Das hatte mir Simon erzählt, als ich ihn in der Nacht ein zweites Mal aufgesucht hatte.

Als Walthelm und Frater Leo zur Tür hereinkamen, offenbar aufgeschreckt vom dumpfen Aufprall unseres Abtes, war es schon zu spät. Sie sahen auf Jakobs leblosen Körper, auf den leeren Becher neben ihm, auf mich, sie verstanden sofort, ergriffen mich, brachten mich zur Zelle und ließen Simon heraus, damit sie nun statt seiner mich einsperren konnten.

Es war das letzte Mal, dass ich Simon sah. Ein geschundener Mann, das Gesicht immer noch schmerzverzerrt. »In Gott ist Freude und Lust, warum sollten diese nicht auch in dir, als Gottes Ebenbild, sein?«, sagte ich zu ihm, als er an mir vorbeiging, und ich glaube, er lächelte kurz. Ich drehte mich noch einmal zu ihm um, und als ich seine Wunden sah, die sich in seinen Körper gefressen hatten, wusste ich, dass ich das Richtige getan hatte.

Dies ist mein Bekenntnis. Ich habe Jakob von Rützheim vergiftet, weil ich andere Brüder vor seinen unmenschlichen Strafen retten wollte. Ich habe versucht, mit ihm zu reden, aber seine Ohren waren taub für die Worte der Vernunft. Hätte ich denn dieses große Unrecht weiter zulassen sollen? Ich bekenne meine Taten, und ich bereue nichts.

Ich blicke noch einmal aus dem kleinen Fenster in meiner Zelle. Dies ist ein guter Ort. Trotz allem. Möge er noch lange erhalten bleiben.

Groß bist Du! *Dona nobis pacem* – o Herr, gib uns Frieden!

*Amen.*

**Marcus Metzner**

# GLUCK, GLUCK, GLUCK ODER: TOD IN TOLBIACUM

Man könnte sie ja zum Beispiel zu einer romantischen Bootstour einladen, dachte Ulrich. Gleich hier am See. Mal ein bisschen auf Schönwetter machen, tolle Überraschung vom Ehemann, dem man so was gar nicht mehr zutraut. Im Grunde keine schlechte Idee – und so richtig teuer ist das auch nicht. Einfach für zwei Stunden so ein Kanu … nein, noch besser so ein Ding mit Tretpedalen bezahlen und dann rauf aufs Wasser. So mit allem Drum und Dran. 'ne Schachtel Pralinen, Sektfläschchen, das würde wohl ziehen.

Ulrich lümmelte sich in seinem Strandkorb, lächelte zufrieden in sich hinein und betrachtete das rege Zülpicher Badeleben. Rechts neben ihm wartete schon ungeduldig die Flasche Weizenbier. So hatte er es am liebsten: schönes Wetter, Bierchen, Strand und dabei neue Ideen für seine Frau austüfteln. Das entspannt und lässt einen außerdem fröhlicher in die Zukunft blicken, fand Ulrich. Ja, wenn es den Seepark hier nicht gäbe, man müsste ihn erfinden. Und die Dauerkarte war wirklich wunderbar. Wo hat man das sonst schon? Ein Sandstrand in der Voreifel. Beach-Life und Römer-Feeling. Festivals und feine Fritten. Sogar jede Menge Palmen hatten sie aufgestellt. Wirklich herrlich, dachte er, glotzte ein paar jungen Strandschönheiten hinterher und griff zur kühlen, leicht beschlagenen Weizenbier-Flasche. Geübt ploppte er ihr per Feuerzeug den Kronkorken mit einem vernehmbar satten Geräusch vom Hals.

Nur diese ollen Schaugärten, die hätten sie damals seiner Meinung nach ruhig plattmachen können. Landesgartenschau hin, Mustergarten-Ausstellung her. Ihm waren diese ganzen Blümchen- und Pflanzen-Fetischisten mit ihren Design-Gärten und ausuferndem Platzbedarf für Hyazinthen, Ziersträucher und Küchenkräuter schon immer zuwider. Dann doch lieber Bratwurst aus der *Strandbud*. Aber egal. In einem langen Zug leerte Ulrich die Flasche zur Hälfte und stieß hörbar auf, während er den Kopf nach hinten legte und die Augen schloss. Wo war ich noch stehen geblieben? Richtig, dachte er, eine kleine Bootstour ...

* * *

Das war das Problem mit ihrem Mann. Wenn man nicht ständig aufpasste, war so ein Weizenbierkasten schneller weg, als man gucken konnte. Sabine war sauer. Gerade hatte sie im Keller einen kleinen Sack mit spezieller Blumenerde für ihr Balkon-Kräuterbeet holen wollen, da sah sie die Kiste mit den letzten drei Flaschen in der Ecke stehen. Den hatten sie doch gerade erst gekauft. Und außerdem hatte sie Ulrich schon oft genug gesagt, dass er nicht ständig so viel Bier in sich reinkippen soll.

Eigentlich sagte sie ihm das jeden Tag, sogar wenn er gar kein Bier trank. Ich bin halt groß und hab viel Durst, das war dann seine Standardantwort. Mann, wie das nervte. Sabine seufzte, schnappte sich den Sack mit der Erde und dachte an erfreulichere Dinge. Zum Beispiel an die neuen Kräuter, die sie gleich in ihr Beet pflanzen würde. Eine ganz besondere Oregano-Art, so richtig intensiv im Geschmack und großartig für die italienische Küche. Da war sie im Schaugarten im Seepark drauf gestoßen. Sabine liebte Pflanzen, Gärten und alles, was damit zu tun hatte. Und die Dauerkarte für den Seepark war wirklich wunderbar. Ob Hyazinthen, Ziersträucher oder manchmal sogar ein paar Küchenkräuter – mit der Karte konnte man das ganze Jahr über schauen, lernen und die Gärten genießen. Und das tat sie auch möglichst immer, wenn sie Zeit hatte. Nicht gerade zum Vergnügen ihres Gatten – der war zwar auch auf Seepark, aber eher auf bierseliges Strandvergnügen spezialisiert. Mist, jetzt dachte sie schon wieder darüber nach. Sabine schüttelte sich kurz, blinzelte erst in die Balkonsonne und schaute dann auf ihre üppigen Kräuterkästen hinab. Die waren wirklich gelungen. Und wenn der Oregano drin war, würde sie sich auf den Weg zum Seepark machen, wo sicher schon neue Inspirationen warteten.

* * *

Ulrich räkelte sich wohlig im Strandkorb. Ja, die Idee war gar nicht so übel. Also: Er würde Sabine mit einer Pralinenpackung und Sekt überraschen. Dann ab aufs Tretboot, schön romantisch möglichst weit rausfahren.

Und dann würde er sie einfach – rauswerfen. Zack! Einfach über Bord. Schwimmen konnte sie ja nicht. Da würde sie dann ordentlich im Wasser strampeln. Und dann: gluck, gluck, gluck ... Ulrich grinste. Schluss mit der ewigen Meckerei. Schluss mit Weizenbier-Rationierung. Schluss mit Gartenbüchern und Kräuterlehre. Einfach Schluss mit allem, was nervte. Ein schöner Gedanke. *Ideen für seine Frau austüfteln*, so nannte Ulrich sein heimliches Hobby, dem er in letzter Zeit immer lustvoller nachging. Vielleicht, so dachte er, wird sie dann irgendwann mal von Tauchern gefunden, wenn die mal wieder nach dem alten Bagger suchen, der da angeblich irgendwo unten im See liegen soll. Genussvoll leerte er sein Bier. So langsam wurden seine Ideen auch immer besser, fand er. Also besser umsetzbar. Und weniger gefährlich für ihn. Er wollte sich ja nicht erwischen lassen.

Ganz gut hatte ihm eigentlich sein Einfall mit dem Kletterpark gefallen, der sich direkt hinter seinem Strandkorb in den Himmel streckte. Was für eine Vorstellung. Sabine ganz oben, dann – so würde es nachher heißen – hatte sie wohl irgendwie vergessen, die Sicherung ordentlich anzubringen, ein kleiner Schritt, eine kurze Hangelei, Arme rudern, ein schöner Schrei. Und dann: freier Fall, Aufprall – *Mission completed*. Den kleinen Schubser von seiner Seite – wer sollte den schon mitbekommen, wenn er das ordentlich anstellte? Großartig. Aber blöderweise war das mit der Sicherung kaum unbemerkt hinzukriegen, da achteten die hier im Park viel zu genau drauf. Und außerdem würde er Sabine wohl sowieso niemals auf so ein Kletterding kriegen. Da hatte sie viel zu viel Schiss. Buddelt ja lieber in Blumenerde rum und macht Vorschriften, das blöde Stück. Aber die Vorstellung, dass sie zum ewigen Abschied einen Abflug aus fast 15 Metern Höhe abliefert, gefiel ihm trotzdem.

\* \* \*

Sabine saß auf ihrer Lieblingsbank am Weg bei den Schaugärten. Leicht gedämpft hörte sie die Stimmen der Kinder und Familien, die sich weiter vorne beim Abenteuer-Golf oder auf den Spielplätzen austobten. Auf ihrem Schoß das große Kräuterbuch, links neben sich ein dickes Notizheft, in das sie schon seit Langem die wichtigsten Informationen über ihre grünen Lieblinge notierte. Über die Zeit war sie tatsächlich zu einer regelrechten Expertin geworden. Zumindest wusste sie mehr über Blumen, Kräuter und Co., als die meisten anderen sich vorstellen konnten. Die Gärten waren da durchaus Ansporn und Inspiration.

\* \* \*

Die nächste Flasche Weizenbier stand bereits geöffnet und nicht mehr ganz voll neben Ulrichs Strandkorb. Noch besser, dachte er, wäre es ja, wenn ich Sabines Ableben irgendwie römisch mache. Also irgendwas mit historischem Bezug. Was Römer anbelangte, da hatte Zülpich ja 'ne Menge zu bieten. Und so 'ne schöne kulturelle Komponente, das wäre doch stilvoll. *Tod in Tolbiacum* – der römische Name seines Heimatstädtchens gab seinem Vorhaben sogar einen geradezu literarischen

Klang. Durchaus passend. Und auch sehr inspirierend. Letztens hatte er zum Beispiel etwas über das sogenannte Säcken gelesen, eine spannende Art der Hinrichtung im Römischen Reich. Ereilte jemanden diese Strafe, hieß das zuerst Auspeitschen, danach wurde die Person mit einer Schlange und einem Skorpion in einen Sack genäht und zum Ertrinken ins Wasser geworfen. *Ciao, bella.* Na ja, vielleicht doch ein bisschen fies. Und natürlich etwas zu extrovertiert für einen heimlichen Mord.

Nein, die Sache mit dem Boot fühlte sich wirklich nicht schlecht an ...

\* \* \*

Und dann war er endlich gekommen, der Tag der Tage. Am Wochenende hatte Ulrich schon die Pralinenschachtel besorgt. Im Kühlschrank stand eine Flasche Prosecco, sogar zwei Plastikbecher mit Blumenmuster hatte er gefunden. Ha! Ausgerechnet *Blumenmuster* für Sabines letzten Schlummertrunk. Das hat ja geradezu Klasse. Wobei ihr wirklich letzter Schlummertrunk ja eigentlich eher das Seewasser sein sollte. Auch die Einladung war überaus gelungen, fand er. Ausgedruckt auf dickem Papier mit Leinenstruktur. Ein alter Kahn im Sonnenuntergang, darüber in hübsch geschwungener Schrift »Romantische Bootstour für zwei«. Sogar ein altes Foto von Sabine und ihm hatte er dazugepackt. Ein Urlaubs-Selfie aus besseren Tagen, im Hintergrund der Trevi-Brunnen in Rom. Auch das gefiel ihm so richtig gut: Der olle Meeresgott Oceanus schwebte wie ein drohendes Orakel über Sabines Kopf. Fast so, als ob er sie direkt in den Brunnen, besser:

ins Meer, schubsen wollte. Wunderbar. Am liebsten hätte Ulrich laut losgelacht. Und wenn er es genau betrachtete: Verglichen mit den Römern und ihrer Sack-Strafe war er doch geradezu ein Waisenknabe. Pralinen statt Peitsche, Sekt statt Skorpion und Schlange, selbst den Sack würde er weglassen. Und dass Sabine zum guten Schluss ersaufen sollte – na, irgendwie musste er es ja machen. Apropos ersaufen – Ulrich war geradezu übermütig ob seiner gedanklich nicht ganz sauberen Überleitung –, Durst hätte er jetzt schon. Und weil er seine wunderbare Einladung sowieso gleich zum Abendbrot in der Küche überreichen wollte, konnte er das doch bestens mit einem kühlen Weizenbier verbinden. Herrlich, dachte Ulrich, irgendwie passte mal wieder alles zusammen.

\* \* \*

Als Ulrich die Küche betrat, war der Tisch bereits gedeckt. Zwei Teller, Besteck, ein kleiner Korb mit Eifeler Landbrot, Butter, Wurst und Tomatensalat. Okay, den hätte sie ihm auch ersparen können. Da war bestimmt wieder so ein komisches Kraut aus ihrer Balkonzucht drin. Na, egal, das hatte ja jetzt bald ein Ende. Aber immerhin – sein Weizenbier stand auch schon geöffnet auf dem Tisch. Geht doch, dachte er, riss sich zusammen und lächelte seine Frau bemüht an. Jetzt war er doch etwas nervös. Hätte er gar nicht gedacht ...

»Ich hab hier«, setzte Ulrich an, »ja ... ähh ... eine kleine Überraschung für dich.«

Sabine kam zu ihm an den Tisch. »Ach«, murmelte sie, »das ist ja mal ... schön.« Sie setzte sich und lächelte vorsichtig zurück. Überraschungen oder gar Geschenke waren nun wirklich nichts, was sie von Ulrich erwartet hätte. Höchstens vielleicht einen Kasten Bier, den er dann selber trank. »Also echt.« Sie blickte ihm ins Gesicht. »Jetzt bin ich aber wirklich gespannt.«

»Ach«, erwiderte er, »vielleicht warten wir doch mal lieber bis nach dem Essen. Ist vielleicht besser, dann hast du noch ein bisschen Vorfreude. Und ich hab, ähh ... außerdem echt Durst.«

Sie blickte ihn an, zögerte einen Moment. »Na, dann mal Prost!« Sie nahm ihre Teetasse und ließ sie gegen das kühle Glas der Weizenbierflasche klirren. »Ja, Prost«, erwiderte Ulrich. In großen Schlucken leerte er das Bier fast in einem Zug. Bei Weizen mit dem vielen Schaum und der Kohlensäure ist das echt eine Kunst, das schaffte außer ihm fast keiner. Doch, da war er schon ein bisschen stolz drauf.

Sabine sah ihm zu. Gluck, gluck, gluck ... dachte sie. Und endlich Schluss mit dem Saufen, der widerwärtigen Rummäkelei und dem unerträglichen Gemecker über Gartenbücher, Blumen und Kräuter. Einfach Schluss mit allem, was nervte.

Ulrichs Augen weiteten sich. Luft. Keine Luft. Ulrich rutschte von der Küchenbank. Gleich, dachte Sabine, wird er dann ordentlich strampeln. Sie grinste. Da habe ich wohl das Reinheitsgebot außer Acht gelassen. Wenn man sich nur lange genug mit Botanik beschäftigte, konnte man wirklich eine Menge lernen. Verrückt, wofür Gartenkräuter nicht alles gut sein können.

**Ulrike Bliefert**

# RÖNNEMÖSS ODER: WIE KILLT MAN EINEN KUNSTBANAUSEN?

»Da vorne is 'n Ortsschild!«
»Na toll.«

Evi Hünefeldt starrte durch die Frontscheibe. »Da steht Blankenheim«, sie kniff die Augen zusammen, »und noch was drunter.« Die unablässig vor ihr hin und her fuchtelnden Scheibenwischer machten es nicht leichter, die kleinere Schrift zu entziffern. »Blankenheim Vedelhosen oder so.«

»Scheißumleitung, verfluchte!«

»Könnte auch ... Übelkonen heißen.«

»Interessiert doch keine Sau, wie diese Eifelkäffer heißen!«

»'tschuldigung.«

»Na, is doch wahr!« Wie immer ließ Rainer Hünefeldt seine aufgestaute Wut am Gaspedal aus. Nur wenige Meter weiter drehten die Hinterräder durch, und sein nagelneuer BMW steckte fest.

»Fuck!« Rainer traktierte das Lenkrad mit beiden Fäusten, »Fuck-fuck-fuck!«

»Vielleicht ... wenn ich schiebe ...?«

»Ach was! Das Ding krieg ich freigeschaukelt! Wetten?« Rückwärtsgang, Vorwärtsgang, Rückwärtsgang, Vorwärtsgang, und immer wieder rückwärts, vorwärts. Dann ein Knall, und unter der Motorhaube begann es zu qualmen.

»Und jetzt?«

»Und jetzt? Und jetzt?« Rainer äffte gereizt Evis Tonfall nach, »Dreihundertneunundfuffzich Euro Leasing! Mafia-Wichser!« Er trat gegen den Kotflügel, »Aber irgendwer in diesem Drecksnest wird ja wohl 'n Abschleppseil haben!«

»Duuu, Rainer ...« Evi wusste aus Erfahrung, dass es besser war, ihren Mann nicht unnötig zu reizen, aber im Dorf war es stockdunkel, und die Wahrscheinlichkeit, dass jemand bei dem Pladderregen bereit war, Rainers Karre aus dem Schlamm zu ziehen, ging realistisch gesehen gegen null.

»Du, Rainer, is ja nu schon fast Mitternacht. Vielleicht sollten wir 's doch erst mal mit Schieben versuchen. Und vielleicht vorne was unter die Räder legen.«

»Schwachsinn!«

»Sorry.«

»Ich mein ja nur ...« Evi hielt die aufgeklappte Juni-Ausgabe von Rainers *Auto Bild* wie ein Dach über ihren Kopf. Unwillkürlich musste sie kichern. Die Situation erinnerte an den Anfang der *Rocky Horror Picture Show*. Selbst Rainers beigefarbener Anorak passte ins Bild.

»Der Ort heißt übrigens Uedelhoven.« Das hatte Evi im Vorbeilaufen gesehen.

Rainer warf ihr einen vernichtenden Seitenblick zu. »Na, das hilft uns in der Tat gewaltig weiter!« Er war bereits bis auf die Haut durchnässt.

Bei dem einzigen Gebäude, in dem noch Licht brannte, handelte es sich denn auch nicht um ein Schloss, sondern um ein altes Fachwerkhaus, und statt *Dr. Frank N. Furter* öffnete ihnen eine reizende alte Dame; dem Türschild zufolge hieß sie Schmitz.

Frau Schmitz verpasste den beiden ohne viel Federlesens einen heißen Fliederbeerentee und zwei ihrer kuscheligen Flanellnachthemden. Mit einem Stapel Kissen und Decken unterm Arm lotste sie Evi und Rainer schließlich in den Stall. »Da hoch müssen Sie alleine.« Sie deutete auf eine Leiter, die zwischen einem Sammelsurium rostiger landwirtschaftlicher Geräte und ausrangierter Möbel auf den Heuboden führte. »Der Anbau hier wird schon seit Ewigkeiten nich mehr benutzt. Sie müssen also keine Angst vor irgendwelchem Ungeziefer haben, junger Mann.« Frau Schmitz hatte offenbar ihre Schlüsse aus Rainers Gesichtsausdruck gezogen. »Und wenn Sie komische Geräusche hören: Das sind die Waschbären. Oder 'n Iltis.«

Auch das noch, dachte Evi, der Rainer is ja nu so gar nich für Tiere. Und erst recht nich fürs Ländlich-Sittliche.

»Also dann: Gute Nacht.« Als die Stalltür hinter Frau Schmitz ins Schloss fiel, musste Evi gegen ihren Willen kichern. »In dem Flanellfummel siehst du aus wie 'n Nachtgespenst!«

»Sehr witzig«, Rainer knipste die Taschenlampe aus, rollte sich in seine Decke, brummte: »Mafia-Wichser«, und Sekunden später war er fest eingeschlafen.

»Ech fass et net! Dat de Leut sech de Nachtjespenster emmer wie em Märchenbooch vierstellen.«

»Huch!« Evi blinzelte. Auf einem der uralten Strohballen saß ein junger Mann und grinste. Er wirkte leicht durchsichtig. Wie der Kerl auf den Heuboden gekommen war, war ihr ein Rätsel.

»Weiß dou, jenau jenomme, sein ech jo kee eefaches Nachtjespenst, sondern 'n Polterjeist. Hott mich facht honnert Joah jekost, bis ech dat mit dem Poltern kunnt.«

»Hä?« Evi verstand kein Wort.

»Ah. Stimmt, Sie sen ja net vun hei. Jestatten: Rönnemöss.«

»Evelyn Hünefeldt, aber Sie dürfen Evi zu mir sagen. Sie sind tot, nicht?«

»Ja jo dat. Nöngzehn-Achzehn.«

»Mein Beileid«.

»Jern jeschehen.«

»Und Rönnemöss? Ist das Ihr Vor- oder Nachname?«

»Majusebetter! Se kann jo kei Platt. ... Hie-rony-mus: Rönne-möss«, er unterstrich die regionale Aussprache seines Vornamens mit einer energischen Handbewegung.

Evi beschloss, nicht weiter in die Untiefen Eifeler Brauchtums einzutauchen. Der junge Mann trug eine altmodische graue Soldatenuniform mit einem blutverkrusteten Loch in der Herzgegend, aber er war umwerfend sympathisch und wirkte putzmunter. Evi plauderte fast die ganze Nacht mit ihm.

»... und dann hat der Fritz von Wille den Roten Adlerorden jekricht. Vom Kaiser persönlich. Dat wor Nöngzehn-Elf. Un er hat sojar e Bild von em jekoof ...«

»Wer?«

»De Kaiser Wellem.«

»Wow.«

Neben ihr regte sich etwas. »Was? Wieso wow?« Rainer rappelte sich verschlafen hoch.

»Wegen dem Kaiser. Der Rönnemöss sagt, der Fritz von Wille hat ...«

»Wer? Was? Wieso? Wie spät isses?«

»Keine Ahnung. Wird aber bald hell.« Offensichtlich hatte Rainers miese Laune die Nacht schadlos überstanden. »Rainer, darf ich dir den Rönnemöss vorstellen? Der war im Zivilberuf Kunstmaler, und er hat mir erzählt ...« Weiter kam sie nicht, denn da, wo der Geist des Gefreiten Hieronymus Schmitz noch vor ein paar Sekunden gesessen hatte, fiel jetzt lediglich ein Bündel Sonnenstrahlen durch die Ritzen der hölzernen Ladeluke.

»Huch. Eben war er noch da. Jetzt isser weg.«

»Du siehst ja Gespenster.«

»Stimmt. Aber egal. Du wirst es nicht glauben: Der Rönnemöss war 'n Schüler von Fritz von Wille, und der hat ihm zu Lebzeiten ...«

»Fuck! Nur noch sieben Prozent!« Rainer tippte mit hochrotem Kopf auf seinem Handy herum.

›Er hört mir nicht zu‹, stellte Evi nüchtern fest. ›Er hört mir schon seit Jahren nicht mehr zu.‹ Sie dachte an den Rönnemöss und wie schön es gewesen war, mit ihm eine ganze Nacht lang über Gott und die Welt zu quatschen. Aber Kunststück! Der Rönnemöss war schließlich tot und hatte jede Menge Zeit. ›Und wie heißt es so schön? Jeder verdient eine zweite Chance. Oder die zweihundertste.‹

»Duuu, Rainer?«

»Was?«

»Dieser Fritz von Wille war 'n ganz, ganz berühmter Landschaftsmaler!«

»Scheiße!« Rainer pfefferte das Handy ins Heu und stand auf. »Landschaftsmaler! Wenn ich so was schon höre! So was wie dieser Fernseh-Heini – Bob Ross oder wie der hieß – ja?«

»Zu Rönnemöss' Zeiten gab's doch noch gar kein Fernsehen.«

»Ja und? Haste dir die Bilder von dem mal angeguckt?«

»Die vom Rönnemöss oder die von Bob Ross?«

»Egal! Kitsch bleibt Kitsch!« Rainer ließ die Wut auf sein leeres Handy an einem der Strohballen aus. »Nicht mal die blöde Afrofrisur von diesem Pinselquäler war echt! Aua!«

Der letzte Tritt war wohl etwas zu heftig ausgefallen, und Rainer hüpfte, seinen linken Fuß in beiden Händen, mit schmerzverzerrtem Gesicht auf dem Heuboden herum, dass es im Gebälk knirschte. Das Ganze in Frau Schmitzens Nachthemd. Evi konnte sich beim besten Willen nicht beherrschen und prustete los.

»Herrgott noch mal!« Rainer fehlte wie üblich jeder Sinn für Humor. »Jetzt reiß dich gefälligst zusammen und tu ein Mal im Leben was Vernünftiges!«

Das war leichter gesagt als getan. »Und zwar was?«

»Und zwar was? Und zwar was?«, äffte er sie nach. »Vielleicht solltest du das bisschen hier drin ausnahmsweise mal zum Nachdenken benutzen!« Dabei tippte er Evi mit dem ausgestreckten Zeigefinger auf die Stirn.

Es tat weh, aber Evi beschloss, ihm auch noch die zweihundertundeinste Chance zu geben. Scheinbar unbeeindruckt nahm sie den Gesprächsfaden wieder auf.

»Du, Rainer, stell dir vor: Die Bilder von diesem Eifelmaler sind heutzutage Zigtausende wert! Und zwei davon hat der Rönnemöss damals, bevor er in den Krieg gezogen ist, hier oben versteckt.«

»Nee. Echt?« Rainers Interesse war urplötzlich geweckt.

»Ja, echt sind sie natürlich auch.«

»Ich meine, echt Zigtausende?«

»Ja.«

»Na, wenn die Alte da unten keine Ahnung hat, was hier für Schätze lagern, dann lassen wir die doch einfach mitgehen.«

»Die Frau Schmitz?«

»Die Gemälde, Herrgott noch mal!«

Er ist ein echtes Arschloch, dachte Evi, ein echtes Ober-Arschloch. »Also ... Die Bilder stehen neben der Ladeluke. Da hinten rechts, gleich hinter den Strohballen.« Ihre Stimme hörte sich an wie durch Watte. Sollte sie oder sollte sie nicht ...?

»Duuu, Rainer ...«

»Ach, halt die Klappe!«

Als es knirschte und krachte, schloss Evi die Augen und ballte beide Hände zu Fäusten.

Ein Schrei, der mehr nach Wut klang als nach Panik. Dann Stille.

Erst nach einer gefühlten Ewigkeit schaute sie durch das Loch zwischen den zerbrochenen Holzbohlen hinunter in den Stall.

Rainer Hünefeldt gab keinen Mucks mehr von sich. Schuld daran war zweifellos der rostige Amboss, auf den er mit dem Hinterkopf aufgeschlagen war. Unbedingt linksrum auf die Luke zugehen, weil rechts die Planken morsch sind, hatte der Rönnemöss erklärt.

Evi seufzte. »Ein Gottesurteil, so gesehen.«

Sie brachte Frau Schmitz so zartfühlend wie möglich bei, dass Rainer einen bedauerlichen Unfall erlitten und das Zeitliche gesegnet hatte.

Als alle Formalitäten erledigt waren, tranken die beiden Frauen eine schöne Tasse Kaffee, und Evi holte – vorsichtig links um die Strohballen herumgehend – die Bilder vom Dachboden herunter. Sie waren säuberlich in wasserdichtes Öltuch eingeschlagen und hatten ihren mehr als hundertjährigen Winterschlaf gut überstanden: »Eifellandschaft bei Hillesheim« und »Stilles Tal am Totenmaar«.

»Bisschen wie van Gogh. Nur ohne Wahnsinn und Ohr ab«, sinnierte Frau Schmitz.

»Ja. Wunderschön.«

»Evi, Sie haben die Bilder gefunden, also gehören sie Ihnen. Jetzt packen Sie die beiden Schmuckstücke mal gut wieder ein, und …«

»Nee, Frau Schmitz, die gehören hierher, weil …« Evi zögerte, »… sagt Ihnen der Name Hieronymus was? Hieronymus Schmitz?«

»Der Rönnemöss?« Katharina Schmitz stutzte, »Na klar, das war mein Großvater. Hab ich nie kennengelernt. Ist im Ersten Weltkrieg verschollen. Es gibt nicht mal 'n Grab. Er war, glaub ich, Anstreicher.«

»Maler war er, das stimmt«, unwillkürlich musste Evi kichern, »aber Kunstmaler. Ein Schüler von Fritz von Wille.«

»Ach? Tatsächlich?«

»Und die«, Evi deutete auf die Bilder, »hat der große Meister ihm damals geschenkt.«

»Woher wissen Sie das alles?« Frau Schmitz schaute – noch entgeisterter als zuvor – zwischen den Dachbodenfunden und der frischgebackenen Witwe hin und her.

Beinahe wären Evi die Worte »von ihm selbst« herausgerutscht, aber das hätte zu vieler Erklärungen bedurft. »Aus gesicherter Quelle«, sagte sie stattdessen. »Und die möchte nicht genannt werden.«

Nach einer weiteren Tasse Kaffee und einer angeregten Debatte über den Platz, an dem Fritz von Willes Gemälde am besten zur Geltung kommen könnten, verabschiedete sich Evi herzlich, rief den ADAC an, um Rainers Karre abschleppen zu lassen, und nahm sich ein Taxi nach Blankenheim. Am nächstbesten Blumenladen ließ sie den Fahrer warten.

»Un dann zem Bahnhoff?«

»Ja, schon. Aber vorher bitte noch mal zurück nach Uedelhoven.«

Am Kriegerdenkmal – nur wenige Meter entfernt von der Stelle, an der sich heute die Galerie Woewwesch befindet – legte Evi einen dicken Strauß Wildrosen vor das Kreuz mit den Namen der Gefallenen des Ersten Weltkriegs. Schmitz, Hieronymus stand nicht darauf. »Verschollen« hatte Frau Schmitz gesagt. Vielleicht deshalb.

Auf dem Weg zurück zum Taxi warf Evi noch einen letzten Blick auf das Haus Nummer 18. Auf dem Dach, gleich neben dem Kamin hockte der Rönnemöss und winkte ihr zu.

Jahre später hielt ein Wagen vor der Kreuzstraße 18, und ein Mann und eine Frau klingelten bei der alten Frau Schmitz: Das Haus stehe zum Verkauf?

In der Eifel werden Menschen und Plätzen zwar gern jede Menge Histörchen und Anekdötchen angedichtet, aber dass Frau Schmitz geheimnisvoll gelächelt haben soll, als sie erfuhr, dass es sich bei der netten Dame um eine Künstlerin, noch dazu um eine mit einem Faible für Landschaftsfotografie, handelte, ist die reine Wahrheit.

Und unter der Linde im Garten saß von allen unbemerkt der Rönnemöss und wisperte: »Willkommen.«

**Herbert Pelzer**

# DANIEL

Wieder stampfte der alte Mock den Grasweg hinauf. Sein Atem ging schwer, längst hatte die Leichtigkeit früherer Jahre seinen alten Körper verlassen. Doch nie blieb er stehen, um einen Moment lang zu verschnaufen, mit stoischer Hartnäckigkeit setzte er einen Fuß vor den anderen, den Oberkörper nach vorne gebeugt, den Blick zu Boden gerichtet. Dann war er oben angekommen, auf dem kleinen Plateau, das von den Gebäuden des Hasenberghofs umringt wurde. Rechts die Stallungen, im linken Teil des Hofes waren die Verwaltungsbüros und das Kunstkabinett untergebracht. Auch hier blieb der Alte nicht stehen, schwer atmend ging er voran, ohne einen Blick zurück auf die wunderschöne Landschaft zu richten, die sich hinter ihm weit nach Westen hin ausdehnte. Dorthin, wo am Abend die Sonne hinter dem sanft geschwungenen Hasenberg untergehen würde, von dem der Hof seinen Namen erhalten hatte. Weiter unten, dort, wo der Alte hergekommen war, da lag der Platz, zu dem er an jedem Tag hinabstieg, im gleißenden Licht der hochstehenden Mittagssonne.

Dort unten lebte Daniel. Sein Stall war geräumig, luftig, offen, sodass Daniel jederzeit hinaus in das Gehege trippeln konnte, wo er in der Erde wühlen oder sich den Rücken an den Pfählen schrubben konnte, die zum Schutz um den jungen Baum errichtet worden waren. Stall und Gehege teilte Daniel sich mit Wolfgang, seinem Bruder. Sie waren Eifelschweine, die hier den Ort gefunden hatten, an dem sie ihr Leben zu Ende leben konnten, so wie es für ein glückliches Schwein sein sollte. Als Daniel ein Ferkel war, hatte man ihn kastriert. Später war aufgefallen, dass die Kastration misslungen war. Daniel war ein richtiger Schweinemann geblieben und damit für die Mast ungeeignet. Doch er hatte Glück, statt beim Abdecker war er hier auf dem Hasenberghof gelandet. Schwein gehabt, so wie all die anderen Tiere, die hier auf dem Gnadenhof lebten. Kaltblüter, Rinder, Schafe, Ziegen. Krumm gearbeitet als Rückepferd, geboren mit dem falschen Geschlecht, nutzlos geworden, übrig geblieben. Jedes Tier hier hatte einen Namen, und jedes hatte seine Geschichte. Schlimme Geschichten, traurige Geschichten. Warum der Alte sich Daniel zum Freund ausgesucht hatte, konnte er nicht sagen. Nachdem seine Frau gestorben war, hatte er bald begonnen, lange Spaziergänge zu machen. Von Baasem aus, wo sie eine kleine Metzgerei betrieben hatten. Die Metzgerei war nun geschlossen, die Mocks hatten sich noch auf ein paar ruhige, schöne gemeinsame Jahre gefreut, doch Elisabeth Mock war plötzlich verstorben, kaum dass sie die Türe zu ihrem Laden zugesperrt hatten. Balthasar war geschockt, da hatten sie so lange gemeinsam in ihrer Metzgerei gearbeitet, hatten von früh bis spät geschuftet, jeder an seinem Platz, oft ohne sich länger als für die Zeit des Frühstücks, des Abendessens zu sehen, und dann stirbt seine Lisbeth in dem Moment, in dem alle Last von ihnen abgefallen ist. Tagelang hatte er in dem ausgeräumten Geschäft gestanden und vor sich hin gestarrt. Leute waren draußen vorübergegangen, hatte verstohlen zu ihm hineingeschaut. »Der Balthes kommt nicht mehr auf die Beine«, hatte man im Dorf gemunkelt. Doch dann hatte er die tränennasse Marmorplatte auf dem Verkaufstresen abgewischt, hatte sich umgezogen und war aus dem Haus gegangen. Mit gerader Haltung und hoch erhobenem Kopf. Er hatte sich entschlossen weiterzuleben. Das Bolzenschussgerät war im Schrank geblieben, dafür hatte er seine Wanderschuhe hervorgeholt und war losgegangen. Raus in die Natur, hinunter zum See, hinauf auf den Hasenberg. Von dort hatte er auf die Wiesen des Gnadenhofs geschaut, und am nächsten Tag war er hingegangen.

Die Mitarbeiter hatten ihn eingelassen, er hatte mit ihnen gesprochen über die schlimmen Geschichten der Tiere und darüber, wie bösartig die Menschen sein konnten. Balthasar Mock war herumgegangen, hatte die fettigen Felle der Schafe gekrault und auf staubige Pferderücken geklopft. Bei Daniel war er lange stehen geblieben. Sehr lange, sie hatten sich angesehen, Daniel aus seinen winzigen Schweineäuglein in dem massigen Schweinekopf und Balthasar aus seinen müden Augen, die seit Lisbeths Tod fast immer rot gerändert waren. Was ist das für ein Gott, hatte er gedacht, der zulässt, dass den wehrlosen Viechern so übel mitgespielt wird?

Der seine Lisbeth so früh zu sich holt und ihm damit das Herz zerreißt?

Am nächsten Tag war Balthasar Mock wiedergekommen, hatte wieder bei Daniel gestanden, ihm über den borstigen Kopf gestrichen und mit ihm geredet. Seitdem ist er jeden Tag hier gewesen. Bei jedem Wetter, und seit einiger Zeit brachte er ganz besonders schmackhafte Leckerchen für Daniel mit. Die Mitarbeiter hier auf dem Hof haben es erlaubt. »Bestes Fleisch, durch den Wolf gedreht und vermischt mit Haferflocken«, hatte Balthes geschwärmt. Das wollten sie dem Alten nicht verbieten, solange es nur bei ein paar Fleischbällchen am Tag blieb.

Immer am späten Vormittag kam er den Grasweg herunter, lange schon erwartet von Daniel, der die fast tennisballgroßen Mitbringsel verschlang, als habe er seit Tagen nichts zu fressen bekommen. Hin und wieder fiel auch etwas für Wolfgang ab, das Meiste jedoch war für Daniel bestimmt, das Eifelschwein, das Balthasar Mocks wundes Herz wieder ein ganz kleines bisschen gesund werden ließ.

Seinen Wagen, einen alten Benz, parkte er immer gleich neben dem Hasenberghof, auf dem Parkplatz unterhalb des Friedhofs. Dort lag seine Lisbeth in ihrem schönen Eichensarg. Täglich ging er zum Grab, oft stellte er frische Blumen hin, sprach mit ihr, bevor er die Plastiktüte mit den Fleischbällchen aus dem Kofferraum nahm, um hinüber zu Daniel zu gehen. Zur Mittagszeit war er dann wieder zurück in Baasem, bereitete sich ein einfaches Gericht zu. Bratkartoffeln mit Spiegelei oder Fertigpüree mit Fischstäbchen, aß ohne

Appetit und legte sich dann aufs Sofa, auf dem die Kissen mit den kunterbunten Bezügen standen, die Lisbeth gehäkelt hatte.

Doch an diesem Tag fand er keinen Schlaf, mit geöffneten Augen starrte er an die Decke, von einer nervösen Unruhe erfasst. Eine Weile noch blieb er liegen, dann stand er auf vom Sofa und schlurfte hinunter in den Keller. Die Kühltruhe war groß und alt, der Rost fraß an den unteren Rändern, er öffnete sie und zählte die milchig weißen Plastikbeutel, die sauber darin gestapelt waren. Neun Beutel, hartgefroren wie Stein. Das war nicht wenig, aber lange würde sein Vorrat nicht mehr reichen. Balthasar Mock zählte noch einmal nach und nahm den oben liegenden Beutel mit hinauf in die Küche. Er legte ihn ins Spülbecken neben das schmutzige Geschirr vom Mittag, dort konnte das Fleisch auftauen. Morgen würde er es durch den Wolf drehen, mit den guten Haferflocken vermischen und zu frischen Bällchen formen. Jetzt bestand sein Vorrat nur noch aus acht Beuteln, in Gedanken rechnete er nach, wie lange sie noch reichen würden.

»Der Mock gibt sein ganzes Geld für Fleisch aus«, vermuteten die Leute vom Hasenberghof. »Sie müssen das nicht tun«, hatten sie ihm gesagt, »das ist doch viel zu teuer!« Doch Balthasar hatte nur milde gelächelt. »Schon gut«, hatte er geantwortet und Daniel dabei den Kopf gekrault. »Schon gut, es macht mir Freude.«

In seinem kleinen Schlachthaus gleich hinter dem Geschäft war nichts verändert worden, seitdem die Mocks den Betrieb eingestellt hatten. Messer, Beile, Brühkessel, Fleischwolf, Wurstmaschine, alles war noch an seinem Platz, und alles blinkte und blitzte so sauber wie am ersten Tag. Nie hatte Balthasar seinen ersten Tag als Lehrjunge bei Metzgermeister Rubel vergessen. Der hatte von ihm verlangt, nicht von seiner Seite zu weichen, als er den Leib des Schweines aufgeschnitten hatte und als die Därme wie eine Lawine herausgequollen kamen.

Wie das gedampft und gerochen hatte.

Wie der Meister ihm auftrug, seinen Finger in den Kübel, randvoll gefüllt mit warmem Schweineblut, zu stecken und ihn abzulecken.

Wie er den abgetrennten Schweinekopf hatte tragen müssen.

Fast wäre Balthasar nicht mehr hingegangen am nächsten Tag, doch der Vater hatte ihm gedroht, und er hatte sich fügen müssen.

Gedankenverloren schaltete Balthasar den Fleischwolf ein, das leise Surren hallte von den weiß gekachelten Wänden rundum wider.

Am späten Nachmittag stieg Balthasar Mock in seinen alten Benz und fuhr hinüber nach Kronenburg. Er stellte den Wagen beim Nordtor ab, nahm den Klapphocker aus dem Kofferraum und setzte sich in den Schatten des großen Baumes am Rand des Burgberings. Hier sah man ihn öfter sitzen, sah, wie er einen kurzen Plausch mit Touristen hielt, die ganz beseelt von der pittoresken Schönheit des historischen Ortskerns waren. Nie sah man ihn hier rauchen oder trinken, er saß da und lächelte freundlich zu jedem hinauf, der ihm hier begegnete. Nur wenn Balthasar einen Blick hinüber zum Nordtor tat, hinter dem sich die Turmspitze von Sankt Johann

Baptist in den blauen Eifelhimmel erhob, dann hätte man die kleine Veränderung in seinem Gesicht erkennen können. Das Lächeln wich dem Ausdruck von Bitterkeit. Genauso wie er die dampfenden Schweinedärme in Meister Rubels Schlachthaus nicht vergessen hatte, so hatte Balthasar auch nicht den Pfarrer des Dorfes, in dem er geboren wurde, vergessen, der einen üblen Mundgeruch verströmt und ihn als kleinen Jungen auf seinen Schoß gezogen und überall angefasst hatte. Was war das für ein Gott, der einen solchen Mann am Leben ließ, anstatt ihn auf der Stelle vom Blitz getroffen verglühen zu lassen?

Ein Mann näherte sich dem Nordtor. Einer mit schweren Wanderschuhen und einem hohen Rucksack. Ein Wanderer, der alleine unterwegs war. Auf dem verschwitzten Kopf trug er eine Schirmmütze, an die er eine Jakobsmuschel befestigt hatte. Das freundliche Lächeln kehrte in Balthasars faltiges Gesicht zurück. »Guten Abend, der Herr«, sprach er den Pilger an, als der ihn erreicht hatte. »Das war sicher eine anstrengende Wanderung heute.«

»Das kann man wohl sagen!« Der Pilger blieb stehen und streckte sich. »Nur bergauf und bergab. Da merkt man, dass man in der Eifel angekommen ist.« Ein etwas verunglücktes Grinsen huschte über sein Gesicht. Balthasar nickte wissend, er kannte die Etappe von Blankenheim bis hierhin nach Kronenburg.

»Hast du ein Zimmer für die Nacht reserviert?« wollte er jetzt von dem Pilger wissen.

»Nein, nein, hab ich nicht, ich hoffe hier etwas Preiswertes zu finden.« Er trank einen Schluck aus seiner Wasserflasche.

»Ich könnte dir ein Bett anbieten, kostenlos. Und was zu essen bekommst du auch.«

Die Jakobspilger waren es gewohnt, dass ihnen solche Offerten gemacht wurden, manche hofften sogar auf freie Kost und Logis auf ihrem Weg. Darum mussten sich die beiden auch nicht weiter bereden.

»Sehr gerne, vielen Dank«, sagte der Pilger und schraubte den Deckel auf seine Wasserflasche.

Als sie in Baasem aus dem alten Benz ausstiegen, stand die Sonne schon tief über dem Hasenberg. Es war spät geworden, mit schmerzenden Beinen stakste der Pilger ins Haus. Der alte Mock folgte ihm auf dem Fuß.

»Schnell einen Tee, dann duschen, essen und danach ab ins Bett?«

Das war genau nach Ronnys Geschmack. Ronny war 32 Jahre alt, er kam aus Gartz. »Ganz im Osten ist das, direkt an der Oder«, hatte er sich vorgestellt. »Vom hohen Norden auf dem Weg ganz runter nach Süden.«

In der Küche ließ Ronny sich auf die Eckbank fallen. »Sehr gerne«, antwortete er wieder und streifte sich die Wanderschuhe von den geschwollenen Füßen.

Balthasar machte sich am Küchenschrank zu schaffen. »Mit Zucker?« rief er über die Schulter und versenkte einen Teebeutel im kochenden Wasser.

»Sehr gerne.« Ronny hatte scheinbar alles sehr gerne. »Mit viel Zucker bitte.«

Balthasar lächelte. Viel Zucker machte es leichter. Der Küchenschrank verströmte den warmen Geruch von Geborgenheit, Balthasar entnahm ihm das Zuckertöpfchen und die kleine, abgegriffene Blechdose, auf die

Lisbeth eine rot-gelbe Prilblume geklebt hatte. Seelenruhig hantierte er vor sich hin, hinter seinem Rücken ließ Ronny seinen Blick durch den Raum schweifen.

Dann war der Tee fertig. Balthasar trank nie Tee, er bevorzugte Kaffee. Ronny schlürfte und verzog das Gesicht. »Uiih!« sagte er, nippte aber gleich noch einmal an dem heißen Getränk.

»Brennnesseltee«, klärte Balthasar ihn auf. »Bitter, aber gut. Wirst sehen, morgen früh ist dein Muskelkater verschwunden.«

Die Männer lächelten sich an. Eine Weile erfüllte nur das Ticken der Wanduhr den Raum, dann unterhielten sie sich. Ronny erzählte von seiner Pilgerreise, nippte an der Tasse und rührte darin herum, als ob er auch noch den letzten Krümmel Zucker darin verflüssigen wollte. Schließlich erhob Balthasar sich von seinem Stuhl. »Ich hole uns mal zwei Bier«, sagte er und zwinkerte Ronny zu. Kaum, dass er in die Vorratskammer nebenan eingetreten war, vernahm er ein lautes Poltern aus der Küche. Porzellan zersprang, dann hörte er, wie sich vier Tischbeine über die Bodenfliesen schoben.

Ein zufriedenes Lächeln breitete sich in Balthasars Gesicht aus. Wieder einer weniger, dachte er. Wieder ein Punkt für mich. Wie immer verharrte er noch eine Weile in seiner Vorratskammer. Warum waren die Menschen auch so? Liefen vom hohen Norden den weiten Weg hinunter bis in dieses spanische Dorf, nur um einen Gott zu ehren, der kein guter war. Der zuließ, dass Menschen und Tiere leiden mussten. Da konnte es doch nicht falsch sein, hin und wieder einen dieser Verblendeten auf seine Seite zu ziehen.

Bis spät in die Nacht brannte das Licht im Mocks Schlachthaus. Am nächsten Morgen kam er später als sonst auf den Hasenberghof, Daniel grunzte freudig erregt, bis Balthasar ihm das erste Leckerchen an den Hauern vorbei ins Maul schob.

**Thomas Kiehl**

# VERDAMMTES RECYCLING

Gerd Fischbach, oder Kante, wie ihn seine Freunde aufgrund seiner Größe nannten, hielt nicht viel von langen Diskussionen. Das hatte er von seinem Vater und der wiederum von Kantes Großvater. Kante war ein Mann der Tat. Deshalb hatte er mit dem Kurier, den er am Frankfurter Flughafen abgeholt hatte, auch bereits hinter Montabaur ohne viele Erklärungen kurzen Prozess gemacht. Dem Kerl traute er schon lange nicht mehr. Und jetzt wollte er auch noch mehr Geld. Wofür? Die Arbeit war immer noch die gleiche. Er durfte erste Klasse fliegen, Schampus saufen und scharfen Flugbegleiterinnen auf den Hintern schauen: ein Job also, um den sich viele gerissen hätten. Alles, was er dafür tun musste, war ein Säckchen mit lupenreinen Diamanten in seinem Gepäck zu verstecken. Das Risiko war begrenzt, der Typ daher sowieso schon überbezahlt.

Unter dem Vorwand, pinkeln zu müssen, hatte Kante die Autobahn verlassen und war mit seinem Skoda Kombi auf einen einsamen Waldparkplatz zum Stehen gekommen. Dass dem Kurier der Stopp ebenfalls gelegen kam, hatte die Sache nur vereinfacht, denn während dieser noch an seinem Reißverschluss rumnestelte, hatte Kante in aller Ruhe die Eisenstange aus dem Kofferraum geholt und ihm den Schädel zertrümmert.

Aus leidvoller Erfahrung wusste Kante, dass erst jetzt die wirkliche Arbeit begann. Die Schwierigkeit beim Morden bestand in der Regel nicht im Töten, sondern darin, die Leiche möglichst unauffindbar verschwinden zu lassen. Aber das war wichtig, denn ohne Leiche gab es kein Verbrechen, was wiederum Kantes Geschäftsmodell sehr entgegenkam. Doch zum Glück hatte er auch für dieses Problem seit Neuestem eine recht unkomplizierte Lösung gefunden.

»Nachhaltiges Wirtschaften« und »der schonende Umgang mit Ressourcen« hatte auch in der Unterwelt seine Spuren hinterlassen … Ja, von wegen! Kante lachte leise vor sich hin, als er mit dem toten Kurier im Kofferraum in Richtung Heimat fuhr. Dennoch musste er an die Worte vom Freund eines Freundes denken, dem Marketingleiter der Firma Papstar in Kall, einem der größten Anbieter von Einmalgeschirr.

»Plastik ist von gestern«, hatte der stolz auf einer Grillparty doziert, bei der die Schwenksteaks auf Papptellern aus Frischfaserkarton serviert wurden. »Und daher ist unser Geschirr in der Zwischenzeit zu über 95 Prozent aus nachwachsenden Rohstoffen. Sogar die Messer und die Gabeln, ist das nicht großartig?«

Vor allem langweilig, hatte Kante gedacht. Wen interessierte schon Nachhaltigkeit? Außer vielleicht diese verrückten Klimakleber, denen er auch mal gerne eine

Metallstange über den Kopf gezogen hätte. Von ihm aus konnte Einmalgeschirr gern wieder aus Plastik bestehen. Von Pappmessern hielt er erst recht nichts. Und Papierstrohhalme waren ja wohl eine Zumutung.

»Es kommt sogar noch besser«, legte der Papstar-Typ nach. »Denn nach dem Benutzen steckt man unser Geschirr einfach ungesäubert in einen Bio-Konverter, wie zum Beispiel in den im Abfallwirtschaftszentrum in Mechernich-Strempt. Der Konverter macht dann aus dem Abfall ein fasriges Pulver, welches dann wiederum ein Rohstoff für die nächsten Pappprodukte ist.«

»Sagtest du *ungesäubert*?« Dieses kleine Wort hatte Kantes Interesse erregt und auf eine Idee gebracht. »Also mit den ganzen Essensresten und so?«

»Absolut. Alles darf da rein, Essensreste, Kaffeesatz, Kartoffelschalen, solange es organischer Natur ist.«

»Fleisch?«

Der Mann hatte ihn für einen Moment seltsam gemustert. »Theoretisch schon. Ist ja organisch. Aus hygienischen und gesetzlichen Gründen ist das jedoch nicht erlaubt.«

*Hygienische und gesetzliche Gründe* waren Kante ziemlich egal. Er beschloss daher, dem Abfallwirtschaftszentrum in Strempt, kurz AWZ, mal wieder einen Besuch abzustatten. Das hatte er früher zwar auch schon getan, aber die Mülltrennung hatte ihm mit der Zeit einen Strich durch die Rechnung gemacht. Der Restmüll wurde zu stark kontrolliert. Und im Biomüll – na ja, die Verwesung einer Leiche, das zog sich einfach zu sehr. Da konnte er auch direkt wieder in den Wald fahren und ein tiefes Loch buddeln.

Eine Maschine hingegen, in die man einfach nur den leblosen Körper wuchten musste, das klang schon interessanter. Und schon tranken ein paar Tage später irgendwelche hippen Muttis ihre Chai-Latte aus den Überresten seines Widersachers. Oder er wurde zum Sneakers-Karton eines verwöhnten Teenies gepresst, oder ... Es gab zahlreiche Einsatzmöglichkeiten für das Zeug. Diese Art des Verschwindenlassens gefiel Kante sehr.

Und so endete nach seiner Rückkehr in die Eifel auch der Körper des Kuriers *nachhaltig entsorgt* und *sinnvoll recycelt* in der Wundermaschine in Strempt.

Würden alle Menschen so sauber arbeiten wie Kante, wäre damit die Sache erledigt gewesen. Leider aber hatten die Kollegen in Südafrika mal wieder Mist gebaut, wie sich am nächsten Tag herausstellte.

»Morgen, Kante. Könnten wir vielleicht später?« Der rauen Stimme nach hatte Atze, der die Aufgabe hatte, die Diamanten in Johannesburg an die Kuriere zu übergeben, die gesamte Nacht durchgemacht.

»Nein! Können wir nicht«, brüllte Kante ins Telefon. »Es ist verdammt dringend. Die Lieferung ist weg.«

»Hat denn unser Goldesel noch nicht ...?«

Am Telefon sprachen sie immer leicht verklausuliert, um in keine Abhörfalle zu tappen.

»Nein. Ich habe alles durchsucht. Er hat uns beschissen und das Zeug irgendwo deponiert. Dieser Mistkerl. Ich habe es immer gewusst.«

»Durchsucht?« Jetzt klang der Kollege plötzlich hellwach.

»Klar. Wenn man tot ist, dann ...«

»Tot! Warum denn tot? Und hat er denn schon …?«
»Hat er was?«
»Na ja.« Atze suchte nach Worten. »Weil er sie doch dieses Mal geschluckt hat. Erschien uns sicherer.«
»Er hat was?« Kante glaubte, sich verhört zu haben. »Und warum informiert mich darüber keine Sau?«, tobte er los.
»Tue ich doch gerade. Außerdem weiß er …«, Atze stockte, »wusste er Bescheid.«
»Verdammte Scheiße.« Kante legte auf. Wenn der Boss in Oberhausen davon erfuhr, war er erledigt.

Nachdem Kante eine ganze Stunde wie das Rumpelstilzchen durch seine Wohnung getobt war, kam er nach ein paar Bier schließlich zu der Erkenntnis, dass alles vielleicht doch gar nicht so schlimm war wie zunächst angenommen und das Schicksal ihm am Ende womöglich sogar eine viel *sauberere* Lösung präsentierte. Die Wundermaschine des AWZ zersetzte organische Stoffe. Diamanten gehörten sicherlich nicht dazu. Er musste daher nur noch einmal dorthin fahren, sich auf das Gelände schleichen und sich die Säcke mit diesem fasrigen Endprodukt krallen, um es in aller Ruhe zu Hause durchzusieben.

Soweit der Plan. Vor Ort stellte sich jedoch heraus, dass die Säcke bereits an einen kleinen, lokalen Pappproduzenten geliefert worden waren. Und die Pechsträhne schien kein Ende zu nehmen, denn als Kante diesen anrief, erfuhr er, dass das Material bereits weiterverarbeitet worden war und er es nicht einfach wieder *im Auftrag der AWZ* zurückverlangen konnte.

Daher fuhr Kante am Abend zu dem kleinen Betrieb und lauerte mit seiner Eisenstange in der Hand dem Inhaber auf, der als Letzter die Firma verließ.

»Ich will, was immer du auch aus dem Faserzeug von gestern hergestellt hast. Und ich will es sofort!«

Der kleine Mann mit dem schlecht sitzenden Toupet führte Kante zitternd in seine Lagerhalle und zeigte auf eine Palette Umzugskartons. »Nehmen Sie sich, was Sie brauchen, aber bitte tun Sie mir nichts. Ich habe eine Frau und fünf Kinder.«

»Besser wäre es umgekehrt«, scherzte Kante, doch der Mann schien nicht für Witze aufgelegt, was aufgrund der leicht angespannten Situation vielleicht auch kein Wunder war. Kante zog daher einen der Kartons von der Palette und untersuchte ihn auf eingepresste Diamanten. Dann einen zweiten, leider vergeblich.

Er drehte sich langsam um und hob die Eisenstange. »Das hast du also aus dem Zeug gepresst?«

Der Mann fiel auf die Knie. »Nein, das nicht. Sie haben ja recht.«

»Und was dann?«

»Pappteller.«

»Und warum sagst du das nicht gleich?« Weil er wahrscheinlich die Diamanten entdeckt hatte, vermutete Kante.

»Das ist verboten. Aus hygienischen Gründen darf aus dem Recyclingmaterial nichts gepresst werden, was später mit Nahrung in Verbindung kommt. Aber die Geschäfte mit den Umzugskartons laufen schlecht. Die Margen für Pappteller sind viel größer. Und ich habe doch fünf Kinder.«

Aus seinen Widersachern wurde also gar keine Chai-Latte geschlürft? Egal. Auch als Umzugskartons machten sie sich bestimmt großartig.

»So, du Witzfigur. Deine krummen Geschäfte sind mir ehrlich gesagt komplett egal. Aber ich will diese letzte Charge Pappteller, und zwar schnell. Verstanden?«

Der kleine Mann nickte so stark mit dem Kopf, dass ihm sein Toupet verrutschte. »Absolut verstanden. Da gibt es nur ein kleines Problem. Die wurden bereits ausgeliefert.«

»An wen?«

»Die Teller hatten einen seltsamen Rotstich. Wahrscheinlich zu viel Tomatensoße am Pappgeschirr. Daher habe ich sie dem Kinderheim in Euskirchen gespendet.«

Das war ja nicht zum Aushalten!

Kante überlegte kurz, ob er dem Mann nicht doch noch die Eisenstange über den Kopf ziehen sollte, schließlich hatte er ihm zuerst vollkommen minderwertige Umzugskartons andrehen wollen. Aber er entschloss sich dagegen. Fünf Kinder waren Strafe genug.

Am nächsten Morgen fuhr Kante sofort nach Euskirchen. Der junge Mann am Empfang des Kinderheims wirkte so schlapp und energielos wie eine unaufgeblasene Luftmatratze, dabei war es schon elf Uhr. Diese neue Generation von Nichtsnutzen war kaum zu ertragen. Für viel mehr als Homeoffice waren die wirklich nicht zu gebrauchen.

»Wie kann ich helfen?«

»Es geht um die Lieferung der Pappteller gestern.«

»Was ist mit denen?« Jetzt tippte er auch noch auf seinem Handy rum, während er mit Kante sprach, eine Unverschämtheit.

»Die müssten wir wiederhaben. Qualitätsmängel. Tut mir leid.«

»Okay.« Der junge Mann erhob sich und schlurfte den Flur hinunter. Er verschwand hinter einer Tür. Kurz darauf tauchte er wieder auf und schlurfte den Weg im gleichen Tempo wieder zurück, wohlgemerkt ohne ein einziges Mal von seinem Handy aufzusehen. Erst als er bei Kante ankam, schenkte er ihm einen kurzen Blick.

»Sorry. Alle futsch.«

»Wie futsch?«

»Verbraucht eben.«

»Alle?«

»Sieht so aus. Und damit auf dem Weg zum Abfallwirtschaftszentrum. Die haben da so eine geile Maschine«, jetzt begannen seine Augen zu leuchten, »die daraus ...«

»Ich weiß«, unterbrach Kante den Schluffi, der, so wurde ihm gerade klar, seine gesamte Energie auf Demos für die Umwelt verbrauchte. Wenn er Zeit gehabt hätte, hätte er direkt die Eisenstange geholt. Dieses verdammte Recyceln ging ihm langsam wirklich auf die Nerven.

Zurück im Auto, peilte Kante zum zweiten Mal in dieser Woche das AWZ in Strempt an. Vor dem Gelände angekommen, stellte er seinen Wagen auf einen Parkplatz ab, von dem aus er den Eingang gut im Blick behalten konnte.

Er musste zum Glück nicht lange warten, bis ein 12-Tonner mit der Aufschrift »AWZ-Recycling« angefahren kam, die Schranke passierte und zu dem ungesicherten Bio-Konverter fuhr. Ein paar Tüten wurden ausgeladen und in den Konverter geschüttet. Kante wartete, bis der Mann seine Arbeit verrichtet hatte, dann startete er den Wagen.

»Wie kann ich helfen?«, fragte der Typ an der Schranke.

»Nur etwas Sondermüll.«

Kaum war die Schranke nach oben gefahren, gab Kante auch schon Gas. Er parkte sein Auto und ging mit ein paar Mülltüten in Richtung des Bio-Konverters. Als er den Deckel öffnete, schlug ihm der säuerliche Geruch von Essensresten entgegen. Er stemmte sich auf den Rand und beugte sich in die Öffnung. Sofort meinte er ein Glitzern wahrzunehmen. Endlich Schluss mit dem Recyclingwahnsinn! Er streckte sich nach einem Teller in Griffweite, was er vielleicht nicht hätte tun sollen, denn dadurch verloren seine Finger auf dem rutschigen Rand den Halt, und er fand sich kurz darauf am Boden des Bio-Konverters zwischen dreckigem Einmalgeschirr wieder. Er sah sich den Teller in seiner Hand genauer an. Von wegen Diamant, sondern nur eine fettig glänzende Nudel. Er griff zum nächsten Teller. Dann hörte er Stimmen. Instinktiv stellte Kante die weitere Suche für einen Moment ein und verhielt sich mucksmäuschenstill. Bevor er reagieren konnte, schloss jemand den Deckel der Maschine. Ein dröhnendes Gebläse sprang an, und der Umwälzprozess wurde in Gang gesetzt. Kante rief panisch um Hilfe, doch niemand schien ihn zu hören. Vielmehr merkte er, wie es langsam wärmer und wärmer wurde.

Ungefähr zeitgleich klatschte die Leiterin des Euskirchener Kinderheims begeistert in die Hände. Eine so schöne Dekoration hatte sie in ihrem ganzen Leben noch nicht gesehen. Die Kinder hatten für das anstehende Sommerfest den gesamten Essenssaal mit bunt bemalten Papptellern geschmückt, die in der Abendsonne funkelten, als wären sie mit Tausenden von Strasssteinen beklebt.

**Elke Pistor**

# BEI UNS LIEGEN SIE IMMER RICHTIG

Immer mehr Menschen entscheiden sich für die Frührente mit 63. Brasilien statt Büro, Sauna statt Stechuhr, Krafttraining statt Karriere. Die finanziellen Einbußen schrecken sie nicht ab. Die verbleibende Zeit gut zu nutzen ist wichtiger als ein paar Euro mehr. Mitnehmen kann man am Ende ja sowieso nichts. Sagt Claus. Er will den Silberstreif nicht nur in den Haaren, sondern auch am Horizont eines langen und arbeitsreichen Lebens sehen. Ich habe mir das nach vierzig Jahren Arbeit wirklich verdient, sagt Claus. Immer auf Dienstreise und nicht mehr als eine Handvoll Tage Urlaub. Wie das halt so ist, wenn man selbstständig ist. Arbeit, Arbeit und zu guter Letzt: Arbeit.

Manchmal hab ich ja gedacht, wir sind beide mehr mit dem Beruf als miteinander verheiratet. Der Claus und ich. Aber das wundert mich nicht. Schon als wir uns kennenlernten, konnte jeder für sich auf eine gewisse Erfahrung in seinem jeweiligen Spezialgebiet zurückblicken, auch wenn ich gut zehn Jahre jünger bin als Claus. Ich habe immer schon Wert auf meine Professionalität gelegt: ständige praktische Weiterbildungen, Auslandseinsätze, keine Angst vor technischen Innovationen. Dass uns der Zufall damals bei diesem einen Auftrag zusammengeführt hat, muss man wohl als eine glückliche Fügung ansehen. Oder Schicksal. Je nachdem, aus welcher Perspektive man es betrachtet. Wie dem auch sei. Seit diesem Tag sind wir nicht nur ein Paar, sondern auch ein Team. Und was für eins! Ich weiß nicht, wie viele Projekte wir zusammen bis ans Ende gebracht haben. So aus dem Kopf kann ich das gar nicht sagen. Im Schnitt vier große Aufträge pro Jahr, das macht summa summarum mehr als … ach, eine stattliche Anzahl auf jeden Fall.

Wir zwei sind wie Feuer und Schwefel. So sagt man doch, oder? Auf jeden Fall sagt der Claus das immer so. Und dann lacht er über seinen eigenen Scherz, der Claus. So ist er halt. Er hat immer schon gerne lustige Sprüche gemacht. Vor allem im Einsatz bei den Kunden. »Übung fällt nicht weit vom Stamm« oder »Besser ein Ende mit Schrecken als blind« oder auch gerne mal »Morgenstund bringt Kummer und Sorgen«. Nicht alle unsere Kunden können darüber lachen. Aber das hängt natürlich immer von der jeweiligen Situation ab. Vor allem von der der Kundschaft. Einer seiner Lieblingssätze lautet: »Bei uns liegen Sie immer richtig.« Er hat sogar darüber nachgedacht, ihn in eine Werbebroschüre zu drucken.

Im Nachhinein betrachtet frage ich mich, wie wir es bei all der Arbeit zu unseren drei Kindern gebracht und die darüber hinaus auch noch ordentlich großgezogen haben. Aus allen ist etwas geworden, und wir können stolz sein. Wir haben uns immer darum bemüht, Beruf und

Familie streng zu trennen. Ganz spurlos an ihnen vorbeigezogen ist unsere Arbeit allerdings nicht. Die Jasmin, unsere Älteste, ist zum Finanzamt gegangen und macht da Karriere bei der Steuerfahndung. Die Denise, unsere Mittlere, hatte immer eine Schwäche für Chemie. Sie ist Apothekerin. Unser Nesthäkchen, der Marvin, ein ganz lieber Junge mit seinen mittlerweile sechsundzwanzig, interessiert sich sehr für das, was wir machen. Er fragt immer viel, wenn er uns besucht. Wo wir denn waren, wer unsere Auftraggeber sind und wie das mit der Bezahlung genau funktioniert. Mal sehen, vielleicht übernimmt er ja doch das Geschäft. Noch allerdings arbeitet er bei der Polizei bei der Sitte. Und so einen Beamtenstatus aufzugeben, ist ein Schritt, der wohlüberlegt sein will. Da muss die Kasse mehr als stimmen. Aber ich denke, das wird sie. Unser Ruf in der Branche ist auf jeden Fall hervorragend. Unsere Namen garantieren Qualität von der Auftragsannahme bis zur finalen Abwicklung: Britta und Claus. Immer schnell, immer präzise, immer effektiv. Dementsprechend voll sind unsere Auftragsbücher. Mundpropaganda ist immer noch die beste Werbung. Wir brauchen keine Broschüren. Sage ich.

Aber die Arbeit hat auch Spuren hinterlassen. Claus hatte vor ein paar Jahren bereits einen Herzinfarkt. Und vor ein paar Wochen mussten die Ärzte ihm ein neues Schultergelenk einsetzen. Er konnte kaum noch seine Werkzeuge heben. Und die andere Seite macht ihm auch schon sehr zu schaffen. Es ist nur eine Frage der Zeit, bis er sich wieder unters Messer legen muss. Perspektivwechsel, sagt Claus. Und dann lacht er wieder so laut.

Eine Zeit lang habe ich deswegen die Fahne im Geschäft alleine hochgehalten. Sehr anstrengend, aber auch sehr befriedigend. Es war, als wäre ich noch einmal jung. Also jünger. Genaugenommen ist man ja mit fünfzig auch nicht alt. Fünfzig ist doch das neue dreißig. Oder so.

Jetzt ist Claus aber wieder dabei – stundenweise. Er übernimmt den ein oder anderen kleineren Einsatz. Nichts Großes. Standardaufträge, die schnell und leicht zu erledigen sind. Ältere Kundschaft. Die sind oft nicht so anspruchsvoll. Oder Leute, die so gar nicht mit uns gerechnet haben. Eine Überraschung sozusagen. Da ist das Hallo meistens groß, aber dann ist der Job letztlich doch rasch zu Ende gebracht.

Claus hat genug Pausen, um sich nach seinen Einsätzen auszuruhen, um die vom Arzt verschriebene Physiotherapie für seine Schultern zu machen und die Gedanken stressabbauend schweifen zu lassen. In diesem Zusammenhang ist er ja dann auch auf die Idee mit der Frührente gekommen. Damit liegen wir immer richtig, sagt der Claus. Ich weiß nicht so recht.

Denn es gibt da auch noch unseren stillen Teilhaber. All die Jahre hat er sich damit begnügt, uns aus dem Hintergrund zuzuarbeiten und seinen Anteil einzustreichen. Doch jetzt, wo Claus darüber nachdenkt, in Frührente zu gehen, stellt er sich quer. Will nicht mit einem neuen Partner zusammenarbeiten, aber auch nicht verkaufen. Unser Business wäre eine Sache des Vertrauens und man könne nicht so mir nichts, dir nichts die Geschäfte an irgendeinen Hinz oder Kunz weitergeben. Um diese Fragen und die Zukunft der Firma final zu klären, verbinden wir jetzt das Angenehme mit der Pflicht und haben unseren stillen Teilhaber in die Eifel, genau genommen ins schöne Hellenthal-Reifferscheid, eingeladen. Erst die Arbeit, dann die Erholung.

Das *Gästehaus Im Tal* in Reifferscheid ist genau das, was ich zu diesem Zweck gesucht habe. Wunderbar gelegen, sehr sauber und persönlich von der Eigentümerin mit Liebe geführt. Die Zimmer auf der Webseite sehen einladend aus, und das Frühstücksbuffet macht schon Appetit beim Angucken. Ich kann die frisch gebackenen Brötchen und den dampfenden Kaffee bereits riechen. Vielleicht können wir später sogar im Bett frühstücken und ein bisschen kuscheln? Das wäre wunderbar. Frau Bungard machte so einen freundlichen und verständnisvollen Eindruck, als ich angerufen und die Unterkunft gebucht habe. Auch sie sagte: »Bei uns liegen Sie immer richtig!« Das gefiel Claus sehr gut.

Frau Bungard weiß auch, was Arbeit bedeutet. Sie ist nicht nur die Inhaberin der Pension, sondern auch noch die Frau des örtlichen Schreiners und Bestatterin in Personalunion. Die Bungards sind ein Familienbetrieb. Jung und Alt ziehen zusammen an einem Strang und die Frau an den Strippen. Das gefiel mir sehr gut.

Überdies kennen der Claus und ich die Eifel noch nicht. Weder beruflich noch privat hatten wir jemals das Vergnügen. Ich habe schon auf der Karte nachgesehen, wohin wir mit unserem stillen Teilhaber gehen können, und bin ganz begeistert über die vielen Möglichkeiten, die sich in der Gegend ergeben.

Bei unserer Ankunft regnet es. Claus mag es nicht, aber ich finde es nicht schlimm. Ganz im Gegenteil. Das Geräusch der Tropfen auf dem Autodach hat etwas Heimeliges, Beruhigendes. Früher, als wir mit den drei Kindern auf der Rückbank unterwegs waren und es regnete, haben wir immer »Ich sehe was, was du nicht siehst« gespielt. Das schult die Beobachtungsgabe und die Aufmerksamkeit. Zwei wichtige Punkte in unserem Beruf. Bei dieser Erinnerung muss ich lächeln. Ich freue mich schon auf den Moment, in dem diverse Enkel die Rückbank bevölkern, und mir wird ganz warm ums Herz. Aber nur kurz. Denn jetzt sitzt unser stiller Teilhaber auf der Rückbank. Er macht den Eindruck, als hätte er gerade keinen Sensus für die Heimeligkeit. Das mag an den Kabelbindern liegen. Claus wollte den großen Werkzeugkoffer mitnehmen, aber ich habe ihn überzeugt, dieses Monstrum zu Hause zu lassen. Immerhin sind wir im Urlaub. Also hat er lediglich die leichte Ausrüstung gewählt. Kabelbinder haben ja den großen Vorteil, dass sie sehr schnell und flexibel einsetzbar, aber trotzdem haltbar sind. Unser stiller Teilhaber ist gerade nur sehr eingeschränkt in der Lage, sich zu bewegen, und ist jetzt sehr, sehr still. Das Gaffer-Tape auf seinem Mund gab es kürzlich beim Discounter in vielen Farben, und ich habe mich spontan für Pink entschieden. Zusammen mit der hochroten Gesichtsfarbe wirkt es jetzt aber doch unvorteilhaft, das muss ich zugeben. Gut, man kann nicht alles haben. Lange muss ich mir das alles hier sowieso nicht mehr ansehen. Schließlich wollen wir schnell zu dem Punkt mit der Entspannung, dem Frühstück im Bett und dem Kuscheln kommen.

Claus hat der Webseite der Schreinerei im Vorfeld einen Besuch abgestattet. Seine Begeisterung wuchs von Foto zu Foto beim Anblick der großen Maschinen. Vor allem die Sägen interessierten ihn sehr, und beim Betrachten der Längskreissäge ging ein Strahlen kindlicher Freude über sein Gesicht. Die schaffe auch Teile mit großen Durchmessern, hat er enthusiastisch festgestellt. Und durch die Schutzvorrichtung könnte auch nichts durch die Gegend spritzen. Das wäre doch toll. Er sieht auch keine Probleme, in die Halle reinzukommen. Männer halt. Die Vorfreude sei ihm gegönnt. Er ist der Praktische von uns beiden. Ich plane, er führt aus. So war das immer schon zwischen uns und wird sich zum Schluss wohl auch nicht mehr ändern. Jetzt zum Beispiel führt er unseren stillen Teilhaber aus dem Auto hinaus in den Wald. Oberhalb des Soldatenfriedhofs habe ich eine sehr schöne Stelle gefunden. Die Aussicht ist atemberaubend. Das reicht allerdings nicht aus für das Vorhaben, und so legt Claus selbst Hand an. Das ist immer der Moment, den ich nicht so gut haben kann und wo ich weggucken muss. Wie beim Angeln. Obwohl ich weiß, dass es nicht anders geht, wenn man ans Ziel kommen möchte.

Ich höre dumpfe Geräusche, das ein oder andere Stöhnen, ein unangenehmes Krachen. Dann herrscht kurz Stille, gefolgt von einem Seufzer der Erleichterung nach getaner Arbeit. Ich starre weiter über das Tal, wage es nicht, mich umzudrehen. Normalerweise macht es mir nichts aus. Ich bin Profi. Aber ich stelle fest, dass es schon einen Unterschied macht, ob man persönlich involviert ist. Immerhin hat sich hinter meinem Rücken gerade meine weitere berufliche und private Zukunft entschieden. Ich drehe mich langsam um und bin erleichtert.

Claus liegt auf dem Boden, starrt in den Himmel über Reifferscheid. Seine rechte Schulter steht in einem seltsamen Winkel ab. Kurz überkommt mich der Gedanke, das künstliche Gelenk zu reklamieren. Immerhin hat es das Qualitätsversprechen nicht gehalten. Aber dann beschließe ich, großzügig darüber hinwegzusehen. Unser stiller Teilhaber, der in den letzten Wochen und Monaten gar nicht so still, sondern mit mir in intensive Gespräche über die Firma vertieft war, steht neben ihm. Er heißt übrigens Kai. Kai ist außer Atem. Aber nur ein wenig. Denn im Gegensatz zu Claus sind seine Schultergelenke in tadellosem Zustand und sein Herz gut trainiert. Von einem 45-Jährigen sollte man den ordnungsgemäßen Zustand diverser Gebrauchsteile auch erwarten können. Er musste sich nicht wirklich anstrengen, um seine kabelgebundenen Fesseln zu sprengen. Ich hatte sie im Vorfeld alle manipuliert. Sie erinnern sich: Planung ist meine Stärke. Kai ist kräftig genug, um Claus mit mir gemeinsam in den Kofferraum des Autos zu laden, und mich beschleicht das Gefühl, dass dieser Moment nun der Moment unserer glücklichen Fügung ist. Ab heute gilt: Britta und Kai. Das neue Traumpaar der Branche. Heute Nacht werden wir zuerst der Schreinerei und der Längskreissäge einen Besuch abstatten. Claus hatte sich so auf deren Einsatz gefreut, und diese kleine Freude will ich ihm nicht verwehren. Ich bin nicht nachtragend. Schade ist nur, dass wir nicht einen dieser wirklich schönen Särge aus dem angrenzenden Bestattungshaus nutzen können. Das wäre ich Claus nach all den Jahren eigentlich schuldig. Aber in dem Fall gilt: Säge oder Sarg. Dabei hätte ich mich wirklich nicht lumpen lassen.

Morgen kommen dann die Kinder. Kai und ich haben darüber nachgedacht, unser Portfolio in Richtung Finanzen und Pharmazie und körpernahe Dienstleistungen auszuweiten. Ein richtiger Familienbetrieb eben. Wie die Bungards in Reifferscheid. Das wird fein.

Jetzt stehen wir erst einmal vor der Pension. Frau Bungard öffnet mit einem herzlichen Lächeln die Tür. »Bei uns liegen Sie immer richtig«, sagt sie. Sie hat es erfasst. Vielleicht sollte ich sie fragen, ob sie unsere neue stille Teilhaberin werden will.

**Rudi Jagusch**

# ASPHALTDUELLE

Die Schmerzen setzten übergangslos ein. Etwas schien sich schrill durch seinen Schädelknochen zu bohren. Marc stöhnte auf, versuchte, die Handflächen an die Schläfen zu drücken, doch irgendwas hielt ihn fest. Ein Lufthauch strich über sein Gesicht, es roch nach Benzin und Öl.

Endlich hatte er sich an das Licht gewöhnt und konnte sich einen Überblick verschaffen. Eine Halle, an den Wänden Regale, darauf Dosen, Pappkartons und … Motoren? Eine Werkstatt? So etwas in der Art musste es sein, denn um ihn herum parkten unzählige Karts.

Und in einem davon, direkt an seiner Seite, saß ein schluchzender, alter Mann. Dessen Finger umkrampften das Lenkrad, Handschellen ketteten die Gelenke an den Kranz.

»Was zum …«, entfuhr es Marc. Das letzte Wort blieb ihm im Hals stecken, als er feststellte, dass er ebenfalls gefesselt auf einem Kart hockte.

»Na endlich«, sagte jemand hinter ihm. Die Person trat in sein Blickfeld. Eine Frau mittleren Alters, Jeans, weißes T-Shirt, wattierte Fliegerjacke. In der Hand hielt sie eine riesige Pistole.

Der Alte heulte kehlig auf, riss an seinen Handschellen. Schließlich gab er es auf und krümmte sich zusammen.

Marc dagegen straffte sich, kämpfte gegen die Panik an, die durch seinen Körper brandete wie eine Meereswelle. Er wollte sich weder von dem verbissenen Gesichtsausdruck der Frau noch von dem riesigen Schießeisen einschüchtern lassen. »Was ist hier los?«, krächzte er. Seine Zunge fühlte sich geschwollen und pelzig an. »Machen Sie mich sofort los!«

Die Frau trat näher, ging vor ihm in die Hocke. »Du widerliches Stück Dreck«, zischte sie.

Plötzlich wusste Marc, wen er vor sich hatte. »Moment mal. Du bist doch die Braut von gestern Abend. Die aus dem *Eifel Stadl*. Wir haben im Club getanzt und ...«

»... hinterher wolltest du mit zu mir«, unterbrach sie ihn und erhob sich.

»Julia! So war doch dein Name, oder?«

»Julia?«, wiederholte der Mann neben ihm mit sich überschlagener Stimme. »Ja ... ja ... jetzt erkenne ich dich auch. Du bist es. O Gott. Haben sie dich wirklich rausgelassen?«

»Vollständig geheilt, *liebster* Stiefvater.« Ein süffisantes Lächeln umspielte ihre Mundwinkel. »Zumindest auf dem Papier.«

»Wo rausgelassen?«, wollte Marc wissen.

»Aus dem *Jeckes* in Düren«, flüsterte der Mann heiser. »Forensik. Dort saß sie ein, weil ... weil ...«

»Weil ich meinen brutalen Ehemann zur Rechenschaft gezogen habe«, half Julia aus und strich sich mit dem Daumennagel über die Kehle.

Obwohl Marc sich vorgenommen hatte, die Situation tapfer auszusitzen, wurde ihm nun doch übel. Bei einer Gestörten, die bereits bewiesen hatte, dass sie nicht davor zurückschreckte, jemanden umzubringen, könnte sein Plan scheitern, sich irgendwie eloquent aus der Sache rauszuquatschen.

Julia holte tief Luft. »Aber wir sind nicht hier, um darüber zu plaudern.«

»Sondern?«, krächzte der Alte.

»Wir fahren ein Rennen.«

»Mann, was soll der Scheiß?«, spie Marc aus. »Warum sollte ich hier im Kreis fahren wollen?«

Sie steckte die Waffe hinten in den Bund ihrer Jeans. »Weil ich dich zur Rechenschaft ziehen werde, so oder so. Als Professor nutzt du die Position aus, um reihenweise die Herzen deiner Studentinnen zu brechen. Du spielst mit ihren Gefühlen, versprichst ihnen das Blaue vom Himmel. Kaum aber bist du über sie rübergestiegen, lässt du sie fallen wie die sprichwörtliche heiße Kartoffel.«

Marc runzelte die Stirn. »Ich bin mir sicher, dich gestern zum ersten Mal gesehen zu haben«, sagte er. »Ich kann dein Herz gar nicht gebrochen haben.«

»Ach, Professorchen«, säuselte sie und strich ihm übers Haar. »Ich hätte von dir mehr erwartet.«

»Du hast eine Tochter«, flüsterte der Alte. »Deswegen sitzt er hier. Richtig? Er hat mit ihr … also … ähm … heiße Kartoffel gespielt?«

Anerkennend tätschelte sie ihrem Stiefvater die Schulter. »Gut kombiniert. Und warum du hier sitzt, ist dir auch klar?«

Der Alte senkte den Kopf. »Wegen ... früher?«

Julia nickte. »Bestens! Details ersparen wir uns, wir kommen stattdessen besser gleich zur Sache. Vorab ein paar wichtige Infos, dann eine kleine Regelkunde. Ihr beide befindet euch auf der Kartrennbahn Dahlemer Binz. Das Gelände ist rundherum mit Zäunen gesichert, die Zufahrt mit einem Tor. Sollte euch der Furz in den Kopf kommen, mit euren Karts abzuhauen, wird das also nicht gelingen. Um Hilfe zu rufen ist ebenso zwecklos. Weit und breit kein Haus in der Nähe. Nur der Flugplatz schließt sich an, aber bis zu den Hangars ist es eine ganz schöne Strecke. Ihr fahrt fünf Runden gegeneinander. Hört sich wenig an, doch die Strecke ist eine der längsten in Europa. Also teilt eure Kräfte gut ein. Sollte jemand abfliegen und nicht selbstständig zurück auf die Strecke finden, so ist das Rennen vorzeitig beendet. Gewonnen hat dann derjenige, der noch fahren könnte. Zwei Tipps gebe ich euch mit. Die erste richtige Kurve wird ›Hundskurve‹ genannt und ist nicht einfach zu nehmen. Und am tiefsten Punkt der Strecke befindet sich das sogenannte ›Loch‹. Ebenfalls brenzlig. Alles verstanden?«

»Das ist doch absurd«, fuhr Marc auf. »Wir können doch über alles reden. Ich entschuldige mich bei deiner Tochter. Da finden wir schon einen Weg, der ...«

Julia verpasste ihm eine Kopfnuss. »Hör auf, mich zuzutexten. Ich will wissen, ob die Regeln verstanden wurden.« Sie sah von einem zum anderen.

Marc schluckte eine harsche Erwiderung herunter. Derart schikaniert zu werden gefiel ihm nicht. Nur begriff er, dass er im Moment am kürzeren Hebel saß. Daher wechselte er mit dem Alten einen Blick, sie nickten synchron.

»Na, geht doch«, sagte Julia. »Und nun schön aufgepasst, denn jetzt kommt das Wichtigste.« Sie setzte eine kleine Pause und versicherte sich so der vollen Aufmerksamkeit. »Dem Verlierer werde ich eine Kugel verpassen.«

»Was?«, rief Marc über das Stöhnen des Alten hinweg. »Spinnst du jetzt total? Das kann doch nicht dein Ernst sein.« Fest umklammerte er das Lenkrad, um das Zittern seiner Arme zu unterdrücken.

Sie grinste diabolisch. »Ich kann dich auch hier und jetzt erledigen. So aber habt ihr wenigstens eine Chance, eure Haut zu retten.«

»Du bist vollkommen durchgeknallt«, sagte Marc. »Du kannst mich mal. Ich mache da nicht ...«

»Ja! Ja, ich will ... ich fahre«, ging der Alte dazwischen. »Ich will es nur schnell hinter mich bringen.« Er ruckte wie von Sinnen auf dem Sitz vor und zurück. »Los! Los!«

»So ist's recht«, sagte Julia. »Um eure Motivation ein wenig zu steigern, sollte ich noch erwähnen, dass der Sieger eures Rennens gegen mich antreten wird. Falls ich dabei verliere, wird es keinen weiteren Toten geben.«

»Ich dürfte dann einfach gehen?«, brummte Marc skeptisch. »Wer's glaubt!« Zugleich keimte Hoffnung in ihm auf. Gab es tatsächlich einen Weg, diesen Wahnsinn zu überleben? Zu schön, um wahr zu sein.

»Ich verspreche es. Kannst du jetzt glauben oder nicht, mir egal. Jetzt legen wir aber mal los. Sobald die Motoren laufen, fahrt ihr raus, biegt links ab und haltet an der Start- und Ziellinie.«

»Bekommen wir keine Helme?«, knurrte Marc.

Julia lachte. »Konzentriere dich lieber auf das Rennen. Denn wenn du das verlierst, wird dir auch kein Helm mehr helfen.«

Keine fünf Minuten später standen sie auf der Strecke. Die Motoren brummten, stießen blaue Rauchfahnen aus. Marc schätze den Alten ab. Besonders durchtrainiert wirkte er mit seinem Bierbauch nicht. Es sollte ein Kinderspiel sein, gegen ihn zu gewinnen.

Julia hob die Flagge.

Marcs Puls beschleunigte sich.

Einen Moment wehte der Stoff in einer Brise, dann senkte Julia schwungvoll die Fahne.

Start!

Marc trat das Gaspedal durch. Das Kart schoss los, in den leichten Rechtsknick hinein, Seite an Seite preschte er mit dem Alten auf die Hundskurve zu, vor der Julia sie gewarnt hatte. Sicherheitshalber nahm er das Gas zurück und reihte sich hinter seinem Kontrahenten ein. Dessen Kart schlingerte, das Heck tänzelte, brach schließlich aus, und unsanft landete es samt Fahrer im Reifenstapel. Unbeirrt raste Marc weiter, inständig hoffend, dass damit für den alten Mann das Rennen vorbei war. Und tatsächlich: Am Ende der ersten Runde stand Julia mit der weiß-schwarz karierten Flagge mitten auf der Strecke und bedeutete ihm, anzuhalten. Er stoppte direkt vor ihren Beinen.

Nur die gezückte Pistole, die auf ihn gerichtet war, hielt ihn davon ab, sie zu überfahren.

Die Stille schien in seinen Ohren zu dröhnen.

Julia hatte den Motor ausgeschaltet und ihn angewiesen zu warten. Anschließend hatte sie ihren Stiefvater aus dem Reifenstapel befreit, ihn in die Halle getrieben und dann das Tor heruntergelassen.

Marc horchte. Diese Gestörte würde doch nicht wirklich ...

Ein Schuss peitschte.

Erschrocken zuckte er zusammen.

Das Tor schwang auf, Julia kam auf ihn zu. »Bereit?«, fragte sie und riss den Motor mit der Starterleine an.

Marc wusste, dass sie keine Antwort erwartete. War das auf ihrem Shirt ... unfassbar!

Julia marschierte zurück in die Halle, kurz darauf dröhnte ein weiterer Motor. Sie kam auf einem Kart herausgefahren und positionierte sich neben ihm. »Ich zähle von fünf runter«, rief sie über den Lärm hinweg.

Julia zeigte den Countdown mit den Fingern an.

Marc achtete kaum darauf, denn er konnte den Blick nicht von Julias mit Blutspritzern übersätem T-Shirt lösen.

Sie klappte den letzten Finger ein und rief: »Start!«

Gerade noch rechtzeitig besann sich Marc wieder auf das anstehende Rennen. Er trat das Gaspedal durch. Erneut schossen beide Fahrzeuge auf die Hundskurve zu. Doch diesmal kam es nicht zu einer vorzeitigen Entscheidung aufgrund eines Crashs, sondern es folgte ein gnadenloser Fight auf Augenhöhe.

Die ersten vier Runden lieferten sie sich ein Kopf-an-Kopf-Rennen, mal führte Marc, dann wieder Julia. Die Kurven lagen ihm, dort fuhr er sich einen Vorsprung heraus, büßte diesen jedoch bei der langen Bergaufpassage ein. Zu Beginn der fünften Runde entschloss er sich, alles zu riskieren. Wenn er das hier überleben wollte, *musste* er siegen. Inzwischen kochte pures Adrenalin in seinen Adern, verdrängte die mitfahrende Todesangst fast vollständig. Der beste Zeitpunkt also, um die Nase am Ende vorne zu haben. Er fixierte den Eingang jeder Kurve, spürte das Vibrieren des hochdrehenden Motors, hörte das hohe Sirren von Julias Kart hinter sich. Das letzte Mal ins Loch. Diesmal gelang ihm eine perfekte Durchfahrt, und er nahm so ordentlich Schwung für die Steigung mit. Ein kurzer Blick zurück. Julia klebte zwar am Heck seines Karts, doch zum Überholen würde ihr Tempo nicht reichen. Er stieß einen Freudenschrei aus, zog am Scheitelpunkt der Geraden nach rechts und bog in das Kurvengeschlängel vor Start und Ziel ein. In dem Moment sah er, wie Julia eine Abkürzung fuhr und sich damit die Führung zurückholte. Dabei zeigte sie ihm den Mittelfinger.

Fassungslos wegen dieser Dreistigkeit hielt er wenig später neben ihr hinter der Ziellinie. Entgeistert schaute er zu ihr hinüber.

Julia kletterte aus ihrem Kart, stoppte die Motoren und zog die Pistole aus der Innentasche ihrer offen stehenden Jacke.

Marc schauderte. »Das gilt nicht!«, schrie er angstverzerrt. »Das war unfair!«

Sie lächelte spöttisch. »Ja.«

»Ich habe gewonnen. Du bist disqualifiziert!«

Julia machte einen Schritt auf ihn zu und hob den Lauf. »Schon Scheiße, so verarscht zu werden, oder?«

Angesichts der Mündung konnte Marc nicht mehr klar denken. Wörter purzelten durch sein Gehirn, ergaben aber keinen sinnvollen Satz.

Er schloss die Augen.

Es gab nichts mehr, was ihn retten konnte.

Julia genoss eine Weile diesen Anblick. Wie ein Häufchen Elend hockte der Kotzbrocken in dem Kartsitz und flennte. Ohne Zweifel würde der Herr Professor diesen Tag niemals vergessen und sich künftig dreimal überlegen, ob er sich einen weiteren One-Night-Stand mit einer seiner Studentinnen erlauben würde.

Ein Taxi parkte vor dem Haupttor. Der Fahrer stieg aus und hob grüßend die Hand.

Julia fummelte den Schlüssel hervor, schloss die Handschellen auf und trat einige Schritte zurück. »Hör auf zu knatschen und mach die Augen auf!«

Nur zögernd kam Marc ihrem Befehl nach.

»Verschwinde.«

»Was ... ich ... jetzt?«, stotterte er.

»Hau ab, bevor ich es mir anders überlege.« Sie wies mit dem Kinn in Richtung des wartenden Taxis.

Linkisch kletterte er aus dem Sitz, zögerte kurz, dann rannte er los.

Julia drückte die Fernbedienung des Tores, das surrend zur Seite fuhr und den Weg freigab.

Marc riss die Beifahrertür auf und sprang in das Innere, der Fahrer stieg ebenfalls ein.

Julia sah dem Wagen nach, bis er aus ihrem Blickfeld verschwunden war. Dann schritt sie in die Halle.

Der Alte saß auf einem ausgedienten Autorücksitz

und gönnte sich ein Bitburger Stubi. »Reife Leistung«, sagte er anerkennend.

Jetzt, wo alles vorbei war, fühlte Julia sich erschöpft. Sie ließ sich neben den Mann fallen und zog ein prall gefülltes Kuvert aus ihrer Jackeninnentasche. »Das Lob kann ich nur zurückgeben. Hier, Ihr Honorar, wie abgemacht. Ich habe noch was draufgelegt für das Kunstblut und die Waffe aus der Requisite.«

Er nahm den Umschlag entgegen. »Es hat mich gefreut, mit Ihnen Geschäfte zu machen. Als Schauspieler hat man es nicht immer leicht, über die Runden zu kommen.«

»Das glaube ich.«

»Wenn Sie erneut meine Hilfe benötigen, dann rufen Sie mich einfach an.«

»Werde ich.«

Der Alte nahm einen Schluck, fragte dann: »Sollten wir nicht aufbrechen? Der Professor wird garantiert sofort zur Polizei rennen.«

»Wir haben Zeit. Der Taxifahrer ist mein Onkel. Der fährt jetzt eine Weile kreuz und quer durch die Eifel.« Sie gluckste amüsiert. »Mein Onkel war es auch, der uns gestern vor dem Club eingesammelt hat. Wie *zufällig* lag da die Sektflasche auf der Rückbank.«

»K.-o.-Tropfen?«

»Ja. Und mein Cousin hat uns geholfen, den Drecksack in den Sitz zu hieven.«

»An alles gedacht, wie mir scheint. Darf ich eine persönliche Frage stellen?«

»Nur zu.«

»Ihre Tochter ...«

»Ihr geht es gut. Sie ist drüber weg.«
»Schwanger?«
»Gott bewahre! Wäre ja noch schöner, wenn der Arsch der Vater meines Enkelkindes wäre.«
»Schön, schön. Letzte Frage: die Kartbahn? Wieso dürfen Sie hier schalten und walten, wie Sie möchten?«
»Verwandtschaft.« Sie grinste. »Bereits seit Jahrzehnten im Eigentum der Familie.«

Lachend hieb er sich auf den Oberschenkel. »Doll! Der berühmt-berüchtigte Eifeler Klüngel, wie mir scheint.«

Sie schmunzelte. Der Alte hatte den Nagel auf den Kopf getroffen.

Dem gab es nichts mehr hinzuzufügen.

**Angelica Netz**

# MORD UNTER STERNEN

Karla erreicht die in tiefer Dunkelheit liegende Waldlichtung, auf der um 22 Uhr die »Sternenwanderung« beginnen soll, die sie von den Kolleginnen ihrer Krankenhausstation zum Geburtstag geschenkt bekommen hat. Nach dem viertelstündigen Fußweg entlang der roten Baustellenlampen vom Parkplatz bis zur Sternwarte bei Vogelsang IP haben sich ihre Augen ein wenig an die Finsternis gewöhnt. Inmitten der Lichtung sieht sie den bunt bemalten Bus der Sternwarte, einen Container und davor das riesige Teleskop und ein nicht weniger imposantes Fernglas auf einem schweren Stativ. Auf dem Platz haben sich, in dicke Mäntel gehüllt, bereits viele der etwa 40 Teilnehmenden der Sternenwanderung eingefunden. Kinder laufen hin und her, kleine Gruppen stehen zusammen, und hin und wieder blitzt das Licht einer Taschenlampe auf. Trotz ihres dicken Daunenmantels fröstelt Karla. Sie zieht ihre Mütze fester über die Ohren und sieht sich um. Schließlich entdeckt sie Anna mit ihrem Mann Erich.

Karla hatte die zierliche, blonde Anna beim Yoga in Mechernich kennengelernt. Mit schüchternem Lächeln und einem leisen »Darf ich?« hatte Anna die Matte neben ihr ausgebreitet. Karla fühlte sich sofort zu der scheuen jungen Frau hingezogen. »Hast du Lust auf ein Eis?«, hatte sie nach der Yoga-Stunde gefragt, und Anna hatte nach einigem Zögern tatsächlich »Ja« gesagt. Noch in ihren Jogging-Klamotten waren die beiden Frauen in eine Eisdiele gegangen. Doch Anna war sichtlich nervös, gedankenverloren stocherte sie mit dem Löffel in ihrem Eisbecher herum und meinte plötzlich: »Entschuldige, aber ich muss gehen, mein Mann kommt gleich nach Hause, er weiß nicht, dass ich beim Yoga war.« Damit eilte sie davon und ließ Karla verdutzt sitzen.

Nach der nächsten Yogastunde hatte dann Anna zu Karlas Erstaunen vorgeschlagen, wieder Eis essen zu gehen. Diesmal war Anna wie ausgewechselt und erzählte freimütig, dass sie seit 20 Jahren mit einem wesentlich älteren Mann verheiratet sei. »Er ist Notar und deshalb etwas altmodisch in seinen Ansichten von der Ehe. Im Augenblick aber«, fügte sie lachend hinzu, »ist er auf Geschäftsreise und ich habe frei.«

Karla hatte Anna fragend angesehen, doch sie nicht weiter bedrängt.

Schon bald hatte sich zwischen den beiden ungleichen Frauen eine innige Freundschaft entwickelt. Die selbstsichere und zupackende Karla fühlte sich immer mehr zu der schönen und sanftmütigen Anna hingezogen, und Anna fühlte sich bei Karla wohl und geborgen. Sie trafen sich, sooft es ging, Anna war bei solchen Gelegenheiten allerdings oft einsilbig und verschlossen, und Karla sah die Traurigkeit in ihren tiefblauen Augen.

Verstohlen winkt Karla jetzt der Freundin am anderen Ende der Lichtung zu. Sie hat Anna überredet, an der Sternenwanderung teilzunehmen. Und auch dazu, ihren Mann Erich mitzubringen. Von der Freundschaft der beiden Frauen weiß er allerdings nichts. Mit Sicherheit hätte er sie Anna verboten.

»Aber weißt du«, hatte Karla zu der Freundin gesagt, »wenn ihr auch kommt, erleben wir die Sternennacht irgendwie gemeinsam.«

Karla verscheucht ihre Gedanken, als jetzt ein sympathischer Mann mit kurzem grauen Bart und Brille vor die Runde der »Sternenwanderer« tritt.

»Sie sehen, wir sind hier nicht in der Wüste von Namibia«, beginnt Harald Bardenhagen, der Gründer der Astronomie-Werkstatt »Sterne ohne Grenzen« und Leiter der Sternwarte. »Dennoch sind wir hier inmitten einer Insel der Dunkelheit und können ohne Lichtverschmutzung die Sterne sehen.« Karla erinnert sich, dass sie auf der Homepage vom Engagement des Astronomen gegen die zunehmende Lichtverschmutzung gelesen hat, die nicht nur den Wildtieren, sondern letztendlich auch den Menschen schadet. »Wir machen in den nächsten beiden Stunden eine Wanderung mit den Augen. Schauen Sie also nach oben und nicht auf mich. Sie werden Sterne, Sternbilder und sicherlich auch Satelliten sehen, die regelmäßig um unseren Planeten fliegen. Vor zehn Jahren hätten Sie nur mit viel Glück einen Satelliten entdecken können. Aber inzwischen gibt es rund 10.000 im Orbit, und diese Anzahl nimmt rasant zu.«

Die meisten der mitgebrachten Ferngläser sind jetzt in den Nachthimmel gerichtet. Lediglich Karla schaut erneut zu Anna. Wie zart und zerbrechlich die Freundin neben dem inzwischen stark übergewichtigen Erich wirkt. Dabei war er früher, wie Anna ihr gestanden hat, ein äußerst attraktiver Mann gewesen. Anna hatte sich jedenfalls fast sofort in den sportlichen Notar verliebt, als er sie, die damals 21-jährige Sekretärin, in der Kanzlei eines befreundeten Anwalts angesprochen hatte. Doch heute, 20 Jahre später, haben üppiges Essen, guter Wein und wenig Bewegung nicht nur Erichs Figur, sondern auch seiner Gesundheit zugesetzt. Er leidet an Diabetes, Bluthochdruck und an einem schwachen Herzen, gegen das er regelmäßig *Bisoprolol*, einen Betablocker, nimmt.

Harald Bardenhagen reißt Karla aus ihren Gedanken: »Nehmen Sie zwei Murmeln«, fordert er sie auf und hält ihr einen Klingelbeutel hin. »Keine Sorge, ich habe den Beutel nicht aus einer Kirche, sondern einfach online bestellt«, erklärt unter dem Gelächter der Umstehenden. Gespannt, was nun geschehen wird, fischt Karla nach den Murmeln. »Bevor wir den Nachthimmel durch die astronomischen Gläser betrachten,« erklärt der Leiter der Sternwarte, »möchte ich Ihnen mit diesen beiden Murmeln zwei Sterne schenken, nämlich die Sonne und Sirius.« Er zeigt auf einen Stern, der hell funkelnd über dem südwestlichen Horizont der Lichtung steht. »Sirius ist der hellste Stern am Nachthimmel, den wir von der Erde aus sehen können. Wie weit, schätzen Sie, ist er von uns entfernt?« Zögernd kommen die Antworten und variieren zwischen mehreren Tausend und Billionen von Kilometern. »Es sind 8,6 Lichtjahre beziehungsweise 83 Billionen Kilometer«, erläutert Bardenhagen und zeigt nun mithilfe eines weit in den Nachthimmel reichenden Laserstrahls auf die Sterne des großen Wagens. »Verlängern Sie einfach die Verbindungslinie der Sterne der hinteren Achse um das Fünffache, und Sie finden so immer den Polarstern.« Die Runde überbietet sich inzwischen allerdings bereits in der Entdeckung von Sternbildern. Sogar Erich, der sich in die vorderste Reihe gedrängt hat, beteiligt sich. »Oh, sieh nur, Anna, hier ist dein Sternbild, der Zwilling!«

Das wirst du heute zum letzten Mal sehen, denkt Karla böse.

Eine Frage kommt aus dem Publikum, die auch Karla interessiert: Was der Unterschied zwischen Astrologie und Astronomie sei, will eine Besucherin von Harald Bardenhagen wissen.

»Nun«, kommt die geduldige Antwort des Astronomen, »wie wir vorhin erfahren haben, ist jeder Stern Lichtjahre von uns entfernt. Wenn Sie also zum Beispiel heute Abend Sirius betrachten, sehen Sie das Licht, das vor fast neun Jahren an seiner Oberfläche abgestrahlt wurde. Wir Astronomen schauen also immer in die Vergangenheit, während die Astrologen vorgeben, mithilfe der Sterne in die Zukunft sehen zu können. Aber das ist unmöglich.«

Gemurmel wird laut, und die Frau meint: »Aber Sternbilder haben doch auch bestimmte Eigenschaften. Mein Mann ist jedenfalls ein typischer Steinbock.« Ihr Mann mischt sich ein: »Es gibt doch auch die Statistik des FBI, wonach die meisten Mörder unter dem Sternzeichen des Krebses geboren werden.« Aber Bardenhagen antwortet trocken: »Ich kann Ihnen versichern, diese Statistik gibt es nicht, sie ist eine reine Erfindung.«

Nicht alle sind mit dieser Antwort einverstanden. Noch miteinander diskutierend bewegt sich die Gruppe zu Teleskop und Fernglas hin. Nach einer Einführung, wie die empfindlichen Geräte zu bedienen sind, fordert der Leiter des Sternenparks zunächst die Kinder auf, auf die Leiter vor dem Stativ zu klettern, um einen Blick durch das Teleskop zu werfen. »Ich werdet gleich Jupiter und seine vier hellsten Monde sehen«, erläutert er, »und wenn ihr in einer halben Stunde noch einmal durch das Teleskop schaut, werdet ihr sehen, dass sich die Stellung der Monde ein wenig geändert hat.« Aufgeregt drängen sich die Kinder um die Leiter, während sich Karla wie zufällig zu der Gruppe gesellt, in der auch Anna und Erich auf den Blick durch die astronomischen Geräte warten. In ihrer bestickten Umhängetasche hat sie eine Thermoskanne mit Tee und ein kleines Fläschchen mit achtzigprozentigem Rum. Es ist Zeit, ihren Plan endlich in die Tat umzusetzen.

Es hatte lange gedauert, bis Anna sich geöffnet und von ihrer Ehe mit Erich erzählt hat. In der Öffentlichkeit präsentiert sich der Notar gern als liebevoller Ehemann, aber zu Hause hat er längst seine Maske fallen gelassen. Er demütigt Anna, beschimpft sie als nutzlos und verschwenderisch, nichts kann sie ihm recht machen. Er kontrolliert ihre Ausgaben ebenso wie jeden ihrer Schritte, ist misstrauisch und krankhaft eifersüchtig und lässt seinen Jähzorn schon beim geringsten Anlass an seiner Ehefrau aus. Als Anna eines Tages mit einem blauen Auge zu ihr kam, wusste Karla endgültig, dass sie ihrer Freundin helfen muss, sich aus der Ehe mit Erich zu befreien. Denn Anna ist zu schwach, um ihren Mann zu verlassen, und für den auf seinen Ruf bedachten Notar wird eine Scheidung ganz sicher nicht infrage kommen. Also ist es Karlas Aufgabe, dafür zu sorgen, dass Erich endgültig aus dem Leben von Anna verschwindet.

»Was für eine schöne, klare Nacht.« Karla hat sich unauffällig neben Anna und Erich gestellt. »Vielleicht können wir sogar die ISS sehen, die später hier vorbeifliegen soll. Aber möchten Sie Tee? Ich habe welchen dabei, wenn Sie wollen, sogar mit Kandiszucker.«

Erich mustert sie mit abschätzigem Blick. Karla spürt förmlich, was er denkt: Was will diese unattraktive, burschikose Frau in ihrem unförmigen Daunenmantel und der Pudelmütze von uns?

Aber ehe Erich etwas sagen kann, antwortet Anna: »Tee wäre wunderbar, gerne mit drei Kandis.«

Karla schenkt ihr einen Becher ein, wirft die Zuckerstückchen hinein und reicht den zweiten Becher an Erich, der ihn widerwillig entgegennimmt.

«Sie nehmen den Tee sicher mit Rum zum Aufwärmen.« Schon hat Karla den Inhalt des Fläschchens in Erichs Becher geschüttet und gibt vier Stück Kandis dazu. Nach einem kritischen Blick auf das Getränk nimmt Erich den ersten Schluck. Karla hofft, dass der süße Tee und der starke Alkohol den möglichen Geschmack der Tabletten übertüncht, die sie in dem kleinen Fläschchen aufgelöst hat.

Karla hat der Freundin nichts von ihrem Vorhaben erzählt. Die ängstliche Anna hätte dem nie zugestimmt. Aber Karla würde in Zukunft schon für die schöne Freundin sorgen und sich um ihr Wohl kümmern. Als Krankenschwester war es ihr leichtgefallen, die Überdosis an *Bisoprolol* zu berechnen, die für das Dahinscheiden des Notars notwendig sein würde. Schwieriger war es gewesen, an den Betablocker zu kommen. Nach einigen vergeblichen Versuchen, das Medikament im Internet zu bestellen, hatte sie es aus dem Medizinschrank des Krankenhauses entwendet und dabei inständig gehofft, das Fehlen der Packung würde nicht allzu schnell bemerkt werden. Danach musste sie nur noch auf die richtige Gelegenheit warten. Diese kam dann mit dem Gutschein zur Sternenwanderung, zu der sie danach auch die Freundin überredet hatte.

Anna und Erich haben ihre Becher geleert. Mit einem »Dankeschön« gibt ihn Anna an Karla zurück, während Erich seinen Becher achtlos zu Boden wirft, trotz des Hinweises, bitte keinen Abfall liegen zu lassen. Schnell hebt Karla den Becher auf, auf dem Nachhauseweg wird sie ihn mitsamt dem leeren Rumfläschchen in irgendeiner Abfalltonne entsorgen. Aber jetzt ist sie an der Reihe, durch das Fernglas in den nächtlichen Sternenhimmel zu schauen.

Karla ist überwältigt. So schön hat sie sich den Blick auf die Sterne nicht vorgestellt. Sie sieht die sieben

Schwestern der Plejaden und noch mehr der über 300 Sterne des Sternenhaufens und dann tatsächlich einen Satelliten, der durch das Blickfeld saust. Noch ganz benommen von den faszinierenden Bildern geht sie zum Teleskop und betrachtet in hundertfacher Vergrößerung den roten Riesenstern *Beteigeuze*, der, wie Harald Bardenhagen erklärt, in vielleicht schon naher Zukunft als Supernova explodieren wird. Fast atemlos sieht Karla immer neue Bilder des nächtlichen Himmels, sie sieht den Nebel des Orions, in dem ständig neue Sterne entstehen, und die Monde des Jupiters, die um den Planeten kreisen. Karla hat angesichts des faszinierenden Nachthimmels fast Anna, Erich und ihren Plan vergessen. Sie schaut zu den beiden hin und überlegt, wann das Gift wohl wirken wird.

Zu Hause angekommen, macht Karla Tee und schaltet den Fernseher ein. Schlafen kann sie nicht, doch auch die neue Staffel von *Downton Abbey* lenkt sie nicht von ihren Gedanken ab. Inzwischen sind fast vier Stunden vergangen, seit Erich die Überdosis *Bisoprolol* genommen hat. Hat sie die Menge vielleicht falsch berechnet, ist Erich gar noch am Leben? Unruhig wandert Karla umher, wälzt sich später schließlich schlaflos im Bett. Endlich, im Morgengrauen, summt ihr Handy: »Erich ist tot!«, schreibt Anna, »als wir nach Hause kamen, wurde ihm schlecht und er bekam Herzschmerzen. Unser Hausarzt, Erichs Freund Norbert, konnte nur noch den Tod feststellen. Herzversagen, hat er gemeint. Aber ich verstehe das nicht. Die letzte Zeit ging es Erich doch gut.«

Erleichtert antwortet Karla der Freundin: »Liebe Anna, das tut mir leid. Aber damit musste man wohl rechnen. Ich komme gleich zu dir, du weißt, ich bin für dich da.« Nun bin ich also eine Mörderin, denkt Karla, als sie in den kalten Morgen tritt, geboren im Sternzeichen der Waage, dem Symbol für Gerechtigkeit.

**Carsten Sebastian Henn**

# BURGUNDISCHES ROULETTE

(Drehbuch-Entwurf für ein
Kapitel aus dem Episodenfilm
»Schöner saufen!«)

*Kall, Eifel. Frühling. Alles beginnt zu leben und zu sprießen. In der Thyssenstraße 1 haben sich aber zwei Männer verabredet, um ein Leben zu beenden. Die Kamera fliegt über die waldigen Höhen der Region, saust zwischen Windrädern hindurch, über Weiden mit möglichst glücklichen Kühen, nah an einer Burg mit Turm (können auch Ruinen sein, falls hübsch) sowie an pittoresken Einheimischen vorbei und endet schließlich vor »Wein Baum«, wo ein adipöser Mann aus seinem schrottreifen Ford Capri in Grünmetallic mit schwarzem Dach steigt. Die ausgeleierte Hose und das verblichene Hemd wirken, als wäre er in den Altkleider-Container gefallen. Jonson Jonson, 52, hat in seinem Leben alles Geld für Wein ausgegeben und für kaum etwas anderes. Er holt einen Dreier-Karton Wein aus dem Kofferraum. (Eine gute Rolle für Axel Prahl vom Münster Tatort!)*

**Jonson:** Ludi incipiant! *(bedeutet: Mögen die Spiele beginnen! Könnten die ZDF-Zuschauer wissen)*

*Er verschwindet in der Weinhandlung. Ein zweiter Wagen fährt rasant auf den großen Parkplatz im Gewerbegebiet und kommt mit quietschenden Bremsen zum Stehen. Ein Hummer, der auf 100 Meter so viel Sprit verbraucht wie ein Kreuzfahrtschiff auf einer Transatlantik-Passage. Heraus springt ein Sonny-Boy samt Sonnenbrille, perfekt gekleidet in Markenklamotten. Auch Stephan Klark, 49 (seit fünf Jahren), holt einen Karton aus dem Kofferraum. Auch er hat viel Geld für Wein ausgegeben – aber noch mehr damit verdient. Sein Erfolgsrezept: Klark kauft zum Schnäppchenpreis Weinkeller von Verstorbenen auf, deren Angehörige keinen Schimmer haben, was die Buddeln wert sind. Dann vertickt er sie zu überhöhten Preisen. Sein Schritt ist federnd, er pfeift im Takt ein Lied. (Der Schweighöfer könnte den spielen, mit zurückgegelten Haaren und flatterndem Schal, aber ist wahrscheinlich nicht zu bezahlen.)*

**Klark:** Hasta la vista, Baby!

*Die Kamera folgt ihm ins Innere. Durch den großen Verkaufsraum mit Theke und Regalen, in denen sich nach Ländern sortiert die angebotenen Weine finden. Klark geht durch eine Tür in einen Hinterraum, wo sich eine große Tafel befindet, bereits eingedeckt mit Tellern und vielen Gläsern für ein Tasting. Klark geht weiter, durch eine in einer Glasfront befindliche Glas-*

*tür in einen Kreuzgewölbekeller, den man so in dem modernen Bau nicht erwartet hätte. Hier lagern die wertvollsten Flaschen, darunter 2018er Cheval Blanc für 999 Euro die Flasche. An einem Weinfass, das als Tisch dient, steht Jonson mit dem Hausherrn Marc Baum. Sie schnacken und lachen.*

**Baum:** Ganz herzlich willkommen bei Wein Baum! Bei 13 Grad und 60 Prozent Luftfeuchtigkeit.

**Klark:** Das konserviert Herrn Jonson. Hier die Flaschen.

*Er übergibt sie an Marc Baum, der damit hinter die Theke im Nebenraum geht, um sie – wie zuvor die Bouteillen von Jonson – auszupacken.*

**Jonson:** Dich wird bald kühle Muttererde konservieren, mein Lieber.

**Klark:** Eins muss ich dir lassen: Die Idee, unser Duell hier bei diesen Hinterwäldlern in der Eifel durchzuziehen, war genial. Kein Weinhändler in Hamburg oder München hätte sich dazu überreden lassen, aber diese Dorfdeppen sind für alles zu haben.

*Baum erscheint wieder.*

**Baum:** Darf ich Ihnen etwas von unserer hauseigenen Wildsalami auf den Tisch stellen, mit viel Rotwild zubereitet? Aktuell gibt es auch Schinkenkeule vom Wildschwein aus Nettersheim, da haben Sie wirklich Glück. Eigene Jagd. Auch etwas Käse von Affineur Waltmann dazu?

**Jonson:** Nehme ich ausgesprochen gern! Und ein wenig Brot bitte!

**Klark:** Dass du dir als Henkersmahlzeit nicht etwas Opulenteres aussuchst, wundert mich. Normalerweise kann es dir ja nicht soßig genug sein.

**Jonson:** Ist ja nicht meine Henkersmahlzeit …

*Montage: Klark und Jonson bei diversen Weinproben. Im Hochglanz-Penthouse, Weinberg, Weinkeller, Pool-Party, Weinprobe auf einem Schiff (Mittelrhein oder Mosel), stets werfen sie sich giftige Blicke zu. Bei einem Gala-Diner tritt Barbara Schöneberger ans Mikro: »Ich darf heute auch die wichtigsten Weinkritiker Deutschlands begrüßen: Robert Jonson sowie Stephan Klark.« Klark ist erkennbar beleidigt, weil er als Zweiter genannt wurde. Szenenwechsel: der Bundestag, am Pult der Bundeskanzler. »Anwesend sind auch die wichtigsten Weinkritiker Deutschlands, in der ganzen Welt berühmt und gefürchtet: Stephan Klark und … (schaut auf sein Manuskript) … Robert Jonson.« Diesmal ist Jonson not amused. Am besten die Augenpartie und den verkniffenen Mund in Großaufnahme.*

**Klark:** Es kann nur einen geben.

**Jonson:** Sehe ich genauso, Highlander.

*Marc Baum kehrt mit einer Jausen-Platte zurück.*

**Baum:** Wollen Sie es sich nicht doch noch mal überlegen? Das Leben ist doch so wertvoll, und Sie sind beide so großartige …

**Klark:** Nein! Wir haben Sie nicht ausgewählt, damit Sie uns ins Gewissen reden. Das dieser Tintenpisser da ohnehin nicht besitzt. Wir sind zu Ihnen gekommen, weil wir hier bei Ihnen in der Eifel ungestört sind, weil Sie einen dem Anlass entsprechenden Verkostungsraum haben und wunderbare Gläser. Verschonen Sie uns bitte mit jedweder Missionierungsaktion!

**Jonson:** Da gebe ich diesem Schnösel ausnahmsweise recht. *(wendet sich an Baum)* Sie haben 10.000 Euro in bar erhalten, die nicht rückverfolgbar sind. Ihre Aufgabe ist einzig und allein, später zu bestätigen, dass alles mit rechten Dingen zuging. Heute findet kein Mord statt. Sondern ein Selbstmord. Das ist immens wichtig! Der Überlebende darf von der Justiz nicht behelligt werden. Wir haben beide auch entsprechende notarielle Schreiben bei einem Anwalt hinterlegen lassen. Wir sind uns beide klar, dass wir heute Gift trinken könnten. Und wir wollen das auch genau so.

*Baum hebt die Hände, als würden sie Waffen auf ihn richten.*

**Baum:** Es sind Ihre Leben.

**Klark:** Legen wir endlich los! Ich habe lange darauf gewartet, dich sterben zu sehen.

**Baum:** Dann wiederhole ich wie vereinbart die Regeln. Jeder von Ihnen hat drei Weine ausgewählt, von denen er einen vergiften wird. Wer zuerst einen vergifteten Wein trinkt, verliert ... also stirbt. Sie verwenden das gleiche Gift in der gleichen Dosis. Damit im Vorhinein keine Flasche präpariert werden konnte, hat jeder von Ihnen dem anderen die Weine genannt, von denen er später einen vergiften wird. Gekauft wurden sie dann von demjenigen, der sie später auch trinken wird. Erst hier und jetzt werden die Flaschen übergeben, damit jeweils eine davon mit völlig geruch- und geschmacklosem Gift versehen werden kann. Soweit alles richtig?

*Beide nicken, wobei Jonson sich die ganze Zeit schmatzend die Jausen-Platte einverleibt. Baum legt zwei Giftspritzen auf den Tisch. Nahaufnahme auf die Nadeln, an ihnen sollten vorne Tropfen hängen. Damit diese gefährlich funkeln, wäre Kerzenlicht auf dem Fasstisch super.*

**Baum:** Die Weine wurden von Ihnen im Vorhinein temperiert und sind völlig unbeschädigt, wie ich eben kontrolliert habe. Damit überreiche ich jetzt die Flaschen. Wollen Sie vielleicht vorher noch einen definitiv ungiftigen Wein verkosten? Vielleicht einen schönen Kabinett von Clemens Busch? Der neue Jahrgang hat eine geniale Säurestruktur ... aber wem sage ich das, Sie wissen das natürlich. Wenn nicht Sie, wer dann? Mit dem Johannes habe ich zusammen in Geisenheim studiert und ...

**Klark:** Nein, ich will loslegen!

**Jonson:** Also ich nehme gerne einen Schluck zum Essen. Hindert mich ja nicht am Vergiften. *(er lacht mit vollem Mund)*

*Marc Baum übergibt die Flaschen, baut dann einen Schirm zwischen den beiden Kontrahenten auf, der bis auf Kinnhöhe reicht. Die Flaschen werden ploppend geöffnet (das gehört sich zwar nicht, weil es den Wein erschüttert, aber ganz ehrlich: scheiß auf die Weinfreaks!). Nahaufnahme: Gift wird in Flaschen gespritzt. Flaschen werden auf den Fasstisch gestellt. Dann wird der Sichtschirm entfernt. Die Flaschen stehen sich gegenüber wie zwei Armeen.*

**Baum:** Wählen Sie jetzt den ersten Wein aus. Getrunken wird gleichzeitig. Ich schenke ein, das Glas muss komplett und in einem Schluck geleert werden.

**Jonson:** Was eine Schande ist. Genuss sieht anders aus. Aber von mir aus.

**Klark:** Als würdest du etwas von Genuss verstehen. Dein Erfolg gründet sich nur darauf, dass du so blumige Verrisse schreibst. Das goutiert der Pöbel. Also, welchen wählst du?

**Jonson:** Das ist einfach. Ich kann mir nicht vorstellen, dass du den 1945er Pétrus vergiften würdest. Das brächtest selbst du nicht übers Herz. Ein Wein, der unter so viel Mühen kurz nach dem Krieg auf die Flasche gebracht wurde. Zudem ist es einer der ganz großen Jahrgänge. Ich denke, du hast darauf spekuliert, dass ich einen anderen Wein auswähle, tot umkippe und du den Pétrus auf mein Dahinscheiden trinken kannst. Aber nicht mit mir! Du hast ein miserables Pokerface.

**Klark:** Hab ich das? Nun ja, wir werden sehen. Ich wähle auf jeden Fall nicht den 1990er Krug, denn ich gehe fest davon aus, dass du ihn vergiftet hast. Du weißt, dass ich stets mit einem Champagner beginne, weil er so belebend ist. Was für eine Ironie des Schicksals wäre es, wenn er nun das Gegenteil bewirken würde? Nein, ihn trinke ich nicht, sondern den einfachen Pinot Noir von Felton Road aus dem schönen Neuseeland. Du würdest ihn nicht vergiften, weil du auf dem Weingut ein Praktikum absolviert hast – und damals eine andere Praktikantin in den Weinbergen gevögelt hast. Das arme Ding ist davon sicher heute noch traumatisiert. Du wusstest nicht, dass ich von dem Tête-à-Tête wusste, oder? Tja, jetzt ist es zu spät. Kenne deinen Feind, sage ich nur!

**Baum:** Die Wahl ist getroffen. Und Sie sind sich wirklich sich…

**Klark:** Schnauze, echt! Machen Sie diesen Moment nicht kaputt. Für den da ist es der letzte. Gönnen Sie seinem Tod die Würde, die sein Leben nie hatte.

**Jonson:** Du wirst ja geradezu menschlich, so kurz vor deinem Tod. Es rührt mich sehr, das zu sehen. Auch wenn es mir nachher keiner glauben wird.

**Klark:** Geschenkt!

*Baum gießt mit zitternder Hand ein und reicht die Gläser an die beiden. Sie schnuppern an ihren Weinen.*

**Jonson:** Was für ein Odeur! Wie eine Pariser Hure nach einem fünfstündigen Liebesspiel!

**Klark:** Als wüsstest du, wie eine Frau nach einem fünfstündigen Liebesspiel riecht. Wohl eher fünfsekündigen! Mein Wein zeigt in seinem betörenden Bouquet Lavendel, Nelke, dazu reife Pflaumen und Waldhimbeeren. Aber auch etwas neckischen Granatapfel. Was stört, ist einzig der Geruch eines schwitzigen, fetten Deutschen, der im Weinberg ein armes, unschuldiges Mädchen flachgelegt hat. Tragisch.

**Baum:** Drei, zwei, eins … trinken!

*Todesmutig schütten sich die beiden den Wein in den Schlund. Hier Trickaufnahme, wie der Wein durch den Mund, den Rachen hinunter und weiter die Speiseröhre hinab in den Körper schwappt. Irgendwas muss zucken. Ein Röcheln erklingt.*

**Klark:** Verschluckt? Daran kann man auch sterben. In diesem Fall: hoffentlich.

**Jonson:** Alles gut, nur ein Reflex. Schade, dass du noch lebst.

**Klark:** Bald wird es dich nicht mehr ärgern. Bald wird dich gar nichts mehr ärgern. Und endlich trinkt ein Kretin wie du nicht mehr anderen Menschen die guten Weine weg. Wein zwei bitte.

**Baum:** Oder wollen Sie eine Pause? Eine Runde spazieren gehen? Die Umgebung hier ist wunderschön.

Durch den Wald rauf nach Keldenich oder zum Tanzberg. Die Luft wird Ihnen guttun.

**Klark:** Nein, verdammt! Sie begreifen es aber auch nicht!

**Baum:** Nun gut. *(räuspert sich)* Der zweite Wein entscheidet alles. Wenn Sie beide überleben, sterben Sie beide beim dritten.

**Jonson:** So ist das Spiel.

**Klark:** Ich muss nicht lange überlegen. Das Gift ist im Champagner, also wähle ich den 2022er Riesling Final von Schäfer-Fröhlich, dem ich als erstem Wein überhaupt 100+ Punkte verliehen habe, was mich sogar in die *New York Times* und den *Guardian* gebracht hat. Eine Sensation war das. Und es hat den Wein zum absoluten Kult gemacht. Damit soll wohl meine Eitelkeit gekitzelt werden. Die ich nicht habe. Sondern Selbstbewusstsein, verdientermaßen.

**Jonson:** Ganz sicher? Oder doch den 1990er Krug? Wähle weise.

**Klark:** Jetzt bin ich noch sicherer, dass der Krug vergiftet ist. Jetzt wähl endlich. Ich hab heute Abend noch einen Auftritt bei Markus Lanz.

**Jonson:** Du hast dich sehr drüber geärgert, als ich dich beim Riesling Symposium *coram publico* der Dummheit überführt habe, als du behauptet hast, der Hundsrück von Fürst hieße so, weil er in Hunsrück-Eiche ausgebaut wäre – wo doch jeder Depp weiß, dass die Lage, aus der er stammt, Hundsrück heißt. Was haben wir gelacht, herrlich! Diesen Wein zu vergiften, würde dir ein Vergnügen sein. Aber genau darum hast du es nicht getan. Zu offensichtlich. Nein, du hast den 1973er Chateau Montelena vergiftet, der beim *Judgement of Paris* etliche der besten Chardonnays deines geliebten Burgunds geschlagen hat. Ein Emporkömmling aus den USA! Was für eine Schande! Es wird dir eine besondere Genugtuung gewesen sein, das Gift in diesen Wein zu geben. Also wähle ich den Hundsrück.

**Baum:** Ist die Entscheidung final? Letzte Chance, es sich anders zu überlegen. Oder auszusteigen. Von mir wird niemand je etwas erfahren.

*Klark und Jonson lachen.*

**Klark:** Ich werde einen Teufel tun und mich um meinen Sieg bringen lassen!

**Jonson:** Und ich mich nicht um meinen!

**Baum:** Dann soll es so sein.

*Aufnahme aus dem Glas gefilmt, wie der Wein eingeschüttet wird. Dazu dramatische Musik, so wie Ennio Morricone bei High Noon. Noch mal Kamera auf die Münder, einer der beiden kaut nervös auf der Unterlippe, der andere zuckt leicht mit dem Mundwinkel. Das ganze selbstbewusste Gehabe ist nur Schau. Beide haben Angst. Eine Schweißperle läuft eine Stirn hinab, tropft auf den Boden. Ein nervöser Furz entfleucht, nein, streichen. Kein Witz hier, Konzentration auf das Wesentliche.*

**Baum:** Drei, zwei, eins ... trinken!

*Totale, die den Kreuzgewölbekeller in all seiner Tiefe und die beiden Kontrahenten vorne zeigt. So eine Wes-Anderson-Einstellung. Zuerst passiert nichts. Beide schauen erleichtert auf. Dann sackt Jonson zusammen, spastisch beginnt er zu zucken, Schaum tritt aus seinem Mund.*
*Klark reckt die Arme empor und führt ein Freudentänzchen auf. Er brüllt seinen Triumph heraus.*

**Klark:** Der! Sieger! Bin! Ich!

*Er schüttet den Rest aus der vergifteten Flasche lachend über Jonson aus. Plötzlich sackt auch er zusammen und beginnt zu zucken. Jonson tut seine letzten Atemzüge.*

**Jonson:** *(röchelnd)* Aber ich habe den Schäfer-Fröhlich doch gar nicht vergiftet ...

**Baum:** Stimmt. Das war ich.

**Jonson:** Aber ... warum?

**Baum:** Ein toter Weinkritiker, das hätte trotz Ihrer ganzen notariellen Geschichten sicher zu einem langwierigen Gerichtsprozess geführt, mit mir als Zeugen. Da fehlt mir echt die Zeit für. Aber zwei berühmte tote Weinkritiker in meiner Weinhandlung! Die sich gegenseitig vergiftet haben beim Burgundischen Roulette. Beide Täter tot. Saubere Sache. Und was für eine PR! Unbezahlbar! Damit komme ich zu Lanz und vielleicht sogar zur Maischberger. Wollte ich immer schon mal hin.

*Er beugt sich hinunter zu den beiden.*

**Baum:** Ein Rat, auch wenn er jetzt zu spät kommt: Unterschätzen Sie ruhig einen Amerikaner, einen Franzosen, von mir aus einen Grönländer, aber unterschätzen Sie nie – unter keinen Umständen – einen Eifeler! Denn das könnte Ihr letzter Fehler sein ...

*Die Kamera zoomt heraus, rückwärts aus den Räumlichkeiten, auf den Parkplatz, steigt dann in die Höhe, immer weiter, zeigt die Schönheit der Eifel. Dann färbt sich alles burgunderrot ein. »ENDE« wird eingeblendet, die Buchstaben aus Weinkorken gebildet.*

**Jutta Wilbertz**

# MALTE, DIE RUMBA UND ICH

»Erster Grundschritt langsam, zweiter Grundschritt langsam, drittes Mal, sie dreht, guckt euch an, UND: Promenade eins.« Tanzlehrer Pepe zählt laut die Schrittfolge über die Musik von Nora Jones *Don't know why* hinweg. Wie mir Malte gerade vor dem Auseinanderdrehen zur Promenade diesen schmachtenden Blick zugeworfen hat …

Rumba, der Tanz der Verführung! Und ja, ich schmelze dahin. Er ist aber auch ein hübscher Junge! Nein, ein hübscher Mann, mit Mitte dreißig ist man Mann. Und darum ist es irrelevant, dass er zu dem Zeitpunkt, als meine katastrophale Ehe mit Roland endlich ihr Ende fand, wohl noch vor einem Wimmelbilderbuch gehockt und den gelben Bagger gesucht hat.

»Zeit, lasst euch Zeit«, sagt Pepe jetzt und zeigt uns noch einmal die Schrittkombination: »Wir dürfen uns anschauen, dann erst in die Promenade, dann gucken wir noch mal und sagen WOW!« Alle lachen.

»Also, das mit dem Wow, das kann ich schon«, flüstert mir Malte ins Ohr. Ich unterdrücke ein Kichern, stupse ihn in die Seite. »Scht! Zuhören!«

Er grinst, zwinkert mir verschwörerisch zu, mit seinen verwirrend grünen Augen. Der Junge ist aber auch einfach zu hübsch!

Läuft, denkt Malte. Die Rumba kriegt sie ja erstaunlich gut hin. Und dann überlegt er, wie er das Filet Mignon zubereiten will heute Abend. Rotwein- oder Pilz-Sahne-Soße? Kartoffelgratin oder Röstkartoffeln? Glasierte Möhren, ja, die auf jeden Fall. Einen erstklassigen Rotwein werden sie dazu trinken, Bettina kauft nur beste Qualität. So sind sie miteinander ins Gespräch gekommen – an der Feinkosttheke, wo sie Roastbeef und Büffelmozzarella kaufte, während er sich eine Wildpastete gönnte. Irgendwie landeten sie beim Thema Gesellschaftstanz. Bettina erzählte, wie gerne sie ihre Tanzkenntnisse auffrischen würde, aber sie sei neu in Euskirchen, kenne niemanden, und so kam eines zum anderen. Seit vier Wochen sind sie nun im Sonntagskurs Gesellschaftstanz II der Tanzschule Schumacher: Rumba, Jive, langsamer Walzer, Discofox und mehr. Malte hat sich als fortgeschrittenen Anfänger bezeichnet, darum baut er hier einen Stolperer, dort einen Verzähler ein, wohldosiert natürlich, er will ja elegant und souverän wirken, mit einem Bauerntrampel kann eine Frau von Bettinas Format nichts anfangen. Peter, genannt Pepe, und Andrea, die Inhaber, sind allerdings nicht so leicht hinters Licht zu führen, Tänzer erkennen einander schon am Gang. Ihnen hat er erzählt, dass er als Kind Ballettunterricht gehabt, aber von Gesellschaftstanz keine Ahnung habe. Nun konzentriert er sich darauf, bei der Rumba in der Hüfte stocksteif zu bleiben– wegen

Pepe, nicht wegen Bettina. Die lächelt jetzt und er lächelt zurück. Läuft.

*I would die in ecstasy* singt Nora Jones. Recht hat sie – es lebe die Leidenschaft! Und dass ich ausgerechnet über Malte gestolpert bin – Schicksal, Fügung? Egal. Ich nehme, was ich kriege. Und genieße.

»Pause!«, ruft Pepe und wir verlassen die Tanzfläche, einige setzen sich an die kleinen Tische am Rand, andere schlendern zur Bar im Entreebereich. Ich steuere die Toilette an. Als ich zurückkomme, hat Malte mir eine Apfelschorle organisiert. Sehr aufmerksam, der Junge. Ist das eigentlich typisch für seine Generation? Dieses Wohlerzogene? Wir früher hatten ja mit Konventionen nichts im Sinn – Freiheit, Gleichheit, und wer einer Frau die Tür aufhält, ist ein Chauvinist! Irgendwann habe ich aber begriffen, dass von der Freiheit eigentlich nur die Y-Chromosomenträger profitiert haben. Und finde nun die Galanterie junger Männer viel angenehmer als das pseudoemanzipierte Geschwätz alter Intellektueller.

Mein Blick wandert zu den Spiegelwänden vor Kopf, ich sehe mich in meinem blauen Vokuhila-Kleid (ich kann das tragen, hatte immer schon erstklassige Beine) und Malte in Jeans und brauner Anzugjacke. Gut sehen wir aus! Dass wir nicht Brautmutter und Schwiegersohn in spe sind, die sich den letzten Schliff vor der Hochzeit holen, war allen schnell klar, so, wie es zwischen uns geknistert hat. Allerdings bemühen wir uns, seit es wirklich passiert ist – also, seit vorletzter Woche, als wir uns knutschend wie die Teenager an der Garderobe unterhalb der Wendeltreppe wiederfanden – um eine gewisse

Diskretion. Auf mitleidige Blicke habe ich nämlich keine Lust. Junger Mann, ältere Frau, der nimmt die doch nur aus, und sie ist zu blöd, um es zu merken. Wobei ich hier eher eine freundliche Neugier im Raum spüre, vielleicht finden sie das richtig gut, dass auch mit Mitte sechzig noch die Funken sprühen können. Und wie!

Die ist schon ganz korrekt, denkt Malte. Jedenfalls weiß sie das Leben zu genießen. Er ist nun fast jeden Abend bei ihr in ihrem stilvollen Penthouse, sie spielen Schach, üben Tanzschritte, und vor allem darf er sich an ihrer schicken Kochinsel austoben, hat schon *Boeuf Bourguignon*, *Tartiflette de Provins* und überbackene Jakobsmuscheln zubereitet, und sie hat es mit Begeisterung goutiert. Und das mit ihr im Schlafzimmer, das ist auch längst nicht so unangenehm, wie er befürchtet hatte.

Zunächst hatte er sich ja mit Händen und Füßen gewehrt, als Svenja mit ihrem Plan um die Ecke kam.

»Ne, du«, hatte er gesagt, »Ich mach nicht mit 'ner Oma rum, echt jetzt!«

Aber Svenja hatte nicht lockergelassen: »Die Sohn-Nummer zieht nicht bei der! Die denkt, dass sie es noch draufhat!« Und sie hatte verächtlich geschnaubt. »Dabei ist sie uralt! Fünfundsechzig!«

Svenja ist achtundzwanzig, lebt von Avocados, Thunfisch und Aminosäuren, joggt, stemmt Hanteln und verbringt jeden Morgen volle fünf Minuten damit, vor dem Spiegel ihre Nasolabialfalte zu massieren. »Damit kann man gar nicht früh genug anfangen«, hatte sie gefaucht, als er zu lachen wagte. »Sonst sieht man schnell aus wie 'ne Bulldogge. So, wie die alten Weiber, die zu uns kommen.«

Seit einigen Wochen arbeitet sie im Kosmetiksalon »Ladies First« am Alten Markt mit gehobener Klientel, nutzt ihren Mitarbeiterinnenrabatt für Beautyanwendungen bis zum Anschlag aus – und hat Einblick in die Kundenkartei. Da sie zudem eine Meisterin in Sachen Small Talk ist, hat sie schnell herausgefunden, dass eine nähere Bekanntschaft mit Bettina Stöverbeck durchaus lohnenswert sein könnte. Verwitwet, gerade zugezogen, stinkreich. Und voller aufgestauter erotischer Energie, die Svenja zwar extrem peinlich, aber auch recht nützlich findet. Dass Gesellschaftstanz die ideale Freizeitbeschäftigung für Bettina sei, hat sie ihr im Gespräch geschickt untergeschoben. Ja, so was kann Svenja gut, denkt Malte, und fährt sich mit der Hand über den Nacken. Der ist jetzt ständig verspannt – kein Wunder, die ganze emotionale Arbeit hängt ja auch an ihm. Wie immer: Svenja plant, Malte zieht es durch. Auch dieses Mal hat es funktioniert – das Treffen an der Feinkosttheke war minutiös vorbereitet, Bettina hat nichts gemerkt.

Und nun ist es Zeit für Phase II – Svenja hat gestern Abend Stress gemacht: »Worauf wartest du noch, du warst jetzt oft genug bei ihr«, hatte sie genörgelt. »Die frisst dir doch aus der Hand. So, wie die von dir schwärmt im Salon.«

»Echt jetzt?«, hatte er geschmeichelt gefragt und – weil Svenja ärgerlich das Gesicht verzog – schnell »Nicht so gut, oder?« hinzugefügt. Kein Wunder, dass sie immer ihre Falten massieren muss, hatte er gedacht, die regt sich über alles auf.

»Weiß ja keiner, wer du bist« hatte Svenja missmutig geantwortet. »Die tönt halt rum, wie toll so ein junger Lover ist. Aber gut, wenn du weg bist, hält die die Klappe, die würde nie zugeben, dass sie verarscht wurde!«

Da ist sich Malte nicht so sicher. Und er hätte gerne mehr Zeit. Bettina ist nicht dumm, ein falscher Zug, und sie macht dicht. Aber Svenja ist Svenja, die setzt sich immer durch.

»Komm schon, die hast du im Sack«, hatte sie gesagt. »Ich will hier weg, Zeit für was Neues.« Dann hat sie ihn geküsst, wie nur Svenja küssen kann. Widerstand zwecklos.

»Okay«, hatte er gemurmelt, und sie hatte »Du Ärmster« gekichert. »Das muss doch widerlich sein, mit der Alten im Bett.«

»Na ja«, hatte er gesagt, »ich mach die Augen zu und denke an England.« Aber dieser Witz war an Svenja verschwendet.

Er seufzt und schaut Bettina von der Seite an. Heute Abend also.


»Es geht weiter!«, ruft Pepe. »Wiederholung langsamer Walzer, die Rechtsdrehung. Herren rechts vorwärts, Damen links rückwärts, Achtung, eins, zwei, drei und Schritt, Seit, Schluss.«

Adele singt *Make you feel my love*, und Malte führt mich elegant im Kreis. Ich muss lächeln. Malte ein Anfänger? Von wegen! Aber was soll's, ich hab ja auch gelogen. Wir waren wohl beide so erpicht darauf, uns wiederzutreffen, dass wir in Bezug auf den Tanzkurs das niedrigste Angebot gemacht haben ... ich könnte locker zwei Klassen höher einsteigen, aber ich wollte ihn nicht verunsichern. Und ihm ging es wohl genauso. Seelenverwandte.

In Maltes Alter war ich wie er – voller angespannter Energie, mit diesem verzweifelten Wunsch nach Erfolg und gutem Leben, gekoppelt mit der wachsenden Angst, festzustecken und es nicht mehr zu schaffen, weil man bereits rechts und links von motivierten Mitzwanzigern überholt wird. Natürlich klingt Malte zuversichtlich, wenn er von dem Start-up spricht, das er mit seinem Partner Lennart hochziehen will. Charmant, eloquent, spritzig – er bringt seine Vision gut rüber, muss er ja auch, wenn er Investoren überzeugen will. Die Gründungsidee an sich ist gar nicht so übel – aber sorry, ich sehe Malte nicht als neoliberalen Jungunternehmer, dem die Bitcoins aus den Augen leuchten. Ich glaube, er ist ganz anders – da brauche ich ihn doch nur beim Kochen zu beobachten: wie er liebevoll die Kartoffeln in Spalten schneidet, im Mörser die Gewürze zermalmt, ein Glas Rotwein neben sich, aus dem er ab und zu einen Schluck nimmt, die Augen dabei geschlossen, während im Hintergrund *Night Bird* vom Chet Baker Trio läuft ... das ist der wahre Malte. Der will keinen Stress. Der will das Leben genießen. Genau wie ich.

*I could make your dreams come true.* Na, ob das stimmt?, denkt Malte, während er sich mit Bettina langsam im Kreis dreht. Klar, sie hat Kohle ohne Ende, aber würde sie alles dafür tun, um seine Träume zu retten? Wenn Svenja nur nicht so einen Druck machen würde – er hätte lieber noch eine Woche gewartet, die Beziehung vertieft.

Heute Abend also wird Svenja anrufen, während er bei Bettina ist – hoffentlich kann er vorher noch in Ruhe das *Filet Mignon* genießen. Und dann muss er diese Vorstellung geben: Fassungslos in den Hörer brüllen, Svenja dabei Lennart nennen, fluchen, nach dem Telefonat bleich und zittrig ein Glas Rotwein auf ex kippen und stammeln, dass alles zu Ende ist, der Hauptinvestor weg, morgen muss das Geld vorliegen, was soll er denn nur tun ... alles mit leiser, verzweifelter Stimme, das ist effektiver, als laut herumzuschreien. Und dann – dann werden sie sehen. Er hat überhaupt kein gutes Gefühl mehr bei der Sache. Bettina ist nicht dumm. Es könnte alles umsonst gewesen sein.

»Eins, zwei UND Schritt, Seit und Stopp. Männer, denkt daran, die Dame rechtzeitig um die Ecke zu bringen!«, ruft Pepe jetzt über die Musik hinweg. Das wäre natürlich auch eine Lösung, schießt es Malte durch den Kopf, und er grinst. Dann zwinkert er Bettina zu, schließlich muss er Sympathiepunkte für heute Abend sammeln. Und er gönnt ihr diese letzten romantischen Augenblicke – sie ist wirklich gar nicht so übel.

»Und nun Jive«, ruft Pepe, Wham legt los mit *Wake me up before you go-go*, und Malte und ich toben atemlos lachend über die Tanzfläche. Das hier ist der echte Malte! Nicht der Rumba-Verführer, der sein potenzielles Opfer umgarnt. Obwohl er es geschickt gemacht hat, kann man nicht anders sagen – ich bin schließlich vom Fach, ich kann das beurteilen.

Diese Svenja kam sich ja so was von schlau vor – wie sie mich bequatscht hat, von wegen Gesellschaftstanz.

Und dann werde ich an der Feinkosttheke von ihrem Freund angebaggert – tja, wenn man einen Coup drehen will, darf man nicht vorher in der Nähe des Salons rumknutschen. Ein dummer Fehler, ein ganz dummer Fehler.

Aber ich dachte, schau'n wir doch mal, worauf die aus sind. Und Malte ist so ein hübscher Junge!

Es hat Spaß gemacht, alle paar Tage im Salon aufzutauchen und von Maltes Qualitäten zu schwärmen – Svenja platzte vor Eifersucht, und während sie versuchte, mich beim Auftragen der *Gelée-Royal*-Maske über Malte auszufragen, hat sie gar nicht gemerkt, wie viel ich stattdessen über sie erfahren habe.

»Bis nächste Woche«, ruft Pepe nun, und ich werfe einen Blick auf die Uhr. Ja, Svenja müsste vor ungefähr einer halben Stunde beim Joggen entlang des Veybachs ganz böse gestürzt sein – da sind so fiese Felsbrocken am Wegesrand, wenn man da mit dem Kopf aufschlägt ...

Früher habe ich so was noch selbst erledigt – angefangen bei Roland, obwohl ich den gar nicht die Treppe runterschubsen wollte, es kam halt so. Die anderen ... nun, lukrative Scheidungen werden ja leider immer seltener, diese Eheverträge sind schon ein Kreuz. Aber ständig häusliche Unfälle, das fällt dann ja auch auf. Also beauftrage ich inzwischen eine diskrete Agentur in Holland und bin selbst immer ganz woanders. Zum Beispiel im Tanzkurs.

Malte wird es schon verkraften, diese Svenja hat schließlich seine Qualitäten nie richtig gewürdigt, über sein fantastisches Steinbuttsoufflé bestimmt nur die Nase gerümpft. Und was sein Geschick mit »älteren

Damen« angeht, da gehört der Junge doch wohl in die oberste Liga! Monte Carlo, nicht Euskirchen. Es gibt so vieles, was ich ihm beibringen kann in der Branche! Meinem Seelenverwandten. Schicksal, Fügung? Egal! Ich nehme, was ich kriege. Genieße. Und behalte!

**Christiane Dieckerhoff**

# HEXENTANZ

Das Prasseln des Maifeuers übertönte das rhythmische Scheppern der Schellenkränze, das aus den übergroßen Boxen schallte. Es duftete nach verbranntem Baumharz und frisch gemähter Wiese. Ein Windstoß fuhr in die Flammen, Funken flogen auf, unwillkürlich trat ich einen Schritt zurück. Dabei stolperte ich über den Saum des Kleides.

Und ich frage mich, ob das alles nicht passiert wäre, wenn ich wie immer Jeans getragen hätte und nicht dieses Burgfräuleinkleid, das ich mir inklusive der dazu passenden Spitzhaube gekauft hatte. Ich hatte einfach nicht widerstehen können. So verkleidet machte es sehr viel mehr Spaß, an den Buden und Zelten entlangzuschlendern oder zur Musik abzurocken, die mystischnordisch daherkam und perfekt zum dramatischen Abendhimmel und der rot angeleuchteten Burg passte. Auch wenn meine Sneaker vielleicht nicht unbedingt zum Kleid passten. Andererseits: wenn selbst ein Werwolf mit Handy herumlief? Aber nach der Flut schien alles möglich. Wir waren einfach nur froh, dass es weiterging auf der Burg und nicht nur mit der Hexennacht, sondern auch mit den Ritterspielen. Doch zurück zu meiner Geschichte.

»Hoppla«, sagte eine freundliche Stimme hinter mir. Sie war männlich, und die Arme, in denen ich landete, fühlten sich an, als wären sie direkt für mich gemacht. Ein Umstand, den ich durchaus wohlwollend zur Kenntnis nahm. Immerhin war ich seit Kurzem wieder solo. Der Typ, in den ich mich verknallt hatte, war mit Pauken und Trompeten durch das Liebesperlenorakel gerauscht.

Woher ich so etwas kenne? Oh, das Orakel ist nicht das einzige Spezialwissen, über das ich verfüge. Ich hab's von meiner Mutter, so wie sie es von ihrer hat. Und so weiter und so weiter. Unser Stammbaum reicht mütterlicherseits immerhin bis zum 30-jährigen Krieg zurück.

Aber zurück zur Hexennacht und meinem Stolperer.

Als ich mich umdrehte, sah ich, dass zu allem, was mir bereits positiv aufgefallen war, auch noch ein nettes Gesicht gehörte, mit Augen, die von diesem dunklen Blau waren, das der Himmel manchmal annimmt, wenn die Sonne bereits hinter dem Horizont verschwunden ist. Ich war also sehr zufrieden mit meinem Missgeschick. Trotzdem entschuldigte ich mich natürlich. Schließlich gehört sich das so. Außerdem gab mir das die Möglichkeit zu lächeln. Und wie sagte meine Oma immer: *Laach ens jett, datt sitt besser uss.* Was so viel heißt, wie: Lächle, dann bist du hübscher. Was normalerweise nicht zu meinen Prioritäten gehört. Also das »hübsch sein« – aber diese Nacht war einfach magisch.

Mein »Retter« trug ein Wams aus braunem Samt, darüber einen gefältelten Spitzenkragen und auf dem

Kopf einen schwarzen Lederhut mit breiter Krempe. Sein Kinn zierte ein Spitzbart. Er sah aus wie einem Bild von Thomas de Keyser entstiegen.

»Wie heißt Ihr, holdes Fräulein?« Er sprach sogar so.

Ich versuchte möglichst von oben herab zu ihm aufzublicken. Was mir nicht besonders gut gelang. Und wie immer, wenn ich nervös werde, spielte ich mit dem Amulett, das ich von meiner Mutter geerbt hatte.

»Mein Name ist Marie.« Ich schaffte sogar einen Knicks. »Also eigentlich Margarethe«, fügte ich aus welchen Gründen auch immer hinzu, »aber du – eh, ich meine, *Ihr* könnt mich Mary nennen. Das tun alle meine Freunde.«

Es sei ihm eine Ehre. Die Sahneschnitte von Mann nahm tatsächlich den Hut ab und schwenkte ihn, während er so eine Art Kratzfuß machte, der einfach nur lächerlich aussah und mir deshalb etwas von meinem Selbstbewusstsein zurückgab.

»Und Ihr, werter Herr?«, fragte ich, die Augenbrauen hochgezogen. Diesmal gelang mir dieses von oben herab Hinaufschauen schon ziemlich gut.

»Mein werter Name ist«, wieder machte er diesen Kratzfuß, und dabei landete sein Hut im Gesicht eines Herrn in Tunika und Lederwams, dem – wie bei so einigen Besuchern, die ich im Laufe des Tages gesehen hatte – ein Schweinerüssel im Gesicht klebte, »Peter Horn, Doktor der Jurisprudenz.« Er setzte den Hut wieder auf. »Welch schöner Halsschmuck.«

»Danke.« Ich mochte es nicht, wenn mich jemand auf das Medaillon ansprach. Damals wusste ich noch nicht, warum das so war. Heute bin ich klüger. Das Medaillon zeigt einen ziselierten Lebensbaum und ist angeblich das Werk eines Hexenmeisters aus Firmenich. Das ist der Ort, aus dem meine Familie stammt.

Er habe so etwas Ähnliches schon einmal gesehen, sagte mein Doktor der Jurisprudenz. »Darf ich?«

Ohne eine Antwort abzuwarten, griff er nach dem Medaillon. Wieder fuhr ein Windstoß ins Feuer. Im Licht der Funken sah ich, dass er einen Siegelring trug, der den gleichen Baum zeigte. Passt ja, dachte ich noch, da kippte mit einem Mal meine Welt: Jemand kreischte in Agonie, ich roch den Gestank verbrannten Fleisches. Ein heftiger Schmerz schoss mir die Wirbelsäule hoch.

Hände griffen nach mir. »Alles in Ordnung?«, fragte eine besorgte Stimme, diesmal war es die einer Frau. Eine Hexe mit einer beeindruckenden Warze auf der Hakennase half mir auf die Füße und klopfte an meinem Hintern herum. »Schade um das schöne Kleid«, sagte sie.

Erst jetzt begriff ich, dass ich mit dem Hintern in den Flammen gelandet war. Wie hatte das passieren können? Ich hatte am Rand gestanden, mich nicht an dem Reigen um das Feuer beteiligt. War ich es, die so geschrien hatte? Doch ich spürte keinen Schmerz, zumindest nicht am Allerwertesten. Unwillkürlich tastete ich nach dem Medaillon. Es war fort und mit ihm der vermeintliche Doktor der Jurisprudenz. Doktor! Pah! Ich war einem ganz gewöhnlichen Dieb aufgesessen. Trotz meiner Wut spürte ich so etwas wie Enttäuschung.

Das Medaillon verloren zu haben, schmerzte geradezu körperlich. Ich spürte, wie die nicht mehr vorhandene Kette in meinen Halswirbel schnitt. So als würde jemand daran ziehen. Mir blieb überhaupt nichts anderes übrig, als dem Zug zu folgen. Also raffte ich meine Röcke und rempelte mich, Entschuldigungen murmelnd, durch die Menschenmenge. Ich hastete vorbei an den bunt beleuchteten Trinkbuden und Ständen, der Bühne, auf der die mittelalterlich gekleideten Musiker der Menge einheizten. Als Hexen oder Ritter verkleidete Menschen wichen mir aus, ich trennte eine Mutter von ihrem Kind und kassierte so manchen mehr oder weniger aufmunternden Spruch. Frei nach dem Motto: *Hat dich heut' dein Freund verladen, komm zu uns im Zuber baden.* (Kein Scherz!)

Obwohl ich eigentlich keine Ahnung hatte, wohin diese diebische Elster, die sich für einen Doktor der Jurisprudenz ausgegeben hatte, verschwunden war, näherte ich mich mit jedem Schritt der blutrot beleuchteten Burg. Irgendwie – und ja, ich weiß, dass »irgendwie« als Begründung irgendwie nichtssagend ist – zog es mich dorthin. Und wenn ich sage »zog es mich«, dann meine ich das durchaus wörtlich. Und dieser Zug nahm mit jedem Schritt zu, der mich dem blutrot beleuchteten Burgtor näher brachte. Was mir vorher noch malerisch erschienen war, wirkte jetzt wie der hungrige Rachen eines Ungeheuers, und ich war der Gruß aus der Küche. Den Blick fest auf das Tor gerichtet, joggte ich weiter und geriet zum dritten Mal an diesem Tag ins Straucheln. Der Wind rollte mir einen Hut zwischen die Beine. Ich erkannte ihn sofort, also den Hut, nicht den Wind. Er gehörte dem angeblichen Doktor der Jurisprudenz mit den erstaunlich blauen Augen. Ich bückte mich und griff nach dem Hut. Er war feucht, als wäre er ins Wasser gefallen, doch dann sah ich meine Finger im flackernden Licht der Feuerschalen und wusste, dass die Feuchtigkeit nicht vom Wasser des Wassergrabens stammen konnte. Und dann sah ich ihn. Er lag im Schatten eines der großen steinernen Löwen. Ich kniete neben ihm und versuchte mich an alles zu erinnern, was ich jemals in einem Erste-Hilfe-Kurs gelernt hatte. *ABC* fiel mir ein. Aber was bedeutete das noch mal? Ach ja, Atemwege freimachen. Aber wie machte man das? Vielleicht sollte ich erst einmal die Rettung rufen. Aber war das jetzt die 110 oder die 112? Egal, dachte ich und tastete nach meinem Smartphone. Das Display leuchtete gerade auf, als bei mir die Lichter ausgingen. Erst ein heftiger Schmerz und dann: nichts!

*Pling. Pling. Pling.* Wasser tropfte mir auf die Stirn, rann mir in die Augen. Ich blinzelte, wollte zurückweichen, doch ich konnte mich nicht bewegen, konnte nur fühlen. Schmerz! Dunkelheit! Kälte! In meinem ganzen Leben hatte ich noch nie so gefroren.

*Pling.* Wieder traf ein Tropfen meine Stirn. Steter Tropfen höhlt den Stein, sagt man. Was bedeutete das für Knochen? Dem Schmerz nach zu urteilen, traf der Tropfen schon längst nicht mehr auf Haut. Konnte ich mich deshalb nicht bewegen? Und wo waren überhaupt meine Hände und Füße?

In der Luft vibrierte das Rauschen, das jeder kennt, der die Flut überstanden hat. Irgendwo musste ein Bautrockner sein. Fackelschein huschte über die Wände, und plötzlich schwebte über mir ein Schweinerüssel.

»Diesmal entgehst du deinem Schicksal nicht, Mareygen Horn«, sagte, wer immer sich hinter dem Schweinerüssel verbarg.

»Äh.« *Pling,* wieder landete ein Wassertropfen auf meiner Stirn. »Sie müssen mich verwechseln.« Hastig nannte ich ihm meinen richtigen Namen, sogar alle drei, doch das Schweinerüsselgesicht schüttelte nur den Kopf.

Das Medaillon sei das Zeichen, sagte er. Es sei der Beweis, dass ich mich dem Hexenheer angeschlossen habe.

Was war das für ein dummer Scherz?

»Gestehe«, forderte Schweinerüssel, und dann brabbelte er irgendwelche lateinischen Formeln, die ich nicht verstand.

»Äh.« Ich verrenkte mir den Hals und sah überall Gesichter mit Schweinerüsseln. Die verkleideten Gestalten umstanden uns in einem Kreis, und jeder von ihnen hielt eine Fackel. Richtig gruselig. »Und was genau?« Nur nicht die Nerven verlieren. Das hier war irgendein ein kranker Scheiß, ein schlechter Scherz, das konnte nicht real sein. *Pling!*

»Gestehe, dass du mit dem Hexenheer geflogen bist!«

»Also«, mein Gehirn arbeitete auf Hochtouren, so wie der Bautrockner, »ich bin schon mal mit Ryanair geflogen und einmal mit der Lufthansa, aber das ist schon länger her.« Wie immer, wenn ich nervös bin, redete ich zu viel. »Aber gerade jetzt habe ich so gar keine Zeit. Ich sitze an meiner Masterarbeit, und außerdem …«

»Du leugnest also!« Schweinerüssels Stimme hallte von den Wänden zurück.

»Unbedingt, also wie gesagt …« Die Kehle wurde mir eng. Ich hatte das Gefühl, der Kreis um uns herum würde enger, und irgendwie verbrauchten die Fackeln auch zu viel Sauerstoff.

*Pling!*

»Leugne nicht!« Schweinerüssel nahm die Maske ab, das Gesicht, das zum Vorschein kam, war so alltäglich, dass man es sofort wieder vergaß. Doch was er sagte, werde ich niemals vergessen: »Es ist erwiesen, dass du mithilfe Beelzebubs und seiner Dämonen die Flut gebracht hast! Und weil die weltliche Gerechtigkeit dies nicht ahnden kann, werden wir das alte Urteil vollstrecken!« Er räusperte sich und fuhr fort: »Anno 1627 auf Freitag, den 30. Aprilis, wird das vom Hexenkommissar Doktor Johannes Moeden verkündete, vom zu peinlichen Sachen geschworenen Gerichtsschreiber Matheis Hörstgen niedergeschriebene Urteil durch den anwesenden Scharfrichter Hansen Jungblut auf dem Richtplatz der Burg Satzvey vollstreckt.«

»Sind Sie das?«, unterbrach ich ihn. »Sind Sie dieser Jungblut?« *Pling*.

Die Leute um uns herum summten wie ein Wespenschwarm, der sich zum Angriff formiert, und übertönten damit das Rauschen des Bautrockners. Ich bäumte mich auf.

»Die der Hexerei angeklagte ...«

Weiter kam er nicht. Die Tür wurde mit lautem Gepolter aufgestoßen. Stimmen, die Befehle schrien, die kreischten. Fackeln flogen durch die Luft. Jungbluts massiger Körper landete auf mir, der Kopf direkt auf meiner Nase. Ich würgte und versuchte freizukommen, und dann war da ein anderes Gesicht. Mein Doktor der Jurisprudenz beugte sich über mich. »Es ist vorbei.« Seine Stimme klang gepresst. Das Gewicht verschwand von meinem Brustkorb. Und dann kribbelte es in meinen Händen und Füßen, als zögen Ameisenheere in den heiligen Krieg.

»Was?«, presste ich zwischen klappernden Zähnen hervor, und dann war mir, als würde sich die Welt in die falsche Richtung drehen, und mein Gehirn schaltete sich schlichtweg ab. Was zu viel ist, ist zu viel. Als ich wieder zu mir kam, lag ich in einem Krankenwagen, in der Hand das Medaillon. Ich versuchte mich aufzurichten. »Die wollten …«

Doch mein Doktor der Jurisprudenz drückte mich zurück auf die Liege. »Es ist vorbei.«

»Wer bist du eigentlich?«, fauchte ich. »Und was hat es damit auf sich?« Ich griff nach seiner Hand und hielt das Medaillon gegen den Siegelring.

»Das kann ich dir erklären.« Er gab mir einen Zettel.

»Was ist das?«

»Etwas, was du im Internet findest.«

Ich faltete den Zettel auseinander. Es war eine Liste, überschrieben mit: *Hexenprozesse von Satzvey-Firmenich*. Darunter Personenlisten. Ich las und verstand immer weniger, bis ich auf meinen Namen und den meines Doktors der Jurisprudenz stieß.

»Ist das hier eine aus dem Ruder gelaufene Gruselversion von *Versteckte Kamera*?« Unwillkürlich musterte ich die Decke des Krankenwagens, doch da baumelte nur eine Infusionsflasche.

»Leider nicht«, sagte mein Retter.

»Heißt du überhaupt Peter?«

Er schüttelte den Kopf. »Marvin Giersch«, sagte er. »Sonderermittler SOKO Hexentanz bei der Kripo Euskirchen.«

»Klingt gefährlich.« Ich dachte an den blutigen Hut.

»Als Peter Horn«, er drehte den Siegelring an seinem Finger, »fungierte ich als Lockvogel. Wir hatten sie schon fast im Sack, und dann bist du aufgetaucht.«

»Sie haben mich beschuldigt, für die Flut verantwortlich zu sein.« Ich konnte es immer noch nicht fassen.

»Wegen des Medaillons«, antwortete er schlicht. »Es gehörte wohl einer Urahnin von dir, die damals den Flammen entkommen konnte. Es heißt, die Gattin des Vogtes habe sie wegen eines Liebeszaubers gerettet.«

»Oh.« Ich dachte an das Liebesperlenorakel und fragte mich, ob Marvin es bestehen würde.

**Tobias Quast**

# ALTE ZEITEN

Gestern hat er Peter verscharrt. Hinten, im Waldstück. Hoffentlich endet nun alles. Vor allem die Erinnerung. Er wünscht es sich so sehr.

Der Wecker hat ihn hochfahren lassen, wie an jedem Morgen. Nicht, dass er aufstehen müsste. Gearbeitet hat er lange nicht mehr. Von dem Erbe hat er sich damals, als er volljährig wurde, die kleine Wohnung im übernächsten Ort gekauft. Von den Zinsen des üppigen Restbetrags kann er leben. Gerade so. Große Sprünge sind nicht drin, doch das stört ihn nicht. Er verlässt die Wohnung selten, verbringt den Tag vor dem Fernseher. Oder in Gedanken. Vor allem in Gedanken. Der Wecker klingelt trotzdem jeden Morgen. Er liebt Ordnung. Sie ist der Handlauf durch sein Leben. »Durch meine Existenz«, murmelt er, während das Wasser gurgelnd in das Waschbecken läuft. Ein Leben ist etwas anderes.

Er öffnet das Fenster. Kühle Luft drängt ins Badezimmer. Wenn er sich konzentriert, meint er das Rauschen der A4 zu hören. Er wäscht sein Gesicht, trocknet es an dem rauen Handtuch. Heute ist ein besonderer Tag.

Eigentlich sogar ein Feiertag, denkt er und verzieht einen Mundwinkel nach oben, streicht mit einer Handfläche das an den Schläfen ergrauende Haar glatt. Begierig sucht er im Spiegel nach einem Anzeichen von Freude in seinem Gesicht. Vergeblich. Also lässt er den Mundwinkel wieder sinken. »Dieser Tag ist sicherlich kein Feiertag.« Er führt jetzt immer öfter Selbstgespräche. Neulich ist es ihm aufgefallen, beim Ordnen des Bücherregals. Bei jedem Buch hat er sich selbst erzählt, wovon es handelt.

Geräusche auf der Straße lassen ihn aufhorchen. Eine Tür fällt ins Schloss. Kinderstimmen. Die Nachbarsfamilie im Aufbruch. Nun ist das Lächeln im Spiegel erkennbar. Es hat einen wehmütigen Zug. Mit beiden Händen umfasst er den Rand des Waschbeckens. Schaut tief in seine grünen Augen. Meint, die Leere in ihnen dumpf aufflackern zu sehen.

Während er sich die Zähne putzt, bleibt sein Blick im Nichts hängen. Dort erscheint vor seinem inneren Auge das Bild einer Lücke. Sie klafft zwischen zwei Häusern. Nur ein einziges Mal ist er in sein Dorf zurückgekehrt. Um die Lücke zu betrachten. Sie hat sich sofort in ihm eingebrannt. Früher stand an der Stelle ein Gebäude. Seine Mutter hat es »die Wirtschaft« genannt, obwohl alle anderen im Ort Kneipe oder Gaststätte dazu sagten. Aber so war Mutter. Hatte er gehofft, mit dem Verschwinden des Gebäudes werde sich auch die Erinnerung auflösen? Fehlanzeige.

Er geht vom Bad in das kleine Schlafzimmer. Auf dem ordentlich gemachten Bett liegen die Kleidungsstücke, die er anziehen wird. Sorgfältig aufgereiht, penibel gefaltet. Wie die Opfergaben auf einem Altar. Langsam beginnt er sich anzukleiden.

»Heute wird Abschied genommen.« Er weiß, dass er dem Gedächtnis freie Bahn lassen muss, um dies tun zu können. Er hat sich selbst überzeugt, dass es an der Zeit ist. Nachdenklich streift er eine Socke über. »Wo fange ich an?« Eine seiner ersten Erinnerungen ist schmerzhaft. Fast muss er auflachen, als habe er einen Witz gemacht. Schmerzhaft sind sie allesamt, die Erinnerungen. Doch er will bei der allerersten beginnen.

Er saß auf dem Rücksitz, in dem alten Ford, und hat geweint. Wegen etwas Belanglosem, da ist er sicher. Wie alt er wohl war? Vielleicht fünf. Vielleicht aber auch erst vier. Er erinnert sich, als sehe er eine Filmaufnahme – selbst der Kindersitz, in dem er saß, steht deutlich vor seinem inneren Auge. Eine schwarze Schale mit breitem Gurt, befestigt an einem glänzenden Metallgestell. Im Sommer hat das Metall, aufgeladen von der Sonne, immer seine Haut verbrannt, wenn er dagegenstieß. Jedenfalls hat Mutter sich über ihn geärgert. Über sein Weinen. Er sieht ihr rotes Gesicht, das sie ihm während der Fahrt zuwendet. Die blonden Haare schwangen hin und her, wie Vorhänge im Wind, während sie schimpfte. Er hört keine Geräusche in dieser Rückblende. Da sind nur Bilder, wie ein Stummfilm. Er ist dankbar für die Stille. Noch beim Einparken, vor dem Geschäft, schrie Mutter ihn mit weit aufgerissenem Mund an. Als er aus dem Wagen kletterte, schmetterte sie die Beifahrertür zu, Wut ins Gesicht gemeißelt. Er hatte es noch nicht geschafft, gänzlich auszusteigen. Seine Finger umklammerten den gelben Holm. Der Schmerz ist grausam. Daran erinnert er sich gut. Und daran, dass es ihr sofort leidgetan hat. Sie meinte, er hätte schneller aussteigen sollen, doch er weiß, dass es ihr leidgetan hat. Im Geschäft hat sie ihm ein Geschenk gekauft. Ein kleines weißes Schaf aus Plüsch. Er erinnert sich sogar noch, dass es fünf Mark gekostet hat. Mit seinen blutigen Fingern hat er es umklammert, das Schaf. Als sei es das Kostbarste auf der Welt.

Er schließt die Augen, zieht die andere Socke an. So viele Dinge kann er sehen, wenn er die Augen schließt. Viel zu viele Dinge. Also öffnet er die Augen wieder. Was keinen Unterschied macht. Er seufzt. Die Erinnerungen beherrschen ihn. Er kann ihnen nicht entkommen. »Doch heute will ich es versuchen, weiß Gott.«

Mutter war oft drüben. In der Gaststätte, die sie »Wirtschaft« nannte. Abends meistens, später auch tagsüber, als sie aushilfsweise dort – manchmal auch in der angeschlossenen Metzgerei – arbeitete. Mutter wurde dann zu einer anderen Person. Lebendig, fast fröhlich. Zu Hause hatte sie immer schlechte Laune. Schimpfte und jammerte. Darüber, dass sein Vater sich aus dem Staub gemacht hatte. Während ihrer Tiraden blickte sie ihn stets strafend an. Als sei es alles seine Schuld. Er hat lange geglaubt, dass es seine Schuld sei. Warum sonst sollte sein Vater verschwunden sein, wenn nicht seinetwegen?

»Nun stell dich mal nicht so an«, sagt er laut und steigt in die Hose. Wieder einmal imitiert er ihren Tonfall. Er kann sie gut imitieren. Vielleicht liegt es daran, dass er ihr äußerlich sehr ähnelt. Das Kinn. Die Augen. Der Mund. Manchmal ist es ihm beinahe so, als schaue Mutter ihn aus dem Spiegel heraus an. Dann erschrickt er. Es erwartet ihn die nächste Schelte. Der nächste Schlag. Wenn nichts kommt, ist er beinahe enttäuscht.

Sie war ein anderer Mensch, wenn sie sich in der Gaststätte aufhielt. Locker und gesellig. Korn hat sie dort gerne getrunken. Manchmal Wein. Immer nur so viel, dass sie es heim schaffte. Dann holte sie eine Flasche aus der Küche und trank weiter. Mit jedem Schluck sank ihre Laune, ebbte die Lockerheit ab. Wütend wurde sie. Auf Vater vor allem. Aber auch auf ihn. Manchmal kam sie in sein Zimmer, torkelte durch den Raum und schimpfte lautstark. Über das unaufgeräumte Zimmer. Seine dreckige Hose. Was ihr gerade so einfiel. Und dann legte sie ihn übers Knie. Wenn sie besonders wütend war, nahm sie statt der flachen Hand einen ihrer Holzpantoffeln zu Hilfe. Und danach weinte sie. Wenn die Wut verflogen war.

Ihr Weinen sehnte er immer herbei. Dafür ertrug er die Schläge. Wenn sie weinte, nahm sie ihn in den Arm. Beteuerte, dass alles besser werden würde. Er wusste, dass sie log, doch er glaubte ihr. Bis sie das nächste Mal betrunken nach Hause kam und in der Küche nach einer Flasche suchte. Dann krümmte er sich in seinem Bett und presste die Augenlider fest zusammen.

Das Hemd spannt ein wenig, und er zieht den Bauch ein, um es zuzuknöpfen. Nachher wird er sich sowieso noch einmal umziehen. »Bis dahin wird es reichen.« Nach einem Blick auf den Wecker setzt er sich auf die Bettkante. Ein paar Minuten hat er noch. Er denkt an Uwe.

Mutter hat Uwe in der Gaststätte kennengelernt. Als sie dort kellnerte. Einige Wochen später zog er bei ihnen zu Hause ein. Uwe war erst kurz zuvor wegen einer Arbeitsstelle, die er in Düren antrat, in ihr Dorf gekommen. Er war Schreiner. Sein Zimmer, das er irgendwo zur Untermiete genommen hatte, gab er schnell wieder auf. Wirkte lammfromm und weich wie Butterkäse. Hechelte um Mutter herum wie ein schwanzwedelnder Dackel. Bediente sie, trug ihr alles hinterher. Übernahm nach weniger als einer Woche für Mutter auch das Schlagen. Fortan musste sie nur in Rage geraten und ihn anbrüllen, da war Uwe gleich zur Stelle, um ihn zu versohlen. Diese Schmerzen waren ungleich schlimmer, obwohl Uwe immer nur mit der flachen Hand zuschlug. Doch den Schlägen folgte nun nicht länger die weinende Umarmung seiner Mutter. Die hoffnungsschwangere Lüge, dass alles besser werden würde. Es waren die Schläge eines Fremden, die er verspürte. Dies war der Moment, in dem sich etwas veränderte. In ihm wuchs der Hass. Wenn er sich in den Schlaf weinte, redete er sich ein, in Wahrheit das Kind einer anderen Familie zu sein.

Damals hatte er einen Freund, mit dem er reden konnte. Peter. Der blau-weiß gefiederte Wellensittich lebte in seinem Zimmer in einem Käfig mit einem hängenden Spiegel und einem klingenden Glöckchen. Peter hörte ihm immer zu, manchmal sprach er sogar mit ihm. Dank Peter hat er viel ertragen können.

Mit beiden Armen drückt er sich von der Bettkante empor und tritt ans Fenster. Unterwegs wischt er mit dem Hemdärmel Feuchtigkeit aus einem Augenwinkel. Mutter wusste genau, dass Peter sein Freund war.

Er weiß nicht mehr, wie lange Uwe bei ihnen wohnte. Irgendwann war er verschwunden, von einem Tag auf den anderen. Mit Mutter wurde es nach Uwes Verschwinden nur schlimmer. Sie trank noch mehr, ihre Wut wurde noch größer. Eines Nachts kam sie in sein Zimmer gestürmt und schlug wild um sich. Riss schwankend seine Spielsachen aus den Regalen, trampelte mit ihren hölzernen Pantoffelsohlen auf ihnen herum. Er weinte. Sie schrie ihn an, er solle mit dem Weinen aufhören. Er konnte nicht aufhören. Peter flatterte aufgeregt in seinem Käfig umher, stieß dabei immer wieder an das Glöckchen. Mutter schrie, das verdammte Federvieh solle damit aufhören. Es hörte nicht auf. Sie griff in den Käfig und drehte Peter den Hals um. Er kann das Geräusch des knackenden Genicks noch heute hören.

Er geht ins Wohnzimmer, zieht die Jacke über. Vor dem Vogelkäfig, einem größeren als früher, hält er inne. Er ist leer. Gestern hat er Peter begraben. Der wievielte Peter war es? Er kann es nicht sagen, hat irgendwann mit dem Zählen aufgehört. »Es war jedenfalls ein Zeichen.« Gestern hat er sich entschlossen, dass es so nicht weitergeht. Dieses Leben, das eine Existenz ist. Er hält es nicht mehr aus. Er greift zum Telefon, ruft ein Taxi. Lässt den Blick durch den Raum schweifen, ohne etwas zu sehen. Ein anderer Film läuft vor seinem inneren Auge ab.

Wenn Mutter in der Kneipe auf der anderen Straßenseite kellnerte, machte sie dort am frühen Nachmittag meist ein Nickerchen. Im ersten Stock, in einem der Gästezimmer. Er wusste, wie man ungesehen dort hinaufkam. Über eine Mülltonne und an einem Regenrohr hinauf. Dann durch das kaputte Flurfenster hinein ins Gebäude. Hinter einer Standuhr hat er sich im Flur verborgen, bis Mutter gähnend aus dem Gästezimmer trat und sich daranmachte, die Treppe hinunterzusteigen. Gezögert hat er, dann aber schoss die ganze angestaute Wut in seinen Bauch. Da ist er hervorgesprungen und hat sie gestoßen, so fest es ihm möglich war. Er kann das Geräusch des knackenden Genicks noch heute hören.

»Nach Kommern, bitte«, sagt er an den Taxifahrer gerichtet. Während der halbstündigen Fahrt bemüht er sich, an nichts zu denken. Es gelingt ihm erstaunlich gut. Nur einmal überlegt er, dass er Mutter doch hat von sich wegstoßen wollen, sie durch ihren Tod aber nur noch näher an ihn herangerückt ist. Vor dem Verwaltungsgebäude des Freilichtmuseums lässt er sich absetzen. Als der Fahrer ihn fragt, ob er auf ihn warten solle, verneint er. Er benötigt keine Rückfahrgelegenheit. Die Frau begrüßt ihn freundlich. Ihren Namen hat er vergessen, doch sie wirkt sympathisch. Sie haben gestern miteinander telefoniert. Erst war sie skeptisch, das konnte er aus ihrer Stimme heraushören, doch schließlich fand sie Gefallen an seinem Angebot, heute als Darsteller für einen Tag im Museum probezuarbeiten. *Gespielte Geschichte* nennen sie das.

Er erhält ein paar Kleidungsstücke, weite Schlaghosen und ein geblümtes Hemd. Aufgeregt zieht er sich um, dann folgt er der Frau auf das Museumsgelände. Er erkennt das Haus sofort. Er erinnert sich an die Lücke, die es zurückgelassen hat. »Wir haben die Gaststätte am Originalplatz abgebaut und hier wieder errichtet«, erklärt die Museumsmitarbeiterin mit Stolz in der Stimme. »Drei Jahre haben die Arbeiten gedauert.«

In der Kneipe sieht alles so aus, wie er es in Erinnerung hat. Selbst die Musikbox steht noch da. Fast meint er, seine Mutter in einer Ecke des Raumes auflachen zu hören. Manchmal ist er heimlich hinter ihr hergeschlichen, ist das Regenrohr hinaufgeklettert, auf Zehenspitzen die Treppe hinunter. Von einer Nische aus hat er sie dann beobachtet. Sie schien unerreichbar weit weg. Beinahe glücklich.

Er stellt sich hinter die Theke. Plötzlich ist die Aufregung verschwunden. Eine Gruppe von Besuchern betritt den Schankraum, schaut sich mit vielen »Ahs« und »Ohs« um. Die Leute erinnern sich an die alten Zeiten. Er tut dies ebenfalls, immerzu. Die Museumsmitarbeiterin nickt ihm auffordernd zu. Er wartet, bis er die Aufmerksamkeit der Leute hat. Ein Gefühl, das ihn an Befreiung erinnert, durchflutet ihn. Sein Blick sucht die Nische, in der er damals kauerte. Und Mutter in einer Ecke des Raumes auflachen hörte. Beinahe glücklich. »Ich muss etwas erzählen«, beginnt er seine Geschichte.

**Tatjana Kruse**

# DER GROSSE BLONDE MIT DER ROSA BAUCHTASCHE

Wenn hochgeheime Dokumente für exorbitant hohe Summen von einer Hand in die andere wechseln, dann an den Hotspots dieser Welt.

Das denken Sie doch, oder? Sofort taucht vor Ihrem inneren Auge eine Herrentoilette auf dem Flughafen *Charles de Gaulle* in Paris auf oder eine uneinsehbare Nische in einer Szenekneipe in Singapur. Ist aber falsch. Für eine Übergabe dieser Art eignet sich kein Ort besser als der Bahnhof Euskirchen an einem ganz normalen Mittwochmittag gegen 13 Uhr 30.

Sie stiegen zu zweit aus dem RE12.

John Aichison, mittelgroß, mittelalt, mittelbeige. Eine absolut unauffällige Erscheinung. Als hinterher Zeugen für die Vorfälle gesucht wurden, konnte sich niemand, wirklich niemand an ihn erinnern.

Auch nicht an Bob Stepford, Johns Klon. Ebenfalls mittelgroß, mittelalt, mittelbeige. Sie waren weder verwandt noch verschwägert, nur einfach in ihrer äußeren Erscheinung perfekt für ihren Top-Secret-Job geeignet.

Es wäre zu schön gewesen – also, mal rein optisch betrachtet –, wenn die beiden Männer Trenchcoats getragen hätten und die halbe Million in einem Aktenkoffer an Bobs Handgelenk angekettet gewesen wäre. Aber sie trugen wetterkonform Baumwollhemden zu hellen Cargohosen, und das Geld befand sich in dem Rucksack, den Bob geschultert hatte. Ein türkisfarbener Rucksack mit rotem Firmenlogo – laut Internet der meistverkaufte Rucksack der Welt. Deswegen würde es auch nicht auffallen, wenn sich zwei Männer mit dem gleichen Rucksack auf dem Bahnhofsgelände begegneten. Hatte der Mann getextet, mit dem sie hier verabredet waren.

John und Bob waren am Vormittag auf dem Flughafen Köln-Bonn gelandet. Wie ausgemacht, erreichte sie per Burner-Handy die Anweisung, sich zum Hauptbahnhof Köln zu begeben und in den RE12 in Richtung Euskirchen einzusteigen. Dort sollte vor dem Schienenersatzbus nach Gerolstein der Austausch der Rucksäcke erfolgen.

Was aber weder der geheime Geheimnisverräter noch John und Bob – man hätte sie zu gern Johnbob genannt, so ähnlich sahen sie sich in ihrer totalen Unauffälligkeit – bedacht hatten: Mittwochmittags gegen halb zwei tobte der Bär am Bahnhof Euskirchen. Allüberall Schulkinder, Pendler, Reisende, Anwohner und noch mehr Schulkinder.

Die Bahnstrecke in Richtung Trier war seit der schrecklichen Flutkatastrophe vor einem Jahr gesperrt – Bernd Mackedanz litt darunter, dass das Tief, dessen Regenmassen binnen 48 Stunden zum Hochwasserdesaster führten, so geheißen hatte wie er: Bernd. Der Bahnhof

Euskirchen knickte in den Stoßzeiten unter der exorbitanten Anzahl von Reisenden ein. Und leider war die Haltestelle für den Schienenersatzbus nicht wirklich gut sichtbar ausgeschildert. Nicht nur John und Bob fühlten sich auf der Suche nach dem Bus überfordert.

Bernd Mackedanz, Mitte vierzig und noch mit vollem Haupthaar, war nicht nur vom Sternzeichen her Jungfrau. Er gab seiner Mutter die Schuld. Seit dem Moment seiner Geburt raubte sie, die allgegenwärtige Überglucke, ihm die Luft zum Atmen. Ohne je wirklich an ihn zu glauben. Nichts, was er tat, war für sie gut genug. Gott sei Dank wohnte sie mittlerweile in einer Seniorenresidenz *Zur schattigen Pinie*.

Eine feste Beziehung hatte Bernd nie gehabt. Nur einmal, vor einem halben Jahr, lernte er in einer Bar ein junges Geschöpf kennen, das noch in derselben Nacht bei ihm einzog. Sie verlebten drei wunderbare Monate zusammen, ohne je miteinander zu *verkehren*. Elli war nämlich chronisch migränekrank. Dafür ließ sie sich mit Klamotten und Schminkzeug aus seiner Firma verwöhnen und brachte ihren Sugardaddy sogar dazu, ihr einen Mops zu kaufen – »Unser gemeinsames Baby!«, juchzte sie Bernd zu, als der Züchter ihr den winzigen Hechelzwerg in die Arme drückte –, aber irgendwann passte der Mops farblich nicht mehr zu ihrem Outfit oder zu was auch immer, jedenfalls zog sie von heute auf morgen bei Bernd aus und bei ihrem Pilates-Trainer ein. Mopswelpe Gucci ließ sie zurück.

Seitdem herrschte bei Bernd, wie schon vor Elli, beziehungstechnisch Dürre. Und zu allem Überfluss kündigte der Vorstandsvorsitzende an, vorzeitig in Rente gehen zu wollen. Sein Nachfolger hatte einen eigenen Assistenten und somit keine Verwendung für Bernd.

Nur noch drei Monate, dann würde er arbeitslos sein.

Keine Frau, keinen Job – nur eine Mutter und einen Mops. Manchmal gab es gute Gründe, warum ein unbescholtener Mann zum Verbrecher wurde ...

Frauen brauchen zu ihrem Haar-Glück zig Pflegeprodukte – Spezialshampoo, Haaröl, Conditioner, Haarmaske, Haarkur, Haarschaum –, Männer waschen sich die Haare mit dem Spülmittel, mit dem sonst *Villarriba* und *Villabajo* ihr Geschirr auf Hochglanz bringen und sind happy.

Das würde sich bald ändern. Der Konzern, in dem Bernd Mackedanz dem Vorstandsvorsitzenden assistierte, würde in Kürze ein Produkt lancieren, das die holde Weiblichkeit vom Prinzip »Weniger ist mehr« überzeugen sollte. Nur ein einziges Produkt für alle Haartypen und alle Pflegeansprüche – mit sensationeller Erfolgsgarantie: nie wieder *bad hair days*!

Die Formel für dieses Produkt befand sich auf zwei Computern, die besser geschützt waren als die Rechenanlagen der CIA ...

... und auf einem USB-Stick, der in diesem Moment in der rosa Bauchtasche von Bernd Mackedanz ruhte.

Bernd hatte alles minutiös geplant. In dem Gewimmel zur Mittagszeit würde der Austausch von Stick gegen Geld niemandem auffallen. Danach hieß es für ihn und Gucci: ab in die Südsee.

Als der Regionalexpress aus Köln in den Bahnhof einfuhr, zückte Bernd mit der Rechten sein Handy. In der

Linken hielt er Gucci. Aus dem süßen, schwarzen Mopswelpen war eine wunderhübsche Mopsdame mit entzückenden Knickohren und einem unwiderstehlichen Dauerhechellächeln geworden – die Liebe seines Lebens.

Leider reagierte Gucci hochgradig nervös auf die *Schabracke*, wie Bernd seine Mutter heimlich nannte. Als Mutti gestern unangekündigt zu Besuch kam, hatte Gucci – die ihre Nickerchen zu gern in Kuschelhöhlen machte und deswegen zusammengekringelt in Bernds Rucksack gelegen hatte – die Kontrolle über ihre Blase verloren. Und so stand Bernd jetzt nicht mit dem Rucksack am Bahnhof, sondern mit Ex-Ellis rosa Bauchtasche.

*Achtung, Planänderung: Die Übergabe erfolgt durch den großen Blonden mit der rosa Bauchtasche*, tippte er einhändig in sein Burner-Handy. Gerade wollte sein Daumen auf die Senden-Taste niedergehen, da wurde Bernd von Schulkindern angerempelt. Sein Handy knallte auf den Gehsteig und zerbarst in Dutzende Teile.

»Scheiße!«, fluchte Bernd.


Dass aus dem Rucksack eine Bauchtasche geworden war, erfuhren John und Bob daher nie.

Die beiden sahen sich um. Farbloses Bahnhofsgebäude, Bauzäune, eine vielbefahrene Straße gesäumt von Bushaltestellen. Der Bahnhof Euskirchen war keinesfalls hässlich, aber jetzt auch nicht gerade der Mister Universum unter den Bahnhöfen. Doch er war unleugbar das, was man von einem Bahnhof erwartete: funktionell. Und überall Menschen. Und noch mehr Menschen. Ein Wimmelbild aus Leibern.

John und Bob arbeiteten für einen internationalen

Kosmetikkonzern, der die halbe Million für diese neue Formel quasi aus der Portokasse zahlen konnte.

Eine solch kriminelle Geheimoperation hatte Euskirchen seit der Erstbesiedelung vor etwa 5000 Jahren noch nicht erlebt, und der Bahnhof Euskirchen – wiewohl ein Knotenpunkt im regionalen Nahverkehr – in seiner fast 200-jährigen Geschichte auch nicht. Das Schlimmste, was sich hier ereignete, waren Teenager, die sich nächtens alkoholisierten und Tags sprayten.

John und Bob stiegen die Stufen von Gleis 1 zum Vorplatz hinunter.

Was sie nicht wussten: Schon seit Köln wurden sie verfolgt. Von einer Gestalt, die es an Unauffälligkeit sofort mit ihnen aufnehmen konnte. Ein freiberuflicher »Problemlöser«, deutlich gnadenloser und krimineller. Angeheuert vom Vorstandsvorsitzenden des Konzerns, dem Bernd die letzten zwanzig Jahre seines Lebens gewidmet hatte. Weil Bernd nämlich vieles war – ein effizienter Assistent, ein kreativer Hobbykoch, ein beliebtes Mitglied seines Karnevalsvereins –, aber eines war er nicht: ein guter Spion. Eine Überwachungskamera hatte aufgezeichnet, wie er die geheimen Daten auf den USB-Stick zog.

Es wurde beschlossen, die Sache »intern« zu regeln. Also, nicht wirklich intern, aber eben ohne Polizei und definitiv ohne Öffentlichkeit. JohnBobs Konzern war in Insiderkreisen berüchtigt für illegale Ankäufe und die Gesichter von John und Bob hinreichend bekannt. Der Vorstandsvorsitzende musste dem »Problemlöser« quasi nur noch ein »Kill!« zuraunen.

»Look, there!«, sagte Bob in diesem Moment und zeigefingerte auf einen jungen Mann mit türkisfarbenem

Rucksack. Er war nicht wirklich blond, eher mausbraun, aber er war groß.

John und Bob schlängelten sich durch die Menschenleiber und überquerten die Straße.

»Ogottogottogott«, jammerte Bernd leise in sich hinein. »Was mache ich denn jetzt?«

Gucci spürte seinen Schmerz und schleckte ihm die Wange.

Bernd bückte sich abrupt, um zu sehen, ob sich nicht doch noch was vom Handy retten ließ. Dabei fiel ihm die platinblonde Perücke vom Kopf. Er war ja nicht wirklich blond, sondern lockigschwarz. Aber in blond, mit Netzhemd und kurzen Bikershorts, würde ihn niemand erkennen. Bernd Mackedanz kannte man ausnahmslos nur in Anzug und Krawatte.

Hätte Bernd sich in diesem Moment nicht gebückt, wäre er jetzt tot. Der »Problemlöser« hatte sein als E-Zigarette getarntes Blasrohr angesetzt und gepustet. Der Giftpfeil steckte gleich darauf statt in Bernd in einem Wahlplakat an der Hauswand.

Bernd richtete sich wieder auf und fluchte. Das Handy war eindeutig tot. Aber dann fiel ihm ein, dass er ja nur nach einem türkisfarbenen Rucksack Ausschau halten musste. Und den würde er sich nur *ausleihen*, um der vereinbarte große Blonde mit dem türkisfarbenen Rucksack zu sein.

Und er sah auch sofort einen. Schräg gegenüber, auf der anderen Straßenseite. Bernd lief los.

Der Problemlöser pfriemelte einen neuen Pfeil in sein Zigarettenblasrohr. Er sollte um jeden Preis die Übergabe verhindern. Um jeden Preis. Darum hatte er quasi genug Giftpfeile für ganz Euskirchen dabei.

In der Straßenmitte stieß Bernd mit Bob zusammen.

Da Bernd nicht mehr blond war und keinen Rucksack trug, erkannte Bob ihn natürlich nicht. Bernd hätte seinerseits Bobs Rucksack erkennen können, aber man sieht ja immer nur das, was man sehen will, und Bernd sah eben den Rucksackträger auf der anderen Straßenseite.

»'tschuldigung«, sagte Bernd.

»Sorry«, sagte Bob.

Ein Auto hupte.

Der Problemlöser sah auf.

Neben ihm klopfte Bob gleich darauf dem großen Rucksackträger mit dem mausbraunen Haar auf die Schulter. Abiturient Kilian Schmitz sah ihn nur verständnislos an. »Ja?«

Der Problemlöser setzte die Blasrohr-Zigarette an. Er war flexibel. Fing er eben mit Bob an und nahm sich Bernd zum Dessert vor.

Er blies die Wangen auf.

Doch kaum hatte er den Pfeil abgeschossen, schlug ihm jemand mit einer eingerollten Zeitung von vorn auf die E-Zigarette, die sich daraufhin in seinen Rachen bohrte. Das tat höllisch weh, aber langfristige Folgen hätte das nicht gehabt.

Das Messer in seinem Bauch dagegen schon. Es durchtrennte die Aorta. Er ging in die Knie.

John schob die Zeitung unter seine Achsel und »half« dem Problemlöser in eine sitzende Position an der

Hauswand. »Kreislauf«, rief er den Vorübergehenden zu, aber die hatten sowieso kein Interesse. Es galt, Busse und Züge zu erreichen.

Abiturient Kilian Schmitz reagierte auf Bobs Versuch, ihm den Rucksack von der Schulter zu ziehen, ebenso empört wie auf der anderen Straßenseite Lokführer Hannes Müller auf Bernds Versuch, ihm etwas Kleines, Längliches aus seiner Bauchtasche in die Hand zu drücken.

Es ist ja ein Irrglaube, dass Gifte unverzüglich wirken.

Bob hatte anfangs nur das Gefühl, es hätte ihn etwas gestochen. Die Stelle an seinem Hals juckte und schwoll an.

John, der wusste, dass Bobs Ende nicht mehr in weiter Ferne war, sondern in absehbarer Kürze eintreten würde, nahm seinem Kollegen den Rucksack ab und entschuldigte sich zeitgleich bei dem immer noch empörten Kilian Schmitz.

Mit einem knappen »Come on!« zog er Bob auf die andere Straßenseite und setzte ihn auf die Stufen der Treppe zum Eingang des Bahnhofsgebäudes.

Bob hatte da schon glasige Augen.

John richtete sich auf und sah sich um. Sein geschultes Auge entdeckte den großen Mann mit dem Mops, der von einem untersetzten Glatzkopf mit türkisfarbenem Rucksack weggescheucht wurde. Der Mopsmann hatte schwarze Locken, aber John ahnte, was in dessen rosa Bauchtasche zu finden sein würde. Er ging auf ihn zu.

»'tschuldigung!«, rief Bernd dem Rücken des haarlosen Lokführers hinterher.

Das war ja vielleicht peinlich. Aber da entdeckte er auch schon einen weiteren türkisfarbenen Rucksack. Auf der anderen Straßenseite.

Nun muss man wissen, dass es durchaus einen offiziellen Zebrastreifen gab, auf dem man die zu diesem Zeitpunkt vielbefahrene Oststraße vor dem Bahnhof unversehrt überqueren konnte. Aber das interessierte einen wie Bernd, der gleich um eine halbe Million reicher sein würde, natürlich nicht.

Er lief einfach los, auf Abiturient Kilian Schmitz zu, der – umgeben von einem Pulk anderer Teenager – immer noch auf den Schienenersatzbus nach Kall wartete.

Was Bernd nicht sah: John spurtete hinter ihm her.

Was John nicht sah: den etwas zu schnellen Diesel-Transporter eines Lieferdienstes.

John hob vom Boden ab, segelte ein paar Meter durch die Luft und kam äußerst ungünstig mit dem Kopf voran auf dem Asphalt auf. Dabei löste sich der Rucksack von seiner Schulter und kullerte seitwärts zur Bahnhofstraße.

Der Schrei aus einer Frauenkehle, den man vom Bahnhofseingang hörte, galt aber nicht dem Verkehrsopfer John, sondern dem mittlerweile verblichenen Bob, dessen Leichnam von den Stufen gerollt war.

»Lassen Sie das!«, rief Abiturient Kilian Schmitz Bernd zu, der an seinem Rucksack ruckelte. Da ertönten Sirenen. Polizei und Rettungsdienste eilten herbei.

Erfahrene Kriminelle hätten in diesem Tohuwabohu zweifelsohne die Ruhe bewahrt. Es womöglich sogar begrüßt, dass alle Augen auf die drei Leichen (ja, jemand hatte den Problemlöser entdeckt) gerichtet waren.

Hätte die Situation ausgenutzt, um sich den Rucksack mit Gewalt zu schnappen und unterzutauchen.

Nicht so Bernd Mackedanz. Er hätte den Teenager schon niederschlagen müssen, um sich dessen Rucksack zu krallen, und das hätte Gucci traumatisiert. Außerdem betrieb er keinen Sport. Wenn er davonrannte, holten ihn auch Weinbergschnecken ein.

Bernd wusste, wann er sich geschlagen geben musste. Er verabschiedete sich seufzend von seinen Südseeträumen, presste die hechelnde Gucci an seine Brust und machte sich vom Acker. Will heißen, vom Bahnhofsvorplatz.

P. S.: Der Rucksack mit der halben Million wurde zwei Stunden später von Putzfrau Silke Gräf aus Kleinbüllesheim gefunden, die sich daraufhin eine Eigentumswohnung und eine Busreise an die Riviera leistete.

**Carsten Berg**

# DEADLINE FÜR METTERNICH

*»Man sagt,
wenn du jemanden triffst,
der genauso aussieht wie du,
ist das dein Tod.«*

Es ist nicht leicht, einem Wagen in der Nacht zu folgen. Jedenfalls nicht, wenn der vorne nichts merken darf.

Was, zum Teufel, treibt einen Autor nachts aus dem warmen Bett? Raus in die Novembernacht. Drei Grad. Unter null. Um halb drei war der plötzlich mit wehendem Mantel, dem Bart wie d'Artagnan, mit der intellektuellen schwarzen Hornbrille und wallendem weißem Haar unter dem schiefen, schwarzen Barrett aus dem Gartentor geschossen, das leuchtende Smartphone wie eine Monstranz vor sich haltend. Er hatte dann etwas gebraucht, bis er sein Schätzchen aufgeschlossen hatte, dann tauchte er darin ab.

Libuda stellte die Thermoskanne beiseite und schnallte sich an, da flammten auch schon die länglichen Augen der Katze auf. Ein Jaguar E-Type. Mindestens 50 Jahre alt. Kurz drauf schaukelte die Aachener Nummer mit dem »H« am Ende an seinem alten Volvo vorbei, und Libuda tauchte wieder von unten auf und startete ebenfalls. Versuchte er jedenfalls. Er drehte den Zündschlüssel, doch der Anlasser seines *P1800 ES* blieb stumm. »Bitte keine Eifersuchtsdramen, nur weil ich einem Jaguar nachschaue, Schneewittchen«, murmelte er und streichelte sacht über das Lenkrad. Und er drehte noch einmal. Diesmal mit Erfolg.

Dann nahm er die Verfolgung auf. Ohne Licht, denn die Kaiserstadt konnte sich noch ein paar Straßenlaternen leisten. Und die waren auch bitter nötig bei dem Nebel, der alles erdrückte. Das musste in der Tat ein verlockendes Ziel sein, dem der Autor entgegenstrebte. Immerhin hatte er sehr erfolgreich ein paar Bücher veröffentlicht, Kriminalromane. Und er galt als Förderer junger Autoren. Man munkelte speziell AutorINNEN. Das alles offenbar derart erfolgreich, dass er ein Haus am Lousberg, einen Jaguar E-Type und einiges mehr sein Eigen nannte. Aber er hatte wohl auch geerbt, so hatte Libuda recherchiert. Auch seine Gattin machte etwas her, hatte sogar ein »von« mit in die Ehe gebracht und eine gehörige Portion Eifersucht.

»Karl meint ja, ich bekomme nichts mehr mit, seit ich in den Wechseljahren bin.« Sie hatte Libuda einen lasziven Blick zugeworfen, als sie ihn in den Auftrag einweihte. »Ich kann nachts nicht mehr schlafen«, erläuterte sie, »und muss deshalb Tabletten nehmen, die mich leider für einige Stunden vollkommen abmelden. Und ich bin sicher, das nutzt er schamlos aus.«

Libuda hatte sie fragend angesehen.

»Sie werden sehen. Ich habe recht. Frauen spüren so etwas.«

Das erste Honorar, mit sattem Nachtzuschlag, für die Beschattung der Zielperson Karl Kant hatte alle Zweifel erstickt, und Libuda hatte galant ihre Hand geküsst, was sie tatsächlich hatte erröten lassen.

Der Autor kurvte zielstrebig durch Aachen, Libuda mit riesigem Abstand und ohne Licht hinterher. Offenbar waren sie die Einzigen, die mitten in der Woche eine Mission hatten, kein Fahrzeug begegnete ihnen, kein Licht kreuzte ihren Weg, und Libuda ließ den Vorsprung der Katze wachsen und schaute kurz in den Rückspiegel, wo er ein milchiges Licht im Nebel wahrnahm. Mit einem Mal war der Jaguar weg ... Libuda hatte den richtigen Abzweig verpasst. *Wie im richtigen Leben ...* Was sollte das jetzt wieder? Er trat wütend auf die Bremse, der alte Volvo ging in die Knie und ächzte. Libuda sah nach hinten. Nichts. Libuda haute den Rückwärtsgang rein und setzte zurück. Rechts, weit weg, verschwanden gerade die Lichter seines Zielobjekts. Libuda schnaufte, haute den ersten Gang rein und wurde wieder zum Schatten des Jaguars ... Wo zum Teufel wollte der hin?

Libuda schaltete wieder die Scheinwerfer ein, als sie auf die Autobahn einbogen. Bis zum Autobahnkreuz blieb ein betagter Ford zwischen ihnen, fuhr dann aber Richtung Düsseldorf, während es den Autor gen Köln zog. Er überholte gemächlich einen schwarzen Kombi, und Libuda folgte, mit dem vorhanggeschmückten Fenster eines französischen Leichenwagens vor Augen, weiter seinem Auftrag. *Sein Auftrag, seine Mission ... wel-*

*che war das im richtigen Leben?* Libuda seufzte und kramte nach den Zigaretten. *Mon Dieu!* Wo wollte der nur hin? Blau erstrahlten die Hinweistafeln für die nächste Abfahrt ... Bitte nicht nach Düren! Der wird doch nicht mitten in der Nacht für eine Affäre nach Düren fahren ... Nein, tat er nicht, er fuhr weiter. Immerhin. Aber wohin?

Immer den roten Rücklichtern nach. Koblenz, Weilerswist, Brühl ... kam jetzt etwa *Phantasialand by night*?

Karl Kant entschied sich für die Abfahrt Weilerswist. Rechts runter ... Libuda ging auf Distanz, löschte sogar das Licht, als er auf die Bundesstraße kam, flaches Land, so weit er das erkennen konnte, ein paar Kurven, ein Kreisverkehr ... Ein gelbes Ortsschild kündigte Metternich an. *Shit!* Beinahe fuhr er auf den Jaguar auf. Libuda musste dringend auf Abstand gehen. Er bremste hart ab und ließ die Rücklichter hinter einer Kurve verschwinden. Die Straße schlängelte sich an alten Höfen vorbei, Libuda staunte über altes Fachwerk, das mit einem Mal im Scheinwerferlicht weiß aufleuchtete. Er kniff die Augen zusammen, trat auf die Bremse, und als er die Augen wieder öffnete, tauchte linker Hand plötzlich ein großes grünes Hoftor. Die Rücklichter des Jaguars aber blieben weg. Wie von der Bildfläche verschwunden. Libuda schlich mit seinem Volvo am Tor und dem dazugehörigen Mauerwerk vorbei, die Straße runter, rechts zeigte ein Schild zum Friedhof, da huschte der Autor plötzlich mit wehendem weißem Haar und leuchtendem Handy vorneweg um die Ecke und verschwand auch schon wieder in Libudas Rückspiegel. Er musste jetzt erst mal den Volvo loswerden.

Libuda stieg etwas steifbeinig aus und betrat die düstere Straße. Keine Menschenseele zu sehen. Da berührte etwas sein Bein. Libuda stockte kurz der Atem, da schnurrte ihn eine schneeweiße Katze an. Er bückte sich und kraulte sie vorsichtig, sah sich dabei um. Nichts regte sich in Metternich. Da stolzierte die Katze Richtung Tor. Libuda entdeckte im Vorbeigehen drei Metalltafeln, die an der Backsteinmauer angebracht waren. *Kulturhof Velbrück* ... Als er wieder nach unten sah, war die Katze verschwunden. Wie der Autor. Libuda schloss kurz die Augen, ging unmerklich in die Knie und atmete, während er die Arme öffnete, drei Mal tief in den Bauch. Dann versuchte er sein Glück am Tor. Verschlossen. Er sah nach hinten zu dem düsteren Fachwerkhaus, da knarrte ganz sacht die kleine grüne Pforte neben dem Tor ... eine Einladung? Eine Falle? Libuda atmete lautlos aus, ging leicht seitlich in die Hocke, öffnete die Tür einen Spalt und schob sich, die Linke schützend in Kopfhöhe haltend, hindurch in die Dunkelheit.

Zu seiner Rechten vermutete er eine Mauer aus Backsteinen, die hoch aufragte und im Nachthimmel verschwand. Libuda tastete sich um die Ecke, immer die eisigen Steine im Rücken. Er hätte jetzt gerne Licht gemacht, aber dann hätte er genauso gut mit einer Fanfare seine Ankunft bekannt geben können. Aber wem denn eigentlich? Von seiner Zielperson keine Spur. Wer wusste schon, wer sonst noch hier rumspukte?

Ein sanftes Miauen lenkte seinen Blick nach oben. Schneeweißchen funkelte mit gelben Augen von einem Podest herunter, zu dem an der Wand entlang eine Treppe führte. Libuda schlich vorsichtig die Stufen hinauf und konnte doch nicht verhindern, dass es knarrte. Oben angekommen, stand er vor einer Tür, die in der Düsternis grünlich grau schien. Eine Stange lief quer darüber. Er zog vorsichtig daran. Verriegelt. Er legte ein Ohr an die Tür.

»WO IST MEINE FRAU?« Eine Männerstimme. »Elvira hat mich angerufen. Und hier bin ich.« Zweifelsohne der Autor, Karl der Große, aber selbst durch die Tür spürte Libuda, dass dessen Selbstsicherheit nur noch an einem dünnen Faden hing.

»Wer sind Sie?« Beinahe kläglich. »WAS SOLL DAS?« Gefolgt von einem dumpfen Geräusch. Dann vollkommene Stille. Kein Mucks. Was ging da vor? Das musste eine seltsame Affäre sein. Ein Rollenspiel gar? Ein Detektiv muss Fotos vom Seitensprung machen. Das ist sein Auftrag. Er sah sich um, aber da war kein Fenster, das ihm Einblick gewährt hätte.

Sein Blick hing noch an dem fahlen Licht, das sich unten in dem Teich spiegelte, da krachte es neben ihm, und die Tür riss auf und klatschte Libuda an die Wand. Er konnte sich gerade noch halten, sonst wäre er die drei Meter vom Podest runter auf den gepflasterten Hof gestürzt. Er klemmte noch hinter der Tür, da stürzte Kant in einem Tempo die Treppe runter, das er dem Autor gar nicht mehr zugetraut hätte. Aber schon verschwand er mit wehendem weißem Haar unter dem Barrett in die bislang unbekannte Seite des Hofes.

Libuda musste seiner Zielperson hinterher, koste es, was es wolle, auch wenn er gerade umgeknickt war. Er humpelte die steile Treppe hinunter und sah den Haarschopf hinten an einer Mauer entlanghetzen. Und mit einem Mal verschwinden. Libuda biss sich auf die Zähne und versuchte dranzubleiben, da rutschte er in einem schlammigen Loch auf der Wiese aus, und als er sich wieder aufrappelte, sah er weit weg den Autor, er schien ihn anzugrinsen. Dann stand mit einem Mal etwas Riesiges vor ihm. Eigentlich über ihm. Und es schmatzte und glotzte ihn an, wie nur Rinder glotzen können. Dieses allerdings hatte meterlange Hörner und zottiges Fell bis auf den Boden und schien aus grauer Vorzeit entsprungen. Zum Glück war es friedlich, leckte nur einmal über Libudas Gesicht und drehte dann ab. Er atmete tief aus, richtete sich vorsichtig auf, das schottische Longhorn grunzte. Vom Autor aber keine Spur mehr. Libuda stapfte weiter, ein asphaltierter Weg kreuzte, der an einem Bach entlangführte. Er sah nach links. Nach rechts. Niemand. *Allein in Metternich.* In der Ferne hörte er ein Fahrzeug.

Er ging zurück. Der Jaguar stand noch immer neben dem Hof auf dem Parkplatz.

Ratlos schlurfte Libuda weiter, die Kälte der Nacht kroch ihm die Beine hoch. Immerhin lugte ein Teil von einem winzigen Mond durch die Wolkenmassive, als er erneut durch die kleine Pforte in den Hof trat. Was sollte er hier noch tun? Der Auftrag lief aus dem Ruder. Der Autor hatte ihn abgehängt. Da hörte er ein leises Knurren. Er riss den Kopf herum und sah die Katze, die gerade oben auf der Treppe auf dem Podest verschwand.

Libuda schlich die Treppe hinterher, die wieder knarrte. Oben erwartete ihn wieder die Tür, die nun weit geöffnet war. Als Libuda vorsichtig eintrat, empfing ihn vollkommene Schwärze. Er hielt den Atem an. Kein

Laut. Dann das leichte Knarren einer Diele, als er sein Gewicht verlagerte.

»Hallo?«, krächzte er, räusperte sich, als sei er bei etwas ertappt worden, und holte sein Handy aus der Jacke. Er ließ den schwachen Lichtschein den Raum ertasten, der riesig und fast leer war. Am anderen Ende stand etwas an der Wand vor einem Fenster. Libuda schlich hinüber und erkannte ein Bett. Und darauf lag jemand. Ein Mensch. Auf dem Bauch. Im Mantel. Weiße Haare. Etwas ragte aus dem Rücken heraus. Rings herum ein dunkler Kreis auf dem hellen Stoff.

»Hallo?«, krächzte Libuda erneut. Seine Hände verharrten über den Schultern des Autors. Sollte er ihn wirklich umdrehen? Er hielt erneut den Atem an. Witterte. Kein Laut. Er fixierte den Rücken mit dem Messer, das sich beim Atmen hätte heben müssen ... Tat es aber nicht.

*Merde!* Der war mausetot!

Und er hatte keinen Schimmer, wie das möglich war. Karl Kant war doch eben vor ihm die Treppe heruntergerannt. Wer war da geflohen? Vor ihm drehte sich alles ... was sollte er tun? Sein Auftrag war komplett havariert. Statt einer Affäre hatte er nun eine Leiche. Und er hatte tatenlos zugesehen. Wirklich gesehen hatte er zwar nichts, aber gewartet hatte er, direkt vor der Tür, während jemand den Autor abstach ...

Er musste die Polizei anrufen. Ein Krankenwagen brachte ja wohl nichts mehr. Dafür musste man kein Mediziner sein.

Da hörte er plötzlich Sirenen. Sie kamen rasch näher. Die Hölle brach los, und durch den Spalt der Tür blitzte blaues Licht. Libuda wollte ihnen entgegenkommen, da wurde auch schon die Tür aufgerissen und grelles Licht blendete ihn.

»STEHEN BLEIBEN! Die Hände nach oben! Ganz langsam!« Er hörte schwere Schritte auf sich zukommen.

»Ich wollte Sie grade anrufen ...«

»Natürlich.«

»Wirklich. Ich bin Detektiv und ...«

»Ein Detektiv! Ist ja wie im Kino. Ich wollte immer mal einen echten Detektiv kennenlernen.« Libuda hörte wütendes Schnauben. Dann packte jemand hart seine Arme.

»Komisch, er hat gar keinen Trenchcoat an.« Jemand tastete ihn ab. »Und auch keine Knarre. Aber Sie arbeiten wohl lieber mit Stichwaffen.«

»Ich glaube, seine Frau wurde entführt, darum kam er hierher.«

»Das hat er Ihnen erzählt?«

»Nein. Ich habe etwas durch die Tür gehört... Er hat mit jemandem gesprochen.«

»Und das Entführungsopfer ist weg – und er dafür tot. Klingt irgendwie unlogisch, oder?«

\* \* \*

Libuda hatte den Fall mal wieder gelöst. Auf seine Art. Aber im Grunde saß er mal wieder fürchterlich in der Klemme.

Zufrieden schrieb Charles W. Arning das letzte Wort unter die Story:

ENDE

Er atmete tief aus und musste sofort husten. Da tauchte eine Tasse vor seiner triefenden Nase auf.

»Trink das. Es wird dir guttun.«

Widerspruch war zwecklos, das hatte er in ihrer jungen Ehe gelernt.

»Verdammte Deadline!«, stöhnte er und nahm den ersten Schluck, an dem er sich direkt die Zunge verbrannte. »Das ist aber bitter.«

»Aber es hilft!«

Seufzend nahm er noch einen großen Schluck, als es ihn fast vom Stuhl haute, so schwindelig wurde ihm. Er hielt sich am Schreibtisch fest. Die Schrift am Laptop verschwamm vor seinen Augen. Da erwischte ihn ein eiskalter Luftzug, und er drehte sich mühsam zur Seite. Dort stand mit einem Mal eine andere Frau.

»Wer ist das?«

»Du kennst sie nicht mehr?« Der Blick, mit dem ihn seine Frau ansah, ließ ihn erzittern. »Dabei hat Nicola dich doch bei deiner letzten Schreibblockade gerettet.«

Der Name versetzte ihm einen Schlag, und sein Magen begann zu krampfen. Arning wollte aufstehen. Zumindest etwas erklären. Alles erklären.

»Es war ihr Plot, mit dem du im Kulturhof Velbrück den Preis gewonnen hast.«

Der Autor traute sich nicht, der jungen Frau in die Augen zu sehen, obwohl diese nur Zentimeter vor ihm lauerten.

»Aber wer glaubt schon einer Jungautorin, wenn der Großmeister, ihr Förderer, auf der anderen Seite steht? So waren doch deine Worte«, zischte sie.

Arning öffnete den Mund, aber seine Zunge lag wie eine fette tote Schnecke darin.

»Jetzt fehlen dir wohl die Worte?«

»*Adieu, mon chéri.*« Das Gesicht seiner Frau tauchte wie aus einem Nebel auf. »Ach ja, wie lautete noch dein kitschiges Motto für unsere Hochzeit?«

Er saß da. Mit Blei ausgegossen.

»Die beste Zeit, seine Träume zu leben, ist jetzt. Und das machen Nicola und ich – jetzt.«

**Andrea Revers**

# WECHSELBÄDER

**Tag eins**

Wir sind heute angekommen. Michael hat sich hier in Bad Münstereifel für einen Kurlaub angemeldet. Eifel – ich hätte mir ja lieber was Mondäneres gewünscht, Sylt oder so, aber Michael wollte in der Nähe der Firma bleiben. Dabei soll er sich doch ausruhen. Seit Monaten quält er sich mit einem drohenden Burn-out herum. Ich hoffe wirklich, dass die Kneippkur bei ihm Wirkung zeigt. Seine Wechsel zwischen emotionalen Ausbrüchen und Depressionen sind kaum noch auszuhalten.

Das Hotel, in dem wir untergekommen sind, ist wirklich süß, direkt an einem Flüsschen gelegen. Keine Ahnung, wie der heißt. Eigentlich wollte ich Michael zuerst gar nicht begleiten, aber er hat so gebettelt. Manchmal hat er echt Panikattacken.

Ich werde mich wahrscheinlich zu Tode langweilen. Gott sei Dank gibt's hier auch ein paar schöne Geschäfte.

**Tag zwei**
Michael war heute beim Badearzt und hat sich einige Anwendungen verschreiben lassen. Da er Privatpatient ist, wird das richtig stressig für ihn. Die haben das volle Programm durchgezogen: zweimal am Tag Tretbecken, Achtsamkeitstraining, geführte Wanderungen, Reiki, sogar Kunsttherapie – alles Mögliche. Michael hat sich natürlich darauf eingelassen. Er will ja möglichst fix wieder fit werden. Burn-out ist in seiner Lebensplanung nicht vorgesehen. Der Arzt hat gemeint, er solle es langsam angehen lassen. Macht er sicher nicht.

Für mich wäre das nix. Aber ich mach's mir hier nett, koste es, was es wolle.

**Tag drei**
Michael steht morgens in aller Herrgottsfrühe auf, um Wasser zu treten. Er hat gefragt, ob ich mitkommen will, aber das kommt gar nicht infrage. Ich werde mich heute mal ein bisschen in der Stadt umsehen. Es ist wirklich heimelig hier, mit der Burg, der alten Stadtmauer und den zahlreichen Fachwerkhäusern. Selbst das rote Rathaus ist schön und nicht so ein praktischer Zweckbau. Trotzdem – ich bekomme Michael eigentlich nur zu den Mahlzeiten zu Gesicht. Irgendwie fühle ich mich überflüssig. Ich werde heute Nachmittag zum Friseur gehen. Das wird mich aufmuntern.

**Tag vier**
Habe mir gestern ein ganz bezauberndes Ensemble gekauft. Die Geschäfte sind wirklich hübsch. Hier gibt es viele Outletstores, aber auch ein paar nette alte Geschäf-

te. Überhaupt ist das Städtchen ganz reizend – Eisdielen, Cafés, Restaurants. Ich habe bestimmt schon zwei Kilo zugenommen.

Michael tun die Anwendungen anscheinend ganz gut. Er hat mir Fotos von einem selbst gemalten Bild gezeigt. Soll wohl ein Baum sein, der seine Äste hängen lässt. Okay, das hätte ein Sechsjähriger wahrscheinlich besser hingekriegt, aber Hauptsache, es macht ihn glücklich.

Heute ist Sonntag, wir gehen gleich eine Runde bummeln.

**Tag fünf**
Inzwischen habe ich alle Geschäfte durch. Michael hat gefragt, ob ich nicht mal mit ihm wandern will, so durch Wald und Feld. Wandern! Ich hab überhaupt keine Schuhe für so was. Nee, da soll er mal alleine durch. Irgendwas muss er ja gegen seinen Burn-out tun.

Vielleicht hole ich mir in der Buchhandlung was zum Lesen. Hier soll es Eifelkrimis geben. Aber Mord und Totschlag? Ich weiß nicht. Michael hat vorgeschlagen, dass ich mal die Burg besichtige. Oder die Kalkbrennerei in Iversheim. Wäre jetzt UNESCO-Welterbe. Als ob mich so was interessieren würde. Ach, ich wünschte, ich wäre in Köln geblieben.

**Tag sechs**
War gestern tatsächlich auf der Burg. Aussicht! Sonst nichts. Das Café hatte zu. Damit ist mein Bedarf an Kultur endgültig gedeckt. Ich kann nicht verstehen, dass hier Leute mit einem Wanderführer in der Hand durch

die Stadt streifen und nach Sehenswürdigkeiten Ausschau halten. Haben die sonst kein Leben?

Habe mir danach ein großes Eis gegönnt und anschließend drei Cocktails an der Hotelbar. Irgend so ein Jungspund hinter der Theke, der keine Ahnung von nichts hatte. Habe ihm erklärt, wie eine Bloody Mary geht. Was ist nur aus der Jugend geworden?

Michael kam erst spät. Die Kunsttherapie hat anscheinend länger gedauert. Der Pinsel war noch nicht trocken! Zum Abendessen wollte er was ohne Fleisch. Ich erkenne meinen Mann kaum wieder.

**Tag sieben**
Ich könnte schreien! Was findet dieser Mann an diesen ganzen Anwendungen? Von morgens bis abends liegen die irgendwie rum, atmen tief, malen irgendwelche merkwürdigen Bilder – und das soll helfen? Okay, es scheint ihm gut zu tun, aber ist es das wert, wenn man gleichzeitig zum Weichei mutiert? Ich frage mich, ob er nicht einen Kurschatten gefunden hat. Aber nicht mit mir! Wenn er glaubt, er könne mich gegen was Jüngeres eintauschen, wird er sein blaues Wunder erleben. Ich kenne doch meine Geschlechtsgenossinnen. Bei so einem Typen wie Michael – gut situiert, erfolgsverwöhnt und mal abgesehen vom Bauchansatz auch ganz präsentabel –, da steht denen doch der Sabber im Hals, Burn-out hin oder her.

Jetzt ist Michael wieder zu seinen Wechselbädern. Ich lasse mir die Nägel machen. Irgendwas mit Glitzer! Ich hatte noch nie eine Nagelverlängerung. Vielleicht auch noch direkt eine Pediküre? Mal sehen.

**Tag acht**
So langsam fällt mir hier die Decke auf den Kopf. Michael drängt mich immer, dass ich doch mal mit ihm in die Tretbecken reingehe, dieses Wassertreten täte so gut. Das könnte mir auch nicht schaden. Ich weiß gar nicht, was das soll – *Könnte mir auch nix schaden* ... Wer ist denn krank? Er oder ich? Das Gespräch hat mich so frustriert, dass ich ihn angefaucht habe, er soll mich endlich mit seinen blöden Vorschlägen in Ruhe lassen. Und dann lächelt er die ganze Zeit so weggetreten. Als wäre er unter Drogen. Dabei nimmt er überhaupt keine Medikamente. Behauptet er zumindest. Das wäre nur die gute Luft. Ha!

**Tag neun**
Inzwischen geht mir Michael echt auf den Zeiger. Als ich ihn gestern gebeten habe, seine Socken wegzuräumen, stand er nur da, hatte die Augen geschlossen, Zeigefinger und Daumen aneinandergelegt und laut »Ommm« intoniert. Ommm – was soll das eigentlich heißen? Ich habe ihm die Socken an den Kopf geworfen. Selbst das hat ihn nicht aus der Ruhe gebracht. Er hat mich nur selig angelächelt. Heute gehe ich noch mal zum Friseur und lass mir die Haare wasserstoffblond färben. Wollte ich schon immer mal. Und kaufe mir noch einen Hosenanzug. Er wird schon sehen, was er davon hat.

**Tag zehn**
Gestern habe ich vor lauter Frust fast tausend Euro ausgegeben. Nur für Klamotten! Hat richtig Spaß gemacht. Und war irgendwie auch nötig, denn inzwischen

klemmt mir von der ganzen Eisesserei und den vielen Cocktails der Hosenbund. Von der Haarfarbe bin ich enttäuscht. Ich habe den Eindruck, dass mich alle komisch ansehen. Meine Haut sieht neben dem Weißblond total rosa aus, sodass ich mir wie ein Marzipanschwein vorkomme. Die Friseuse war von vorneherein nicht von meinem Wunsch überzeugt, meinte, ich wäre eher ein Herbsttyp und Aubergine stünde mir besser. Ich hab sie natürlich ignoriert, was bildet die sich ein? Aber wenn ich mir das Ergebnis ansehe, hatte sie wohl recht, und das trägt jetzt auch nicht dazu bei, meine Laune zu heben.

Michael war wieder den ganzen Nachmittag unterwegs. Er hat jetzt mit Joggen angefangen, rennt jeden Morgen einmal die Stadtmauer entlang durch den Kurpark. Wenn ich abends mit ihm essen gehen will, muss er immer erst am Tretbecken vorbei, um noch schnell eine Runde zu drehen. Hosenbeine hoch, Socken aus und ab, einmal durchs Wasser latschen. Und ich mit meinem schicken neuen Hosenanzug stehe mir daneben die Beine in den Bauch. Ich verstehe das alles nicht mehr. Einer der hellsten Köpfe Deutschlands und macht jetzt auf Kneippianer!

**Tag elf**
Heute morgen hat mich Michael mal über seine App so eine komische Fantasiereise hören lassen. Er ist ganz begeistert davon und will das zukünftig täglich morgens und vor dem Einschlafen machen. Da redet einem eine weiche Frauenstimme ein, die Sonne schiene und man läge auf einer Wiese oder wandere am Strand entlang.

Darunter taumelige Musikuntermalung. Dazu soll man sich dann warme Gedanken machen. Echt! Ich hab ihm gesagt, er solle lieber mal einen spannenden Film gucken. Er meint, ich würde ihn nicht verstehen. Wie recht er hat! Jetzt ist er weg, eine Runde wandern. Es ist Sonntag, die Geschäfte sind zu. Ich sterbe vor Langeweile!

Vielleicht lese ich ja doch den Eifelkrimi, den ich mir gegönnt habe. Im Moment trage ich mich mit Mordgedanken und kann etwas Inspiration vertragen. Grrrh!

**Tag zwölf**

Ich fasse es nicht! Anscheinend hatte Michael heute eine Lektion in »Achtsamkeit mit anderen«. Das Ergebnis? Er hat mich mit trauriger Stimme wissen lassen, dass ihm meine Gewichtszunahme aufgefallen sei. Ob ich denn genug auf mich achten würde. Und ob meine Einkäufe möglicherweise kompensieren sollen, dass ich unglücklich sei. Ich solle mir doch mal ein paar Gedanken über meine Lebensziele machen. Ich war so sauer, dass ich eine Blumenvase nach ihm geworfen habe. Waren aber bloß Trockenblumen. Und die Vase hat es auch heil überstanden. Gewichtszunahme! Das wird er mir büßen.

**Tag 13**

Ich glaube, ich kann keinen Tag mehr länger hierbleiben. Es ist so furchtbar! Michael ist den ganzen Tag unterwegs – Waldbaden! –, und ich hocke in meinem Hotelzimmer. Wieso bin ich bloß mitgefahren? Ich glaube, ich hab mir Sorgen gemacht, dass er einen Kurschatten findet. Jetzt wünschte ich mir das schon fast, dann hätte ich ihn von der Backe. Dieses weggetretene Grinsen, das tiefenentspannte Herumliegen mit Stöpseln in den Ohren. Outgeburnt war er mir lieber!

Alle Geschäfte habe ich schon mindestens dreimal abgeklappert. Bei den Läden, wo ich nichts kaufe, schaut man mich bereits merkwürdig an, wenn ich reinkomme. Bei den anderen Geschäften rollt man mir dafür den Teppich aus, was aber auch nicht angenehm ist. Inzwischen habe ich hier schon fast zehntausend Euro gelassen. Muss mir noch einen neuen Koffer kaufen. Wenigstens hat das mit den auberginefarbenen Strähnchen geklappt, und ich sehe nicht mehr so blondinendämlich aus. Der Haarschnitt ist super!

**Tag 14**
Ich reise ab! Zwei Wochen, das muss reichen. Ich werde hier noch bekloppt. Michael geht mir nur noch auf die Nerven. Der Wecker klingelt um sechs Uhr, damit er vor dem ersten Wassertreten noch eine Runde joggen kann. Inzwischen hat er seine Ernährung auf vegetarisch umgestellt und trinkt nur noch stilles Wasser und entkoffeinierten Kaffee. Man kann überhaupt nicht mehr vernünftig mit ihm streiten. Wenn ich mit ihm reden will, nimmt er meine Hand und schaut mich ganz mitfühlend an und sagt Sätze wie »Sag, was dir wichtig ist!« oder »Du musst in dich hineinhören!«. Wie soll man mit so jemandem ein Gespräch führen!

**Tag 15**
Ich will die Scheidung. Wenn er heute Abend kommt, werde ich es ihm sagen. Das passt einfach nicht mehr.

Habe mir heute zwei neue Brillengestelle gekauft. Dabei trage ich gar keine Brille. Meine Augen sind super. Aber irgendwie muss ich meinen Frust ja loswerden. Habe mal ein bisschen zum Thema Unterhaltsleistungen gegoogelt. Das sieht gar nicht schlecht aus! Als Manager in einer Führungsposition verdient Michael ordentlich, und jetzt, wo er wieder fit ist, spricht nichts dagegen, dass er wieder reinklotzt. Die Rentenansprüche werden anscheinend auch aufgeteilt. Wenn ich das alles gewusst hätte, wäre ich schon viel früher auf den Gedanken gekommen. Gisela und Monika sind ja auch geschieden und lassen es sich männerbefreit gut gehen. Ich bin mal gespannt, was die zu meiner neuen Frisur und den tollen Nägeln sagen. Irgendwie hat mir die Kur doch gutgetan. So eine kleine Auszeit klärt die Gedanken, und ich habe jetzt ein Lebensziel. Genau was Michael wollte.

Und sollte er Einwände haben, haue ich ihm sein »Ommmm« um die Ohren und ertränke ihn im Kneippbecken!!!

**Tag 16**
*Sie war weg. Michael wunderte sich ein wenig, wie schnell es gegangen war. Gestern Abend hatte sie ihn um die Scheidung gebeten. Und hatte sie bekommen. Locker joggte er den Weg an der Stadtmauer entlang, die Sonne schien, und er fühlte sich leicht und beschwingt. Die Kur tat ihm gut.*

*Die Nacht war anstrengend gewesen, aber es hatte sich gelohnt. Während seiner Wanderungen in den letzten Tagen hatte er viele einsame Plätze kennengelernt, der Sport hatte ihn gekräftigt, und die Aussicht auf ein Leben in Freiheit hatte ihn wahre Erdberge versetzen lassen. Seine Muskeln brannten noch von der ganzen Plackerei. Im Hotel hatte er erzählt, seine Frau sei abgereist. Das war dort mit einer gewissen Erleichterung aufgenommen worden. Anscheinend hatte sie mit ihrem rustikalen Charme nicht gerade die Herzen des Personals erobert. Ja, sie war kein Herzensmensch, aber das war ihm erst hier klar geworden.*

*Er blieb stehen und breitete die Arme aus, atmete tief ein und aus. Leben im Hier und Jetzt! Bei der Kunsttherapie würde er die zauberhafte Linda aus Kassel wiedersehen. Doch zuerst noch eine Runde durchs idyllisch gelegene Kneippbecken am alten Kurhaus, danach ein Müsli. Die Aussicht belebte ihn, und er lief locker weiter. So eine Kur konnte wirklich Wunder wirken.*

*Vielleicht sollte er sich hier wirklich eine schöne Wohnung nehmen, wie Karin gestern vorgeschlagen hatte. Hier hatte er seinen Frieden gefunden. Und Karin ihren. Sie hatte sich ja immer ein Waldbegräbnis gewünscht.*

**Manfred Lang**

# ANSCHLAG

Karl Krumbügel hat sich den Sprengstoff im Mechernicher Bergwerk *besorgt*. *Cedit*, ein außerordentlich ekliges Zeug unter Tage. Wenn die Gase nach der Sprengung zur Lockerung der loseren Erzpartien in den Stollen nicht richtig abziehen können, atmen die Arbeiter den Qualm ein, werden benommen und liegen minutenlang wie betäubt am Boden. Dynamit ist besser, stärker. Ohne giftige Abgase. Aber unter Verschluss der Schießmeister und von Unbefugten schwer zu beschaffen. *Cedit* geht einfacher …

Wird das gute Kilo ausreichen, das Krumbügel hat stehlen können, für das, was er in dieser lauen Augustnacht vorhat? Einige Kilometer vom Bergwerk entfernt, im menschenleeren Urfttal, wo jetzt in diesem Unglücksjahr Tag und Nacht Güterzüge auf der Eisenbahnstrecke Köln-Trier entlangrattern. Volle mit Kohle und Stahl aus dem Ruhrgebiet in Richtung Frankreich, leere zurück, um wieder neu beladen zu werden.

Rheinland und Ruhrgebiet sind im Unruhejahr 1923 besetzt, weil das Deutsche Reich mit Reparationszahlungen für den Ersten Weltkrieg in Verzug ist. Die Atmosphäre ist aufgeheizt, die Inflation vernichtete den Wert des Geldes, in Bayern wurde der Hitlerputsch niedergeschlagen, rheinische Sonderbündler versuchten auch in der Nordeifel, mit Waffengewalt einen separaten neutralen Pufferstaat zwischen Deutschland und Frankreich zu errichten.

Das linksrheinische Rheinland ist »Wilder Westen« geworden. Karl Krumbügel hat es auf die Eisenbahnbrücke im Rosental abgesehen. Die Sprengung soll ein Eisenbahngleis aus seiner Verankerung reißen. Krumbügel arbeitet fieberhaft, nachdem der bis dahin letzte Waggon über die Urft gerattert ist. Wann kommt der nächste? Er befestigt das Sprengstoffpaket mit Spanndraht am Gleis. »Der nächste Zug wird entgleisen und in die Urft stürzen. Oder der übernächste ...«

Kaum ist der Sprengsatz verschnürt, hört der Attentäter Stimmen in der Nähe. Vermutlich französische Soldaten auf Streife. Sie bewachen die Eisenbahnlinie jetzt bei Tag und Nacht. Immer wieder kommt es zu Entgleisungen und Zusammenstößen, weil jemand die Weichen falsch gestellt oder den Gleiskörper manipuliert hat.

Am 8. Februar 1923 kollidierte ein französischer Militärzug mit einem Kohlenzug zwischen Herne und Wanne, fünf Tage später entgleiste ein Militärzug zwischen Aachen und Düren, am gleichen Tag stießen ein Militärzug und ein Kohlenzug bei Krefeld zusammen und ein Militärzug in Bochum-Dahlhausen: zwei Tote und elf Verletzte.

Am 18. Februar starben fünf Menschen beim Zusammenstoß zweier von französischem Militär gefahrener Züge in Bochum-Dahlhausen, am 20. Mai fährt eine Lok auf einen französischen Militärzug zwischen Kierberg und Liblar, am 2. November 1923 kam es zum Frontalzusammenstoß zweier Güterzüge im Güterbahnhof Bad Godesberg.

Krumbügel ist deutschnational eingestellt, er hat nicht nur den Aufruf der Berliner Regierung zum passiven Widerstand gegen die französische Besatzung befolgt, er will mehr tun ... Selber Hand anlegen, um den wirtschaftlichen Niedergang zu unterbinden. Ein Zeichen setzen ...

Kaum hat er den Sprengsatz halb verschnürt, hört er die Streife. Krumbügel kann ein paar Brocken Französisch. Die hier reden in einer anderen Sprache, denkt er. Offenbar Angehörige der marokkanischen Hilfstruppen. Als sie näher kommen, gleitet Krumbügel von der Brücke ins Unterholz der Böschung. Unwillkürlich hält er die Luft an. Die Stimmen kommen näher, offenbar zwei Mann.

Es reicht in diesen Tagen für eine Verhaftung, zu dieser Stunde auch nur angetroffen zu werden. Selbst ohne Sprengstoff, mit kann es sogar den Tod bedeuten. Nach Einbruch der Dunkelheit herrscht Ausgangssperre. Aber es ist noch immer nicht ganz dunkel – und das wird es auch nicht werden. Es ist Vollmond in dieser lauen Nacht auf den 28. August 1923.

Krumbügel ist nicht der Einzige, der im Urfttal unterwegs ist. Auch der erst 24-jährige Försterssohn Josef

Desiré aus dem einsamen Forsthaus bei der früheren Rosenthaler Mühle ist noch unterwegs – wie so oft, wenn er Verwandte in Nettersheim besucht hat – und es ist wieder einmal spät geworden bei Scherzen und Bier und Kartenspiel.

Desiré kennt alle Pfade und Schleichwege, jedes noch so dichte Dickicht, das Platz und Sichtschutz für einen Mann bietet. Mehrmals hat er den Franzosen schon ein Schnippchen geschlagen und ist meistens ohne nasse Füße, ohne die Urft zu durchwaten, über die Eisenbahnbrücke entkommen. Das will er auch heute ...

Die beiden Streifenmänner gehen über die Brücke, stoppen, flüstern. Sie sind so nahe, dass Krumbügel sie fast berühren könnte. Eine gefühlte Ewigkeit horchen die Soldaten in die Dunkelheit. Nichts. Dann bewegen sie sich weiter über die Brücke und entfernen sich langsam flussabwärts. Krumbügel wartet ab, kehrt schließlich an den Ort seiner unterbrochenen Tat zurück und zurrt weiter Drahtbahn um Drahtbahn um die Stelle, an der zwei Gleisabschnitte aneinanderstoßen. Als Letztes befestigt er die Lunte ...

Ohne dass er es ahnt, ist ein Augenpaar auf Krumbügel gerichtet, nimmt seine schemenhaften Bewegungen wahr. Auch die Beinahe-Begegnung mit der Patrouille ist diesem nächtlichen Beobachter nicht entgangen. Eigentlich hat Desiré über diese Brücke die Ufer wechseln wollen. Aber nicht bei dem Publikumsverkehr, denkt der Mann und schüttelt seinen Lockenkopf. Auch er entfernt sich flussabwärts, aber am gegenüberliegenden Ufer, auf dem Weg, den die Soldaten genommen haben.

Das alte Benzinfeuerzeug macht Schwierigkeiten. Krumbügel dreht am Rad, damit es am Feuerstein Funken schlägt. Vergebens. Er klopft das Feuerzeug auf seinen rechten Oberschenkel, flucht leise, dreht wieder und wieder. Nichts. Kleine Funken fliegen, aber die erwartete Flamme bleibt aus. »Su ne Dress!«

Da kracht ein Schuss durch die Nacht...

Krumbügel ist wie gelähmt. Kraftlos sackt er zusammen, das Feuerzeug entgleitet seiner Hand. Umständlich hangelt er sich am Brückenrand zum gegenseitigen Ufer, torkelt auf den Weg, kriecht ins Gebüsch, schließt die Augen, sieht schwarze Flecken, eine gnädige Ohnmacht nimmt ihm schließlich die Sinne. In der Ferne nähert sich pfeifend ein Zug...

\* \* \*

»Jüppche, opstohn!« ruft die Mutter am anderen Morgen. Doch im ersten Stock, wo sich Josef Desirés Zimmer befindet, rührt sich nichts. »Wo mag der Junge nur stecken?« Sie klettert die steile Treppe nach oben, klopft. Nichts. Sie öffnet die knarrende Holztür. Sein Bett ist unberührt. Ist er wieder bei Onkel und Tante in Nettersheim?, denkt die Försterin, ohne sich zu beunruhigen. Es ist nicht das erste Mal, dass ihr Sohn weggeblieben ist über Nacht.

Normalerweise scheut er das Abenteuer nicht, trotz Ausgangssperre und Streifensoldaten durchs Urfttal nach Hause zum einsamen Försterhaus zu schleichen. Vielleicht war es aber diesmal sehr spät geworden, man hat erzählt und Karten gespielt – und schließlich mochte der Onkel gesagt haben: »Jung, bliev hee dess Naaht. Zo spät, zo hell, zo jefährlich bei Vollmoond!«

Als Josef Desiré auch nicht am Mittagstisch sitzt, schickt seine Mutter die eine ihrer beiden Töchter nach Nettersheim zu den Verwandten. Die andere, ältere, hält sie bei sich daheim. Schon öfter haben ihr Besatzungssoldaten unterwegs ins Dorf Avancen gemacht, vor allem ein gut aussehender französischer Offizier, ein Capitain ...

Die Tochter bringt keine guten Nachrichten ins Försterhaus bei der früheren Rosenthaler Mühle: »Jüppchen ist gegen 22 Uhr in der Dämmerung nach Hause aufgebrochen.« Aber nicht angekommen, auch am nächsten und übernächsten Tag kommt er nicht wieder. Die Nachricht verbreitet sich wie ein Lauffeuer. Ganz Nettersheim ist in Aufregung. Wo ist Josef Desiré geblieben? Was ist geschehen?

\* \* \*

Karl Krumbügel kommt im Morgengrauen zu sich, betastet seinen Körper, findet weder eine Verletzung noch Blutspuren und überzeugt sich ungläubig von dem, was er nicht zu träumen gewagt hat: Er ist unversehrt, bis auf einen gewaltigen Schrecken im Herzen – und in seinen unteren Beinkleidern, wie er sich zugestehen muss. Er kriecht aus dem Dickicht und entfernt sich in die Hänge, raus aus dem Urfttal, ab in Richtung Kloster Steinfeld, weg vom Tatort.

Es wird sich nur um Stunden handeln, ehe die Franzosen das Sprengstoffpaket mit der nicht angezündeten Lunte finden. Krumbügel hastet die steile Böschung hinauf, er keucht, Schweiß bricht ihm aus allen Poren. Wieder nähert sich hinter und bereits schräg unter ihm ein Güterzug aus Richtung Köln in Richtung Saarbrücken.

Da! Kreischende Bremsen, Metall auf Metall, dass die Funken fliegen. Zünden sie jetzt am Ende noch die Ladung? Doch der große Knall bleibt aus. Stattdessen Pfiffe, Schreie – vermutlich hat der aufmerksame Lokomotivführer der Regiebahn in einer leichten Linkskurve das verdächtige Paket entdeckt und ist voll in die Eisen gegangen. Der Zug kommt erst hinter der Brücke zum Stehen, aber er stoppt. Krumbügel denkt: Hätten doch die Funken die Lunte entzündet … Dann aber: Jetzt wird hier im Handumdrehen der tollste Auflauf entstehen.

Pfiffe gellen durch den Morgen, Soldaten auf Patrouille strömen von beiden Seiten herbei, berittene Offiziere, bald schon werden sich Militärfahrzeuge nähern. Panik befällt ihn. Im Geist hört er bereits die Telegrafendrähte surren und die Nachricht vom Attentatsversuch an der Urftbrücke entlang der Bahnstrecke, ja im ganzen besetzten Rheinland verbreiten. »Fasst die Attentäter, fasst sie!« Der Zugverkehr würde weiträumig abgeriegelt werden. Krumbügel hechtet die Böschung hinauf. Fort, fort, nur fort von hier!

* * *

Es dauert mehrere Tage, ehe sie Josef Desiré finden – und traurige Gewissheit herrscht, dass er nicht mehr lebt. Ein französischer Offizier entdeckt den Leichnam des 24-jährigen in einem aufgelassenen Bahnwärterhäuschen an der Strecke, im gestampften Lehmboden notdürftig in einer Ecke verscharrt. Unwürdig. Er wurde hierhin geschafft, um etwas zu vertuschen.

»Wer war das?« schnauzt der Capitain später seine in Reih und Glied angetretenen Hilfstruppen an. »Wer von euch weiß etwas davon? Wer hat verdächtige Beobachtungen gemacht?«

Selbstverständlich denken alle, es gehe um den oder die Attentäter. Oder war der getötete Desiré einer von ihnen?

Aziz und Ghazal, zwei blutjunge Legionäre aus Marokko, schauen sich verstohlen aus den Augenwinkeln an. Nee, sie wissen nichts, gar nichts, haben sie vereinbart. Würden sich an nichts erinnern. Beobachtungen an der Eisenbahnbrücke? Keine! Was gehört oder gesehen? Nix, *mon capitain*, absolut gar nix. Geschossen? Wir? Geschossen? Wie kommen Sie bloß darauf? Kein Schuss ist gefallen ...

»Haben alle gehört! Es ist geschossen worden, und ihr wart auf Patrouille in dem Abschnitt an der Urftbrücke.«

»Ja, schon, aber es war ruhig. Extrem ruhig. Der Schuss muss irgendwo anders gefallen sein. Wir haben ihn kaum gehört, so weit weg. So weit weg. Nicht bei uns.«

Der Offizier schweigt. Dann befiehlt er den beiden: »Mitkommen!« Und in der Baracke: »Packt eure Munition da auf den Tisch – abgezählt.«

Mühsam entlädt Ghazal seinen Berthier-Karabiner und zählt aus dem Mehrlademagazin und den Munitionstaschen 20 Schuss auf den Tisch.

Dann ist ein sichtlich aufgeregter Aziz an der Reihe. Mehrfach fallen Patronen zu Boden, er muss sich bücken und sie aufheben. Mehrfach verzählt und verzettelt er sich, er ist kein geborener Rechner und Zähler. Sooft er auch von Neuem beginnt und die Patronen abzählt, er kommt am Ende auf nicht mehr als 19 Schuss … »Ich muss einen Schuss verloren haben«, stammelt er. Sein Blick ist auf den Boden gerichtet.

Der Offizier zählt schließlich demonstrativ und betont langsam selbst nach, auch er kommt nicht auf 20 Schuss. »Ich werde Meldung machen, Soldat!«

Die beiden marokkanischen Männer werden vor versammelter Mannschaft ausgepeitscht. Der eine, weil er geschossen, der andere, weil er gegen besseres Wissen geschwiegen haben würde.

Doch mehr ist aus den Patrouillengängern jener Nacht auf den 28. August 1923 nicht herauszubekommen. Sie werden arrestiert, einige Tage später in Ketten gelegt und nach Frankreich gebracht. Über ihren weiteren Verbleib ist nichts bekannt.

Für Josef Desiré wurde an der nach der Flut 2021 erneuerten Eisenbahnbrücke über die Urft ein Gedenkstein wiedererrichtet. Er war ursprünglich nach der Tat aufgestellt worden, aber später bei Baumfällarbeiten vom Sockel geschlagen und unter Laub begraben worden. Darauf steht:

*Am Abend des 28. August 1923, als Rheinland schmachtete unter Frankreichs harter Willkür, traf hier den 24-jährigen Josef Desiré in abendlicher*

*Stunde das tödliche Geschoss eines Marokkaners. Wanderer, stehe still und bete für den unschuldig Gemordeten.*

Der damalige Gemeindevorsteher Herbert Kley hat niedergeschrieben: »Die Gemeinde rechnet Josef Desiré zu den Söhnen, die für die Heimat und das Vaterland ihr Leben ließen. Desiré hatte öfters seine beiden Schwestern vor den Zudringlichkeiten der Besatzer beschützt und sich so den Hass derselben zugezogen.« Zeitgenossen in Nettersheim waren überzeugt, dass die beiden Soldaten dem heimkehrenden Desiré aufgelauert haben.

Karl Krumbügel, der wusste, dass ihre Begegnung eher zufälliger Natur war, überlebte, entkam, arbeitete weiter im nahen Bleibergwerk, kam auf eine noch viel schiefere Bahn, beteiligte sich am Aufbau einer Falschmünzer-Werkstatt und war möglicherweise einer jener nie gefassten Mörder, die sechs Jahre später am 16. August 1929 einen Lohngeldtransport am Mechernicher Bleiberg überfielen und zwei Männer aus der Begleitmannschaft töteten.

**Ute Mainz**

# EISKALTE HAND

Frida, die schwarz-weiße Australian Shepherd Hündin, machte wie jeden Morgen ihren Kontrollgang über den gesamten Thelenshof. Heute allerdings war sie nervös. Die Informationen der tausend Gerüche bargen ein Geheimnis, das die Hündin noch nicht einordnen konnte. Aufgeregt durchforstete ihre Schnauze sowohl den staubigen Boden als auch immer wieder prüfend die Luft, um nichts zu verpassen. Die großzügigen Runden wurden immer kleiner und somit präziser. Wer Zeit gehabt hätte, die konzentriert arbeitende Hundedame zu beobachten, dem wäre wohl aufgefallen, dass sie jetzt eine Fährte entdeckt hatte, die sie zuverlässig verfolgte, um das noch unbekannte Ziel zu erreichen.

Im Büro des Biohofs saßen sich Herr und Frau Thelen gegenüber und brüteten über den Bilanzen. Für die beiden war es eine Selbstverständlichkeit, gemeinsam an zwei zusammengeschobenen Schreibtischen die lästige Büroarbeit zu bewältigen. Hin und wieder schweifte der Blick von Bauer Thelen nach draußen. Von dem Fenster aus konnte er sowohl die Aussicht auf die Hochebene genießen als auch voller Stolz das neue Stallgebäude betrachten. Mittlerweile standen 280 Milchkühe in der modernen, offenen Anlage. Auf den angrenzenden Wiesen durften sie artgerechten Freiluftaufenthalt genießen und nach Lust und Laune Gras fressen. Die eigenen Felder dienten dem biologischen Anbau des hochwertigen Grünfutters.

»Wird die Frida schon wieder läufig, oder warum benimmt die sich so komisch?«, fragte Hans-Willi Thelen.

»Was?« Bärbel Thelen wurde beim Addieren der Zahlen ungerne gestört. »Jetzt muss ich noch mal von vorne anfangen.«

»Ja, aber guck doch mal raus! Die Frida ist doch sonst nicht so aufgeregt.«

»Nein, das kann nicht sein. Die ist erst wieder im Februar dran. Und wir haben jetzt erst September, die war doch erst im August.« Sie hob den Kopf und beobachtete jetzt auch leicht irritiert das auffällige Verhalten der sonst so ruhigen Hündin.

Mit den Worten: »Ich wollte mir sowieso gerade die Beine vertreten«, verließ der Landwirt das Büro. Draußen empfing ihn die ungewohnt warme Septembersonne.

Er pfiff nach seinem Hund, der nur widerwillig dem Befehl seines Herrchens folgte. Auch das war nicht normal. Schwanzwedelnd forderte Frida ihn unmissverständlich auf, ihr zu folgen.

»Na komm, altes Mädchen. Zeig mir, was dich so aufgeregt hat!«

Er liebte seinen Beruf. Zwar mussten er und seine Familie immer für den Hof da sein und konnten sich kaum eine gemeinsame Auszeit gönnen, aber für sie war das genau das Richtige. Spätestens dann, wenn es am Ende eines Jahres wieder eine Auszeichnung gab, würden sie alle für die arbeitsreichen Wochen belohnt. Im Vorbeigehen tätschelte er noch den Hals des gemütlichen Kaltblüters, Charly.

Hans-Willi Thelen folgte der Hündin, die immer aufgeregter mit der Nase einer unsichtbaren Spur folgte. Am Rand des erst gestern frisch gepflügten Feldes fing sie plötzlich an zu buddeln und förderte triumphierend einen nicht sehr großen, dreckverkrusteten Gegenstand zutage. Sie ließ das Ding vor die Füße ihres Herrchens fallen und setzte sich aufmerksam hin. Darauf, dass sie eine Belohnung bekam, konnte sie diesmal jedoch lange warten, denn stattdessen angelte der Landwirt mit zwei Fingern diesen spannenden, schlecht riechenden Gegenstand nach oben und begutachtete ihn, indem er ihn auf Abstand haltend hin und her drehte.

»Das ist kein Arbeitshandschuh von uns. Hier fehlt das Zeichen von der Fabrik in Imgenbroich. Wie kommt der nur hierher? Nein, Frida, den kriegst du jetzt nicht mehr zum Spielen.«

Als die Hündin eingesehen hatte, dass sie die Beute für immer los war, trottete sie an seiner Seite wieder zurück in Richtung Wohngebäude.

Am Müllcontainer angekommen, siegte die Neugierde des Bauern. Vorsichtig öffnete er den verklebten, stinkenden Schaft, um erkennen zu können, was in dem Handschuh steckte. Der Schreck ließ ihn zusammenfahren: Fauliger Schlamm und eine skelettierte Hand hatten den Hund auf sich aufmerksam gemacht.

»Ach, du Scheiße!« Reflexartig warf er den Handschuh hinter den Container und lief zurück zum Büro. Dabei kämpfte er gegen den Würgereiz an und betrat ohne Rücksicht auf seine dreckigen Stiefel den Raum. Am Waschbecken neben der Tür wusch er sich erst sehr gründlich die Hände, bevor er wortlos die Flasche Els aus dem Schrank nahm und sich einen Doppelten eingoss, den er in einem Zug leerte.

Entgeistert sah seine Frau ihm dabei zu. »Jetzt schon? Am helllichten Tag?«, fragte sie besorgt. »Stimmt was nicht?«

»Das kann man wohl sagen. Ruf die Polizei an. Und dann reich mir den Hörer rüber.« Mit bebender Stimme berichtete er nur Minuten darauf den Beamten von seinem grausigen Fund.

Kurze Zeit später bevölkerten weiß gekleidete Beamte von der Spurensicherung den Hof. Großräumig hatten sie den Fundort abgesperrt und waten jetzt knöcheltief durch die aufgeworfene Erde der frisch gepflügten Ackerfurchen. Mit Hacke, Spaten und langen Eisenstangen stocherten sie im Erdreich herum, um eventuelle weitere Fundstücke zutage zu bringen. Frida verstand nicht, warum ihre Hilfe jetzt unerwünscht war. Die Hündin beobachtete das Treiben, als wartete sie nur darauf, hinzugerufen zu werden.

Währenddessen beschrieb Hans-Wilhelm Thelen dem Kommissar aus Euskirchen die Erlebnisse des Vormittages. Den stinkenden Handschuh hatte man inzwischen für die Untersuchungen im Labor in eine Klarsichttüte gesteckt.

Gegen Abend stellten die Männer ihre Tätigkeit ein. Gefunden hatten sie nichts. Der frisch gepflügte Ackerboden behielt seine weiteren Geheimnisse für sich. Flatterband und Gerätschaften wurden wieder eingepackt, sie bedankten sich für den Kaffee und die belegten Brötchen, denn Bärbel Thelen war auch in außergewöhnlichen Situationen eine perfekte Gastgeberin, und verließen unverrichteter Dinge den Hof.

Am übernächsten Morgen klingelte bei Kommissar Stolz das Telefon.

»Dr. Pracht hier«, meldete sich der Pathologe. »Die Hand in dem Handschuh, oder besser, was davon übriggeblieben ist, wurde eindeutig gewaltsam abgetrennt. Die einzelnen Fingerknochen mit den noch teilweise vorhandenen Hautresten zeigen deutliche Folterspuren. Es sind kaum noch Reste von Fingernägeln zu erkennen. Ich möchte nicht weiter ausführen, was das für den ehemaligen Besitzer dieser Hand für Qualen gewesen sein müssen.« Dr. Pracht klang nur wenig mitfühlend, als er die Obduktionsergebnisse aufzählte.

Kommissar Stolz schluckte. »Sie wollen mir jetzt ernsthaft verklickern, dass wir es mit einem Folteropfer zu tun haben? Mafia oder so was?«

Der Pathologe am anderen Ende lachte. »Nein, nein, keine Mafia.«

»Irgendwelche Bandenkämpfe? Hier bei uns in der Eifel?«

»Keine Sorge. Da ist keine Gefahr mehr im Verzug. Eigentlich könnten Sie es selbst schon erkannt haben.«

»Was denn?«

»Die Hand ist ja beinahe komplett skelettiert. Wenn Sie herausfinden wollen, wem das Ding fehlt, müssen Sie schon ein paar Jährchen zurückgehen.«

Stolz atmete auf. »Sie lag also schon länger im Acker?«

»Seit Mitte der 1960er- bis Mitte der 1970er-Jahre, würde ich sagen. Vielleicht wird's noch genauer. Was war denn in der Zeit los, da oben?«

»Das ist eine gute Frage. Für mich ist aber noch wichtiger die Frage: Wo ist der Rest des Gefolterten? Handelt es sich eigentlich um eine Frauen- oder Männerhand?«

»Ein wichtiges Detail«, stimmte Dr. Pracht zu. »Es ist eindeutig die rechte Hand eines Mannes. Bei der Schwere der Verletzung hätte nur eine entsprechend schnell eingeleitete ärztliche Behandlung das Ableben des Mannes verhindern können. Aber das würde ja dem Gedanken des Folterns widersprechen. Den Mann hat es also damals das Leben gekostet, das ist ziemlich sicher.« Der Pathologe klang jetzt fast zynisch. »Ich nehme an, dass dieser Handschuh jahrelang unter der lehmigen Erde eingeschlossen, quasi im luftleeren Raum, erst durch das Pflügen nach oben gebracht worden ist.«

Am folgenden Abend saß Kommissar Stolz mit seinen Skatbrüdern in der Stammkneipe. Er konnte sich aber nicht auf das Blatt auf seiner Hand konzentrieren. Als dann auch noch Schorsch einen *Grand Hand* ankündigte, warf der Kommissar seine Karten auf den Tisch und erzählte den beiden von dem grausigen Fund. An Weiterspielen war nicht mehr zu denken.

Besonders Schorsch wurde ernst: »Was sagst du, wie alt ungefähr?«

»Die vorläufige Untersuchung schätzt das Ganze auf fünfzig bis sechzig Jahre.«

Schorsch wurde augenblicklich nervös. »Mein Vater hat immer von der Großbaustelle in Urft erzählt. Man wollte den Leuten in der Umgebung einreden, dass dort ein Wasserwerk gebaut wird. Minge Papp hat das aber nie geglaubt, und jetzt, nach dem Kalten Krieg, wissen wir es ja auch. Damals entstand dort der unterirdische Ausweichsitz der Landesregierung NRW für den Fall einer Atombombe.«

Stolz wurde hellhörig. »Wann war das genau?«

Schorsch zuckte mit den Schultern. »Ich war da ja noch ganz klein, aber warte mal.« Er nahm sein Smartphone, um per Internet an Informationen zu kommen. »Also die Planung des Bunkers begann 1962, und genau vor dreißig Jahren, 1993, wurde der aufgegeben.«

»Kalter Krieg, atomare Bedrohung, Spionage, Folter.« Die Gedanken des Kommissars wirbelten umeinander. »Das ist doch der Stoff für Agentenfilme. Allerding vermutet man die eher in Berlin und nicht hier in der Eifel.«

»Du kannst das unterirdische, atomsichere Bauwerk besichtigen«, ergänzte Olaf, der dritte Mann beim Skat. »Ein angeblich privates Einfamilienhaus mit Doppelgarage kaschiert den Eingang.«

Den Kommissar beschäftigte aber zurzeit viel mehr die Frage, wo denn die restlichen Körperteile des Gefolterten zu finden waren und ob es überhaupt einen Zusammenhang mit der politischen Geschichte gab.

Am nächsten Morgen bat er seinen Assistenten, das Zeitungsarchiv zu durchsuchen, um herauszufinden, ob eventuell der Bericht eines Leichenfundes in dem vorgegebenen Zeitfenster mehr Klarheit bringen könne. Er selbst fuhr noch einmal zum Thelenshof, dessen friedvolle Atmosphäre so gar nicht zu dem Thema passen wollte, das ihn beschäftigte.

Hans-Willi Thelen hatte den Wagen schon von Weitem erkannt und kam dem Kommissar entgegen, Frida trabte neben ihm her.

Stolz stieg aus und streichelte der Hündin über den schwarzen, von der Septembersonne erhitzten Rücken. Bevor er eine Frage stellen konnte, legte Stolz los: »Sie kennen doch sicher den Bunker in Urft, oder?«

Thelen nickte. »Klar, den kennt hier jeder.«

»Können Sie sich noch an irgendwelche Erzählungen rund um dessen Entstehung erinnern? Etwas Ungewöhnliches? Dinge, die hinter vorgehaltener Hand erzählt wurden?«

Erstaunt schüttelte Thelen zunächst den Kopf, aber dann meinte er plötzlich: »Na klar, mein Opa hat uns damals verboten, zu der Großbaustelle zu gehen. Das sei zu gefährlich, weil dort ein neues Wasserwerk gebaut würde. Und weil zu der Zeit kaum einer schwimmen konnte, verbot man den Kindern und Jugendlichen damals schon aus Prinzip, auch nur in der Nähe von Wasser zu spielen.«

Stolz brummte unzufrieden. Das brachte ihn nicht weiter.

Aber Hans-Willi Thelens Erinnerungen machten nicht halt. Er blickte mit zusammengekniffenen Augen in

Richtung Urfttal. »Man wollte uns Kindern Angst machen. Immer wurde uns der einhändige Gustav vor Augen geführt, der wohl hier in der Umgebung auf mysteriöse Weise ums Leben gekommen war.«

»Stopp!«, rief Stolz. »Der einhändige Gustav?«

Der Landwirt hob erstaunt eine Augenbraue. »Mehr weiß ich auch nicht. Ich kannte den gar nicht, aber die älteren Leute beharrten darauf, ihn immer wieder als abschreckendes Beispiel zu erwähnen.« Thelen atmete tief ein, bevor er vorsichtig fragte: »Glauben Sie etwa, Fridas Fund hat was mit dem Tod vom Gustav zu tun?«

»Möglich wäre das«, bestätigte Stolz und verabschiedete sich.

Wieder im Büro, überraschte ihn sein Assistent mit einem Bericht aus den 1960ern über die Festnahme eines brutalen Spions, der wohl als Doppelagent tätig gewesen war. Im Gerichtsprozess hatte der Mann unumwunden zugegeben, auch nicht vor Folter zurückgeschreckt zu haben. Wie er entlarvt werden konnte, wurde wohl aus kriminaltaktischen Gründen nicht erwähnt. Warum der Mann gerade hier in Kall tätig geworden war, galt in dem Bericht offiziell als ungeklärt. Erst die heutige Kenntnis über den atomsicheren Bunker gab die Antwort. Einen Zusammenhang zu der zeitgleich gefundenen Leiche, die später als *der einhändige Gustav* bezeichnet wurde, blieb unerwähnt. Wie auch? Die fehlende Hand wurde ja erst jetzt, sechzig Jahre später, gefunden.

Den Gustav kannte damals niemand in der Gegend, aber der Spion hatte ihn offensichtlich als Informant für seinen Auftraggeber ausgeguckt. Der arme Kerl war wohl einer der Leiharbeiter gewesen, die möglichst anonym am Bau des Ausweichsitzes NRW gearbeitet hatten.

Kommissar Stolz konnte die Akte schließen. Der verurteilte Spion war längst gestorben, der einhändige Gustav wurde nie als vermisst gemeldet. Der Kalte Krieg galt als vorbei. Die gefundene eiskalte Hand war ein weiteres Indiz für die Geschichtsträchtigkeit der Nordeifel.

Ein paar Tage später fuhr er noch ein letztes Mal hinauf zum Thelenshof. Auf dem Beifahrersitz seines Autos lag eine Pansenstange. Die hatte man ihm im Tiergeschäft empfohlen. Sie stank zwar auch, aber der Kommissar fand, die hatte Frida sich redlich verdient.

**Andreas J. Schulte**

# NOCH EIN MORD MIT AUSSICHT

Sorry, aber das ist jetzt nichts Persönliches. Ich bin da so reingerutscht. Das heißt, gerutscht war eigentlich die Caroline, also ausgerutscht, und dadurch bin ich dann so reingerutscht. Himmel, das klingt jetzt selbst in meinen Ohren zu kompliziert. Ich versuche es mal anders. Zeit genug habe ich, denn ich laufe ja gerade im Gänsemarsch hinter der Manuela her, die ein Mordstempo vorlegt. Dieser schmale Trampelpfad vom Parkplatz in Schleiden hoch zum Tempelchen ist wirklich nicht geeignet, um romantisch Hand in Hand zu dem bekannten Aussichtspunkt zu schlendern. Nee, hier muss man schon aufpassen, wohin man tritt. Aber dafür gibt es dann oben, am Ende des Trampelpfades, optimale Bedingungen für das, was ich heute noch vorhabe. Der Schweiß perlt mir von der Stirn, Manuela dagegen scheint nicht mal außer Atem zu sein. Sie ist gerade kurz stehen geblieben, hat sich umgedreht und mich ganz verliebt angelächelt – keine Spur von Anstrengung.

Okay, ich muss ja auch die schwere Flasche Schampus und die Gläser im Rucksack tragen, das zählt ja auch was.

Wo war ich stehen geblieben? Ich meine stehen geblieben in meinem Bericht, nicht hier auf dem Trampelpfad. Richtig – bei Caroline. Ach, wenn Manuela doch mal stehen bleiben würde …

Zurück zu Caroline! Sie war sozusagen der Anfang, der Startschuss. Ich, Ronny Rempelkamp – bevor Sie fragen, ja, ich habe schon mal über eine Namensänderung nachgedacht –, habe nach meiner Ausbildung zum Automobilverkäufer ein ganz neues Betätigungsfeld gefunden. Glauben Sie mir, wenn es um den Verkauf einer hochpreisigen Luxuslimousine ging, konnte mir in unserem Autohaus in Euskirchen niemand das Wasser reichen. Gerade die Damen mit einem größeren Erbe im Rücken, die sich noch was gönnen wollten, waren von meiner fachlichen Kompetenz ganz angetan. Irgendwie ergab es sich, dass ich meine Kompetenz bei diesen Damen auch auf anderen Gebieten unter Beweis stellen konnte. Sie verstehen sicher, was ich meine.

Caroline Freifrau von Breugen jedenfalls besuchte mit mir den Aussichtsturm Dietzenley zwischen Gerolstein und Büscheich. Kennen Sie vielleicht? Ist sehr hübsch dort. Noch auf dem Weg dorthin eröffnete mir Caroline, dass sie mich in ihrem Testament mit einer größeren Summe bedacht hatte. Ich war ganz sprachlos, damit hatte ich damals gar nicht gerechnet. Wir genossen den Ausblick, und beim Abstieg rutschte Caroline auf einer Stufe aus. Sie stürzte die komplette Holztreppe herunter. *Hoppala!*

Ich schaute, dass ich möglichst rasch und ungesehen davonkam. Ein paar Wochen später dann der Brief von einem Notar und eine durchaus ansehnliche Summe auf meinem Girokonto. Wie hat Hans Albers mal gesungen: *Beim ersten Mal, da tut's noch weh … doch mit der Zeit, so peu à peu gewöhnt man sich daran.*

Im Automobilgeschäft reduzierte ich meine Stundenzahl, damit ich mehr Zeit für die Damen hatte, die bereit waren, mir ihr Vertrauen, ihr Herz und einen Teil ihres Vermögens zu schenken.

Bitte urteilen Sie nicht zu hart, im Grunde war das eine Win-win-Situation und nichts Persönliches.

Meine Auserwählten hatten eine nette Zeit, einen eloquenten Begleiter, einen aufmerksamen Zuhörer und Liebhaber. Und ich hatte, wenn die nette Zeit vorüber war, einen respektablen Eurobetrag auf meinem Konto. Manchmal wurde ich direkt in einem Testament bedacht, manchmal borgten mir meine Herzensdamen aber auch nur eine größere Summe. Gründe für diesen Geldsegen gab es genug: eine herzkranke Mutter, die dringend eine Kur benötigte, eine *todsichere* Geldanlage – okay, den Witz hat keine einzige bislang verstanden – oder ein alter Schulfreund, dem ich selbst aus einer misslichen Lage helfen musste. Gut für mich, dass es nie nötig wurde, das Geld zurückzuzahlen. Wenn die Sprache auf eine Rückzahlung kam, war es wieder einmal Zeit für einen schönen Ausflug in die Eifel. Ich sorgte immer dafür, dass sie nicht lange leiden mussten. Ein kleiner Stoß in den Rücken und schon ging es ab nach unten. Glücklicherweise bietet die Eifel eine Menge hohe Klippen, Aussichtspunkte, Bergfriede und Ruinen. So wurde mir die Arbeit auch nie langweilig.

Gut, manchmal war es natürlich auch hart verdientes Geld. Da war zum Beispiel Sandra. Eine Figur, bei der

der liebe Gott augenscheinlich Überstunden gemacht hatte, blonde Haare, die wie Gold glänzten, und ein Lächeln, bei dem selbst ein strenggläubiger Kardinal kurz über einen Berufswechsel nachgedacht hätte. Dazu kam ein gut fünfundzwanzig Jahre älterer Ehemann mit einem schwachen Herzen und einem reich gefüllten Bankkonto. Sandra hatte mir selbst erzählt, dass ihr Gatte im Bett mit einem Lächeln im Gesicht abgetreten war. Also, insgesamt optimale Bedingungen für mich. Warum das Ganze hart verdientes Geld war, fragen Sie sich jetzt? Schlimm wurde es, wenn diese Traumfrau den Mund öffnete. Kennen Sie die Werbung von dem Bonner Gummibärchen-Produzenten? Die, in der die Erwachsenen mit ganz, ganz hohen Stimmen sprechen? Sandra redete immer in dieser Tonlage, und das war echt anstrengend. Wir standen damals auf dem Lydiaturm, einem dreiundzwanzig Meter hohen Bauwerk bei Wassenach in der Osteifel, mit Blick auf den Laacher See. Dort oben drehte sich Sandra zu mir um und sagte laut: »Och, ist das aber hoch hier. Wie weit könnte man wohl schauen, wenn die ganzen Bäume nicht wären?«

»Vermutlich bis Belgien«, antwortete ich genervt, weil sich ihre Piepsstimme gerade unangenehm schräg in meine Gehörgänge gebohrt hatte. Hoch waren hier nicht nur die Berge.

Antwort von ihr: »Ui, ich würde so gerne von hier aus das Meer sehen.« Weil sie sich dabei praktischerweise auch noch über das Geländer gebeugt hatte, fiel mir das Ganze nicht schwer, während sie dann schon ziemlich *schwer fiel*. Der Schrei, den sie ausstieß, war schriller als alles, was ich je gehört habe.

Sorry, Sandra, war nichts Persönliches. Aber diese Tonlage …

So, im Grunde ist das alles, was Sie wissen müssen.

So, und jetzt also die Manuela.

Für meine sportliche Begleiterin, keine zwei Meter vor mir, würde es heute am Tempelchen oberhalb von Schleiden zu Ende gehen. Ein wunderschöner Ort, wenn Sie mich fragen. Weil es oben keine Parkplätze gibt, habe ich gute Chancen, mit Manuela dort allein zu sein.

Sie kennen das Tempelchen gar nicht? Müssen Sie sich unbedingt ansehen. Also, ich bin manchmal einfach dort oben und genieße die Ruhe und die Aussicht. Allein natürlich. Wenn ich in Begleitung bin, muss ich schließlich arbeiten, dann ist nichts mit Ruhe.

Das Tempelchen ist ein Kriegerdenkmal, mit dessen Bau man noch vor dem Ersten Weltkrieg begonnen hatte und das dann vor dem Zweiten Weltkrieg eingeweiht wurde. Von dort hat man einen schönen Ausblick auf Schleiden, immerhin befindet man sich 417 Meter über dem Meeresspiegel. Die bewaldeten Hänge, die hübsche kleine Kirche, das Sankt-Antonius-Krankenhaus, dessen Wurzeln im 16. Jahrhundert liegen … das alles und vieles mehr kann man vom Tempelchen aus sehen, wenn man die fünfundzwanzig Steinstufen im Inneren des Kriegerdenkmals nach oben steigt. Oben gibt es dann eine Art Rundgang mit dem erwähnten Ausblick. Dass ich hier oben überhaupt aktiv sein kann, verdanke ich letztlich dem ehrenamtlichen Engagement zahlreicher Bürger, die vor ein paar Jahren das Denkmal mit viel Elan wieder instandgesetzt haben.

Leider steht das Tempelchen nicht auf einem schroffen Felsen, das würde alles noch leichter machen. Nein, am Fuße des Bauwerks schließt sich eine sanft abfallende Wiese an. Ich fürchte, hier kann es nur ein paar gebrochene Knochen geben, deswegen habe ich mir für meinen heutigen Besuch eine kleine Variation ausgedacht. Sie ahnen es vielleicht schon – richtig, der Champagner in meinem Rucksack. Der Champagner ist natürlich von erstklassiger Qualität, schließlich will ich auch etwas davon trinken. Genauso gut sind aber auch die K.o.-Tropfen, die ich in meiner Hosentasche dabeihabe. Ich habe das alles schon einmal mit Pauline ausprobiert. Ach ja, die Pauline ... Auch bei ihr war es natürlich nichts Persönliches.

Der Ablauf heute: Wir steigen die Stufen nach oben, Manuela bewundert den Ausblick, ich erkläre ein paar Details. Dann öffne ich den Champagner, schenke großzügig ein, und während ich sie noch auf das schöne Oleftal hinweise, gibt es für sie ein paar zusätzliche Tröpfchen in ihr Glas. Das Zeug wirkt schnell, ist später bei einer Obduktion nicht nachzuweisen und hält, was der Name verspricht. Pauline ging damals in kürzester Zeit k. o., und ich hatte keine Probleme mit ihrem Sturz die Treppe hinunter. Ein Unfall, habe ich der Polizei erklärt, wahrscheinlich hat sie einfach zu tief ins Glas geschaut. Weil das mit Pauline so gut geklappt hat, besuche ich heute mit Manuela noch einmal das Tempelchen.

Manuela Saale heißt sie. Klingt irgendwie nach Ostdeutschland. Aber sie hat einen rheinischen Zungenschlag. Sie hat reich geerbt, aber bisher wenig Glück bei Männern gehabt. Ich bin für sie sozusagen ein Volltreffer. Als sie vor zwei Wochen ins Autohaus gestöckelt kam, hat sie mich gleich zielstrebig angesteuert. Sie sagt, das Schicksal hat uns füreinander bestimmt. Wohl wahr.

Diesmal muss ich übrigens kurzfristig eine Investition tätigen und will dafür nicht mein fest angelegtes Portfolio angreifen. Die Investition verspricht hohe Gewinne, die ich bereitwillig mit Manuela teilen werde, habe ich ihr gesagt.

Das war mal was anderes als die kranke Mutter mit der Kur, aber dennoch nach Strich und Faden gelogen. Es gibt keine Investition und natürlich auch kein fest angelegtes Portfolio. Was es tatsächlich gibt, sind 50.000 Euro, die von Manuela vor einer Woche bereitwillig auf mein Konto überwiesen wurden. 50.000 Euro – herrlich!

»Sag mal, Ronny, was hast du denn für eine Überraschung, wenn wir dort oben am Tempelchen angekommen sind?« Manuela schaut mich ganz erwartungsvoll an.

»Wenn ich es dir jetzt verrate, ist es ja keine Überraschung mehr, außerdem sind wir doch gleich da. Schau mal, da vorne die Treppe, da geht es schon hoch ins Tempelchen.«

Manuela wirft mir einen Luftkuss zu und streicht sich mit der Hand ganz lasziv eine Locke hinter ihr Ohr.

Ach herrje, ich werde diesen Blick vermissen.

Als wir am Tempelchen ankommen, schaue ich mich kurz um und stelle erfreut fest, dass mein Plan aufgegangen ist. Niemand außer uns ist hier oben. Ich habe unseren Besuch bewusst nicht auf ein Wochenende gelegt.

»Und jetzt?«, fragt Miss 50.000-Euro.

»Jetzt müssen wir nur noch die Treppenstufen hinaufsteigen. Du wirst den Ausblick lieben. Nicht umsonst wurde der als *Eifel-Blick* ausgezeichnet.«

»Okay, da bin ich aber mal gespannt«

Die Außenplattform führt einmal um das ganze Tempelchen herum, insgesamt vierundzwanzig große Männerschritte. Ich hab es mal aus reinem Vergnügen nachgezählt.

»Ach, das ist aber schön hier.«

»Sag ich doch, Manuela. Entschuldige mich mal für einen kleinen Moment.« Während sie weiter die Aussicht genießt und die Infotafel auf der Mauerkante studiert, gehe ich ein paar der großen Männerschritte, um außer Sichtweite den Champagner einzuschenken. Natürlich hört sie den Korken knallen, und ich höre ihr vergnügtes Kichern. Jetzt noch rasch die Tropfen, und dann bin ich auch schon mit beiden Gläsern wieder bei ihr. Sie schaut mich verliebt an. »Ronny, du bist ein absoluter Schatz.«

Manuela nimmt mir die Gläser aus der Hand, stellt sie kurz auf der Brüstung ab und küsst mich leidenschaftlich.

Nach diesem Kuss nehmen wir die Gläser, stoßen an und trinken. Über meinen Glasrand hinweg beobachte ich sie, um zu erfahren, ob sie irgendetwas Ungewöhnliches schmeckt. Aber nein, sie leert das Glas mehr oder weniger auf ex. Jetzt muss ich nur noch einen kleinen Moment warten, um dann mit ihr, wenn sie schon schwach auf den Beinen ist, in Richtung Treppe zu gehen.

Ex und hopp – ich denke, heute Abend werde ich etwas zu feiern ha…

Den Gedanken kann ich nicht mehr zu Ende denken, plötzlich verschwimmt Schleiden vor meinen Augen.

Benommen schüttele ich den Kopf. Das Letzte, was ich sehe, ist Manuelas Gesicht, das in einer Art Nebel verschwindet.

Als ich wieder aufwache, sitze ich mit dem Rücken an der Steinbrüstung des Tempelchens. Mein Kopf dröhnt. Irgendwas ist hier ganz furchtbar schiefgelaufen. Manuela steht vor mir und beugt sich zu mir herunter. Wie konnte ich nur die beiden Gläser verwechseln, oder hat da womöglich Manuela die Finger im Spiel gehabt?
»Hallo, Ronny, kannst du mich hören?«
Mir gelingt immerhin ein zustimmendes Grunzen.
»Sehr gut.« Manuela lächelt mich zärtlich an. »Dann hör mir bitte jetzt genau zu: Mein Name ist Manuela Saale. Kriminalhauptkommissarin Saale. Und du, Ronny Rempelkamp, bist verhaftet. Wegen Mordes, Unterschlagungen und versuchten Mordes. Sei mir nicht böse. Das ist nichts Persönliches.«

**Christina Bacher**

# KEILERGLÜCK

»Riechst du das?« Der Tierpfleger hielt in der Bewegung inne und tat so, als atme er genussvoll die Waldluft ein. Karola Kaiser tat es ihm nach. Wieder fiel ihr auf, wie friedlich es hier war. Nur ein Specht mühte sich an einer der 60 Jahre alten Birken ab. Während des halbstündigen Fußwegs hatte die junge Kommissarin bereits einiges über den Hochwildpark Rheinland erfahren. Sie schaute in die Baumkronen und blinzelte. Seltsam, dass ausgerechnet hier vor Kurzem ein junges Mädchen verschwunden sein sollte. Überhaupt: Was machte eine 16-Jährige ganz allein in einem Wildpark? Je mehr Zeit verstrich, desto unwahrscheinlicher war es, dass Valentina noch lebte. Vor allem für die Eltern waren zwei Wochen Ungewissheit eine unerträglich lange Zeit. Man hatte das Halstuch des Mädchens an einem Ast unten am See gefunden, außerdem ein benutztes Kondom. Dieses Detail hatten sie jedoch nicht an die Presse gegeben, die sich sehr für den Fall in der Provinz interessierte.

Friedhelm Dernbach plauderte derweil unbekümmert weiter. Er schien alles über diesen Ort zu wissen. Kein

Wunder, dass man ihm jetzt auch die Brunft-Führungen anvertraut hatte, die sich seit Jahren großer Beliebtheit erfreuten. Es musste beeindruckend sein, wenn der Platzhirsch die Hirschkühe um sich scharte und seine Nebenbuhler verjagte. Wie Karola war auch Friedhelm weiter unten in Katzvey geboren und aufgewachsen. Nach der Schulzeit war er jedoch weggezogen und erst nach seiner Ausbildung als Tierpfleger und Falkner wieder in die Eifel zurückgekehrt. Kein Wunder, es war ja auch unglaublich schön hier. Für Jugendliche jedoch war es die Hölle. Karola erinnerte sich noch gut an die große Langweile am Wochenende, weil es weit und breit keine Möglichkeit gab, Gleichaltrige zu treffen. Doch Langeweile hin oder her – es war äußerst seltsam, dass man die 16-Jährige ausgerechnet hier im Park zum letzten Mal gesehen hatte. Eine Familie aus Euskirchen, die vor zwei Wochen zu Besuch gewesen war, hatte das Mädchen mit den blau gefärbten Haaren und dem auffällig großen Nasenring auf einem Foto eindeutig wiedererkannt. Sie habe sich hinter einem Baum versteckt, obwohl es bereits kurz vor Schließung des Parks gewesen sei.

Karolas Blick schweifte über den See. Da drüben war ein Zaun, der nicht allzu hoch war. Er war außerdem – das sah man sogar von Weitem – an einer Stelle geflickt worden. Vielleicht, so überlegte Karola, war Valentina ja hier mit jemandem verabredet gewesen? »Verirren sich denn häufig Jugendliche in den Hochwildpark?«

»Nein, eher nicht. Obwohl: Im Sommer habe ich hier mitten in der Nacht einen Typen beim Angeln erwischt. Er murmelte irgendetwas von einer Mutprobe.« Friedhelm zeigte auf die geflickte Stelle im Zaun. »War übrigens der Sohn vom Bürgermeister unten im Dorf. Finn. Hab ihn verwarnt. Sein Vater hat sicher kein großes Interesse daran, dass sich die Sache herumspricht. Die großzügige Spende kurz darauf kam also nicht von ungefähr.« Er grinste. »Von der Kohle kriegen wir die Emus über den Winter. Die sind ziemlich verfressen.«

Karola musterte das Gewehr, das Friedhelm bei sich trug. Der gelernte Jäger war nicht nur als Betriebsleiter für das Wohlergehen der Tiere zuständig, sondern auch für die Bestandsregulierung der Population, wie es so schön hieß.

»Die Waffe ist natürlich angemeldet«, kommentierte er ihren misstrauischen Blick. »Aber das weißt du ja sicher schon.« Jetzt klatschte er in die Hände, als wolle er das Thema beenden. »Also, nach was riecht es hier? Kommst du nun drauf?«

»Warte mal!« Je weiter sie nun den Berg anstiegen, nahm sie den stechenden Geruch stärker wahr. »Eindeutig Maggi!«

»Falsch.« Friedhelm schmunzelte.

Karola musste zugeben, dass sie dieses permanente Frage-Antwort-Spiel nervte. Doch der Druck, den Fall schnell lösen zu müssen, war enorm hoch. Eine Großfahndung nach Valentina war fehlgeschlagen. Jetzt gab es nur diese vage Spur im Hochwildpark. Die reichte nicht mal, um das Areal für die Öffentlichkeit schließen zu lassen.

»Wildschweine, Karo. Sie sondern diesen stechenden Geruch ab, der tatsächlich ein wenig an Maggi-Kraut erinnert. Und was sagt uns das? Die Herde muss ganz in der Nähe sein.« Fast schon vergnügt folgte Dernbach weiter der Fährte. Die Polizistin schaute sich derweil unauffällig nach einer Fluchtmöglichkeit um. Die Wildschweine liefen hier frei herum. Ganz geheuer war ihr das nicht.

»Keine Angst, Karo. Eigentlich fallen Wildschweine keine Menschen an. Vor allem unsere Tiere sind Publikumsverkehr gewohnt und wissen, dass man ihnen nichts Böses tut«. Da blieb Friedhelm abrupt stehen. »Warte mal.«

»Was ist los?« Karola sah, wie er ein paar Meter in den Wald hineinlief und sich nach vorne bückte. Mit einer Handbewegung deutete er ihr an, sie solle hinter ihm stehen bleiben. »Das gibt es nicht«, murmelte er. Sie konnte nur seinen breiten Rücken sehen, über den sich die braune Jacke mit der Aufschrift *Hochwildpark Kommern* spannte. Auf dem Logo konnte man einen stattlichen Elch erkennen, der auf einem Berg stand.

Doch Karola platzte vor Neugier. »Was ist da?«

»Das ist Wildschweinkot!« sagte der Tierpfleger nun. Mit einem dünnen Stöckchen, das er auf dem Boden gefunden hatte, fischte er nun etwas Silbernes aus dem braunen Häufchen und hielt es in die Luft. »Und das hier ist eindeutig ein Nasenring. Offenbar hat den ein Wildschwein gefressen, verdaut und wieder ausgeschieden.«

Karola schluckte. Plötzlich kam ihr dieser Ort gar nicht mehr so idyllisch vor. Sie schaute sich um. Ein paar Meter weiter befand sich die Suhle, in der sich die Tiere bei warmem Wetter abkühlen oder sich von unliebsamem Ungeziefer reinigen konnten. »Dir ist klar, was das bedeutet? So einen Nasenring hat Valentina getragen. Wenn ein Tier den Ring im Magen hatte, dann hat es womöglich auch den Rest von ihr verspeist.«

»Gut möglich«, gab der Mann unumwunden zu. Seine gute Laune schien wie weggeblasen.

»Gut möglich?« Karola hörte selbst, wie sich ihre Stimme überschlug. »Aber hast du nicht eben gesagt, dass Wildschweine keine Menschen fressen?«

Friedhelm zuckte mit den Schultern. »Sie sind Allesfresser, aber sie töten in der Regel keine Menschen. Sie haben sogar Angst vor ihnen und suchen das Weite, wenn sie Stimmen hören.« Er räusperte sich. Dann schaute er Karola mit seinen stechenden blauen Augen an. »Das Mädchen muss vorher schon tot gewesen sein.«

Karola schauderte. »Aasfresser also?«

Bevor Dernbach antworten konnte, hörten sie ein Rascheln im Gebüsch. Zwei große, braune Bachen überquerten den Weg. Als sie die Menschen sahen, rannten sie weiter in den schützenden Wald.

»Wir müssen den Park sofort absperren lassen und die Spusi holen!« Karola schrie jetzt fast. »Wenn Valentinas Leiche tatsächlich hier im Wildschweingehege gelegen hat, dann ist von ihr nichts mehr übrig«, antwortete Friedhelm knapp.

Gruselig, dachte Karola. Das arme Mädchen. Wie sollten sie das nur den Eltern erklären?

Behutsam balancierte sie den Nasenring mithilfe des Stöckchens in einen Spurensicherungsbeutel. Sie würde ihn nachher in die KTU bringen, wo auch schon die anderen Beweismittel ausgewertet wurden. Das Kondom, der Schal …

Da klingelte Friedhelms Walkie-Talkie. Er nutzte das Ding nur, um mit Kollegen in Kontakt treten zu können.

»Ja?« Friedhelm hörte aufmerksam zu. »Finn? Wir kommen sofort!«

»Der Sohn vom Bürgermeister?« Karola folgte ihm. Seine Schritte wurden immer schneller. »Was ist mit ihm?«

Der Fall um das verschwundene Mädchen nahm gerade eine ganz seltsame Wendung, und sie hatte keine Ahnung, wie sie weiter vorgehen sollte. Erst passierte tagelang gar nichts, dann ging es plötzlich Schlag auf Schlag.

»Er ist vorne im Waldhaus-Café und will mit uns sprechen.«

Das Café mit Grillhütte lag am Eingang des Wildparks, ganz in der Nähe der Vogelvolieren. Hier lebte einer der beliebtesten Vögel im Park, wie Karola wusste. Der Lachende Hans. Sein Gelächter war schon von Weitem zu hören. Makaber. Karolas Gedanken kreisten um das hübsche Mädchen, das auf dem Foto so voller Lebensmut wirkte. Friedhelm dagegen machte sich sicher ganz andere Sorgen. Die Zukunft des Tierparks stand auf dem Spiel. Und somit auch seine Existenz. Auch wenn die Todesursache des Mädchens noch nicht feststand, war eine von Wildschweinen verspeiste 16-Jährige sicher keine gute Werbung.

Auf dem großen Spielplatz wartete ein junger Mann, dessen Alter man schwer schätzen konnte, denn er hatte seine Kapuze tief ins Gesicht gezogen.

»Hi Finn«, sagte Friedhelm. Der Junge erschrak.

»Hallo, ich bin Karola Kaiser. Mordkommission.« Wieder zuckte der Junge zusammen.

»Wollen wir reden?« Friedhelm konnte offenbar gut mit jungen Leuten umgehen. Sein beruhigender Ton färbte auch auf den Sohn des Bürgermeisters ab, der kurz nickte und ihnen ins Haus folgte. Erst als sie sich im Café gegenübersaßen, kam Leben in den Jungen.

»Sie suchen Valentina?« Seine Stimme klang kleinlaut. Karola konnte sich nicht vorstellen, dass dies derselbe Junge sein sollte, der nachts hier eingebrochen war.

»Ja genau«, antwortete sie freundlich. »Das Mädchen gilt seit zwei Wochen als vermisst. Ihre letzte Spur verliert sich hier im Tierpark. Weißt du vielleicht, warum sie hier gewesen ist? Ihr kanntet euch ja offenbar.«

An der Scheibe tauchte plötzlich ein Pfau auf. Er streckte seinen langen Hals nach vorne und blinzelte durch die Scheibe, als suche er etwas. »Unsere Pfauen sind sehr neugierig. Dieser hier besonders«, lächelte Friedhelm jetzt. Karola ahnte seine Taktik, er wollte die Stimmung auflockern. Gut so.

Eine Frau brachte nun zwei Tassen Kaffee und einen Kakao mit Sahne. Finn schien das gar nicht zu bemerken. Er schaute wieder starr vor sich hin. »Es ist wegen der Mutproben. Je krasser die Mutprobe ist, desto höher steigt man im Rang der Gang.«

»Der Gang?« Friedhelm rührte mit einem kleinen Löffel Milch in den Kaffee.

»Der Finni-Gang. Ich habe sie mal gegründet und ein paar Regeln aufgestellt, wer da reindarf.«

»Deshalb habe ich dich also nachts am Teich erwischt.« Friedhelm bemühte sich um einen kumpelhaften Ton. Der Junge nickte. »Die ersten Mutproben waren auch noch ziemlich harmlos, aber dann geriet das Ganze komplett außer Kontrolle. Valentina hat sich immer geweigert mitzumachen. Bis Igor gedroht hat, ihre Katze zu töten.«

»Was?« Karola konnte es nicht fassen. Diese Jungs hatten das Mädchen erpresst?

»Igor meinte, nur wenn sie eine Nacht allein im Wildschweingehege verbringen würde, würde er sich die Sache mit der Katze noch mal überlegen. Zuzutrauen ist ihm alles. Also hat sie sich am Sonntag vor zwei Wochen der Aufgabe gestellt.«

Karola konnte es nicht fassen. Wie kamen diese jungen Leute nur auf diese bescheuerten Ideen?

»Sie wollte doch Igor nur zeigen, dass sie sich das zutraut. Und ihm gleichzeitig eine Lektion erteilen. Eigentlich allen, die sie schlecht behandelt haben in letzter Zeit. Allen voran ihre Eltern, diese Spießer. So entschied sie sich, für eine Weile abzutauchen.«

»Klingt so, als wäre sie freiwillig verschwunden?« Friedhelm schaute Karola bedeutsam an. »Aber warum haben wir dann hier ihren Schal gefunden?«

Karola war ihm insgeheim dankbar, dass er weder das Kondom noch den grausigen Fund von vorhin erwähnte. Ohne psychologische Betreuung würde er sicher nicht überwinden können, dass seine Freundin von einem Wildschwein verspeist worden war.

Das Café füllte sich jetzt. Kaum hatten einige Familien mit Kindern den Raum betreten, stieg der Lärmpegel ins Unermessliche. Karola räusperte sich wieder. »Finn, wir müssen wissen, was mit ihr passiert ist. Ihre Eltern machen sich Sorgen.«

»Valentina und ich sind seit ein paar Monaten zusammen. Ihre Mutter war gegen unsere Beziehung. Um ungestört zu sein, haben wir uns häufiger draußen getroffen, auch hier am See.« Das erklärte einiges. Aber nicht alles. »Diese Egos machen sich nur Sorgen darüber, was die Leute denken könnten. Was Valentina wirklich will, das interessiert ihre Eltern doch gar nicht. Ich habe sie mit ihrer Katze bei mir aufgenommen. Meine Eltern sind im Urlaub und kommen erst morgen wieder zurück. Ich hatte ihr angeboten, dass sie in der Zeit bei mir bleiben kann. So, jetzt ist es raus.« Finn stand auf. Seine heiße Schokolade stand immer noch unberührt da. Er hatte die Hände wütend zu Fäusten geballt. »Ich lasse es nicht zu, dass man uns trennt.«

Jetzt holte Karola die Tüte mit dem Nasenring aus ihrer Jackentasche. »Und der hier?«

»Oh! Den Ring hat sie bei unserem letzten Treffen verloren.« Zum ersten Mal versuchte sich der Junge an einem Lächeln. »Er bedeutet ihr viel.«

Abrupt sprang Karola auf. Das Mädchen war also noch am Leben! Das war die Hauptsache. Sie wollte jetzt schnell an die frische Luft. Und dann diesen Fall zu einem guten Ende bringen. Valentina sehen. Entwarnung geben. Die Eltern informieren. »Bringst du uns jetzt zu ihr?«

Finn schien erleichtert, dass er dieses Geheimnis nicht mehr allein tragen musste. »Und Sie sind nicht sauer?«

»Na ja, welche Konsequenzen das Ganze haben wird, wird sich noch zeigen«, sagte Karola.

»Kleinen Moment!« Friedhelm verschwand nun im Kassenhäuschen. Kurz darauf kam er mit zwei Karten in der Hand wieder. »Jahreskarten für den Tierpark.

Dann müsst ihr hier nicht mehr einbrechen. Kannst mir die Leute von der Finni-Gang auch mal vorbeischicken. Wir haben hier immer viel zu tun. Dann kommen die nicht mehr auf dumme Gedanken.«

Jetzt mussten alle lachen. Der Lachende Hans stimmte in seiner Voliere mit ein.

**Sabine Trinkaus**

# SONNTAGSKIND

Wie Schneeflocken rieseln die Wollfasern aus dem großen Trichter, der an der Decke hängt. Evemie seufzt verzückt. »Ist das nicht wunderwunderschön?«, flüstert sie mir zu, um die Dame vom Museum nicht in ihrem Vortrag zu stören.

»Hmhm«, mache ich. Mehr bringe ich nicht zustande. Dabei mag ich die Tuchfabrik. Eigentlich. Aber ich war eben schon sehr oft hier. Wir kommen nämlich immer, wenn ich Evemie besuche. Sie hat ja nur mich.

Der Gedanke macht mich noch trauriger als sonst. Ich bin emotional etwas angegriffen, wegen der Sache mit Norbert. Aber daran darf ich jetzt nicht denken. Es geht nicht um mich, es geht um Evemie!

Die stört sich natürlich nicht an meiner verhaltenen Reaktion, sondern lächelt weiter ihr schrecklich genügsames Lächeln. Es zerreißt mir das Herz. Die arme, arme Evemie!

Die Dame vom Museum reicht eine Handvoll Wollfasern herum. »Und heute haben wir eine echte Zeitzeugin in unserer Mitte«, verkündet sie, während die Besucher andächtig die weichen Flusen betasten.

»Das bin dann wohl ich«, juchzt Evemie. »Ich hab ja hier gelernt. Mit 17.« Ihr runzliges Gesicht strahlt. »Am Selfaktor. Bis der Müller dann zugesperrt hat, 1961. Harte Arbeit, aber was war ich hier glücklich!« Wie eine Backpflaume sieht sie aus, so schrecklich alt! Und dieser billige, abgeschabte Mantel, dazu die ausgelatschten Gesundheitstreter. »Wir haben ja alle gehofft, dass es irgendwann weitergeht«, erklärt sie jetzt. »Hat halt eben nicht sollen sein. Aber dafür haben wir ja nun das Museum, wo ich mich gern an die schönste Zeit in meinem Leben erinnere!«

So traurig! Sie ist 80, immerhin, die schönste Zeit ihres Lebens endete also kurz vor meiner Geburt. Und ich bin ja nun auch schon 63.

»Ich hab ja damals schnell was gefunden, bin dann in die Registratur in Euskirchen«, fährt sie nun fort. »Da war ich bis zur Rente, da hatte ich schon auch Glück.«

Ich unterdrücke ein Stöhnen. Akten, Staub und Langeweile, über vier Jahrzehnte! Für ein erbärmliches Gehalt. Und das nennt sie Glück?

»Aber wissen Sie, ich bin ja ein Sonntagskind«, setzt sie jetzt noch einen drauf. »Ich habe wirklich immer Glück!«

Einmal, möchte ich schreien! Es war nur einmal, ein einziges Mal in ihrem Leben hatte Evemie wirklich Glück! Und was hat sie damit angefangen? Nichts! Es ist wirklich schrecklich traurig.

Nein – es ist mehr als das. Ich habe ja lange gedacht, dass sie einfach nicht die Hellste ist. Schrullig eben, ein bisschen stumpf. Erst die Sache mit Norbert hat mir die Augen geöffnet. Ich habe ein bisschen gegoogelt, mir das mal genauer angeschaut. Und endlich begriffen, wie schlimm es wirklich ist. Evemies Leben – diese große, kranke Lüge!

»Wir werden nachher am Selfaktor noch Gelegenheit haben, Fragen an Frau Hopp zu richten«, erklärt die Dame vom Museum jetzt. »Aber nun erst einmal weiter in die Färberei.«

Evemie hakt sich bei Jupp unter. Der ist heute mitgekommen.

Weil er der Dame vom Museum was sagen muss, hat Evemie gesagt. Und zwar persönlich. Jupp hat zwar geschaut, als hätte er Zahnweh, aber er hat sich gefügt.

Mir passt das überhaupt nicht, ausgerechnet heute. Aber es lässt sich nicht ändern. Und wenn ich ihn so anschaue, ist es womöglich auch nicht so schlimm. Er ist schon auch sehr alt geworden, der Jupp, total tatterig. Der kriegt nicht mehr viel mit, das ist mal sicher. Seine Anwesenheit zwingt mich außerdem, der Realität ins Auge zu blicken. Auch wenn es schwer zu ertragen ist, wie Evemie ihm jetzt liebevoll einen unsichtbaren Fussel vom Ärmel zupft.

Ich ziehe verstohlen ein Tempo aus der Tasche. Schnäuze mich leise. Ich muss die Fassung wahren, fokussieren. Das bin ich Evemie schuldig. Sie hat ja nur mich!

Dabei hätte sie lieber den Jupp gehabt. In den war sie verknallt. Immer schon. Aber Jupp hat ja die Hedi geheiratet. Er hat Evemies Herz gebrochen. Und sie hat sich einfach damit abgefunden.

Komisch, habe ich immer gedacht, verschroben eben. Dabei ist es pathologisch. Sie weigert sich einfach, die schwer erträgliche Realität wahrzunehmen. Stattdessen fixiert sie sich auf die dämliche Sonntagskind-Fantasie und ihr eingebildetes Glück. Vollkommen wahnhaft, im Grunde so eine Art Psychose. Es ist hart, aber ich kann die Augen nicht länger davor verschließen, dass Evemie eine sehr, sehr kranke Frau ist.

Die Dame vom Museum erklärt den Besuchern die alten Wasch- und Trockenmaschinen, geht dann weiter zum Krempelwolf.

Evemie lauscht gebannt. Jupp hingegen wirkt ein bisschen unruhig. Das liegt wohl daran, dass Evemie seinen Arm überhaupt nicht mehr loslässt.

Du musst dir keine Sorgen machen, hat meine Mutter immer gesagt. Du hast ja die Evemie. Und die hat ja nur dich.

Und ich habe mir auch keine Sorgen gemacht, denn als sie das gesagt hat, hatte ich ja den Norbert. Und der Norbert hatte den Betrieb. Und wir hatten die Villa und schöne Kleider und Autos und Urlaube und ein gutes Leben. Aber jetzt ist er eben tot, der Norbert.

Ich schluchze auf.

Die Dame vom Museum wirft mir einen verunsicherten Blick zu und scheucht die Gruppe diskret in den nächsten Raum.

»Mein armes Tinchen!« Evemie greift nach meiner Hand.

Plötzlich und unerwartet, ein Unfall. War wohl was mit den Bremsen.

»Ach nu, das braucht eben seine Zeit«, mischt sich jetzt Jupp ein. »Das steckt man nicht einfach so weg. Die Hedi fehlt mir bis heute.«

Ich nicke stumm. Obwohl er mir jetzt nicht direkt fehlt, der Norbert. Er war ja ohnehin immer im Betrieb. Oder sonst wo. Denn seine Weibergeschichten sind mit der Zeit schon aus dem Ruder gelaufen. So richtig schade ist es nicht um den Norbert. Aber natürlich ging es mir schlecht, danach. Ich habe kaum geschlafen, war total unruhig.

Ich hatte echt Angst, dass sie mir draufkommen.

»Ich wusste ja, wie krank Hedi war«, sagt der Jupp jetzt, die Stimme ganz brüchig. »Aber als es dann so weit war … es ist wohl immer ein Schock.« Er schaut mich mit seinen wässrigen Greisenaugen an.

Ein Schock war es allerdings. Als der Notar mir das mit meinem Norbert und seinen Geschäften und den Schulden erklärt hat. Viele Schulden. Nur Schulden. Ich musste das Erbe ablehnen. Alles für die Katz, das muss man sich mal vorstellen. Und jetzt habe ich nichts mehr! Nicht mal mehr die Villa.

Ich habe nur noch Evemie.

»Vielleicht sollten wir lieber gehen?« Jupp klingt komisch hoffnungsvoll. »Wo es der Tina doch gar nicht gut geht.«

»Nein!« Ich schüttele hastig den Kopf.

»Das kommt gar nicht in die Tüte!« Evemie schaut ihn streng an. »Nun komm, Jupp, bring es einfach hinter dich. Das bist du mir schuldig!«

Ich zucke zusammen. Sie spricht mit Jupp, eindeutig. Und doch ist es, als richte sie die Worte direkt an mich. Kurz frage ich mich, ob irgendwo in all ihrem Wahn doch ein winziger gesunder Kern ist. Etwas, das um Hilfe ruft, mich bestärkt in dem Wissen, dass ich keine Wahl habe.

Sie hat ja nur mich!

Nebenan erwacht die Krempelmaschine dröhnend zum Leben.

»Geht es wieder?«, fragt Evemie ein bisschen ungeduldig.

Ich nicke, folge ihr, dann stehen wir neben der großen Maschine, die die Wolle kardiert. Der Anblick der Rollen, die aus den zerrupften Fasern fluffiges Vlies und Vorfäden formen, beruhigt mich ein wenig.

Evemie schiebt Jupp zu der Dame und stößt ihm den Ellbogen in die Seite.

»Ja, also, die Evemie, die Frau Hopp, die sagt, dass ich Ihnen was sagen muss. Wegen der Schenkung«, höre ich ihn krächzen, während ich mich darauf konzentriere, dass ich jetzt nicht an mich denken darf. Es geht um Evemie. Um ein langes, langes Leben voller Krankheit und Leid. Es kostet enorm viel Kraft, sich und der Welt jeden Tag vorzumachen, dass man glücklich ist. Auch ihr Körper muss völlig erschöpft sein nach all den Jahren. Das leugnet sie – natürlich. Topfit, behauptet sie, nur der Blutdruck ein bisschen zu niedrig, aber der Arzt hätte gesagt, dass sie damit locker hundert werden kann.

Dass sie denkt, dass mich das beruhigt, zeigt sehr deutlich, wie tief sie in ihrer Fantasiewelt gefangen ist. Ich meine – hundert? Das sind noch zwanzig Jahre! Eine Ewigkeit! Für mich genau wie für sie.

Auch darum muss ich den Tatsachen ins Auge blicken. Evemie ist allein in ihrer zugigen Bruchbude. Mit Blutdruck und Verleugnung. Da kommt doch nichts mehr außer Siechtum und Schmerz. Elend wird sie zugrunde gehen, ganz langsam, ganz allein.

Der Gedanke treibt mir wieder die Tränen in die Augen. Das geht nicht, das kann ich nicht zulassen. Ich schulde ihr das, was ja gewissermaßen eine Art Gnadenakt ist. Sie hat doch nur mich!

Die Maschine verstummt. »Tut mir leid, ich muss jetzt weitermachen«, unterbricht die Dame Jupps Gestammel und wendet sich wieder der Gruppe zu.

Niedergedrückt von meiner Verantwortung trotte ich hinter ihr her, betrachte Fäden und Spindeln. Und Evemie, deren Bäckchen ganz rot sind vor Begeisterung. Immerhin ist es gut, dass es hier passieren wird. An dem Ort, auf den sie ihr eingebildetes Glück so hartnäckig projiziert, denke ich, als sie vor mir die Treppe hinaufeilt. Sie kann es kaum erwarten, zu ihrem geliebten Selfaktor zu kommen.

»Es war nämlich so«, belatschert Jupp derweil wieder die Dame. »Meine Frau, die Hedi, die war ja schlimm krank. Aber sie hatte noch so viele Wünsche. Und ich habe ja eine ziemlich schmale Rente ...«

»Das tut mir sehr leid«, unterbricht die Dame. »Aber ich muss mich jetzt wirklich auf die Führung konzentrieren.« Sie lässt ihn einfach stehen, neben mir, oben am Treppenabsatz, und eilt zum Selfaktor.

*Self-actor*, erläutert sie – das komme aus dem Englischen, wörtlich übersetzt: der Selbsthandelnde.

Das weiß ich natürlich, und doch kommt es mir in diesem Moment wie ein Zeichen vor. Eine Botschaft des Universums. Es ist an mir, zu handeln. Ich darf die Sache nicht länger vor mir herschieben.

Ich schiele die Treppe hinunter. So steil, so schmal, wirklich gefährlich. Dann schaue ich wieder zu Evemie, die vor der Maschine steht und übernommen hat. Sie erklärt begeistert die Funktion von Streckwerk und Wagen, schwärmt von Spindel und Spule und erklärt, wie flink sie sein musste, um jeden gerissenen Faden zu entdecken und zu flicken. Auch mit siebzehn ein Knochenjob, kein Zweifel, acht Stunden am Tag, das muss man sich mal vorstellen!

»Die schönste Zeit meines Lebens«, sagt sie jetzt wieder. »Hach, es war doch alles wunderbar!«

So traurig, denke ich wieder. Umso mehr, als dass ihr Leben wunderbar hätte sein können. Und wirklich schön. Damals, nachdem sie ein einziges Mal tatsächlich feinstes Sonntagskind-Glück hatte. Als sie sich von der letzten Lohntüte vom Müller das Lotterielos gekauft hat. Sechs Richtige mit Zusatzzahl. Das war auch in den Sechzigern viel Geld. Genug, um sich eine schöne Villa zu kaufen, schöne Kleider, Autos und Urlaube. Einen zum Heiraten hätte sie bestimmt auch gefunden.

Dass sie damals schon krank war, sieht man daran, dass sie bei ihren Eltern wohnen geblieben ist. In der Bruchbude, in der sie bis heute lebt. Sie ist brav schaffen gegangen in die Registratur, das Gehalt hat ihr ja gereicht, sie brauchte ja nicht viel. Das Lottogeld hat sie dem Jupp anvertraut, der war damals bei der Sparkasse. Er hat es angelegt für sie, sicher und konservativ. Mit jedem Jahr sind da mehr Nullen drangekommen. Und sie hat nie einen Cent angerührt.

So traurig! So krank! Die arme, arme Evemie!

Jupp tänzelt nervös neben mir herum. Das macht mich ganz kirre. »Alles in Ordnung?« Ich schaue ihn fragend an. »Musst du mal?« Man weiß ja, wie das ist bei alten Männern. Und gerade wäre mir sehr recht, wenn er mal kurz verschwinden würde.

Aber er schüttelt den Kopf. »Ich bin nur ... ich muss eben ... es ist ja nicht so leicht ...«

Allerdings nicht, denke ich, auch wenn ich ihm gerade nicht folgen kann. Aber ich kann mich jetzt unmöglich auch noch um Jupp kümmern. Denn gerade wird der Selfaktor eingeschaltet, Evemies Auftritt ist vorbei, und sie kommt zu uns rüber, im Schlepptau die Dame vom Museum.

»Jupp«, sagt sie streng. »Jetzt reiß dich am Riemen, ja?«

Jupp wird erst rot, dann bleich. »Ja, also wie gesagt, die Hedi ...«

»Jupp!«, mahnt Evemie. Sie steht jetzt neben mir, direkt an der Treppe und ist ganz und gar auf Jupp fixiert. Perfekt, denke ich, obwohl sich auf einmal alles in mir gegen das sträubt, was doch unvermeidlich ist.

Ich mag die Evemie ja. Eigentlich.

Aber eben darum geht es. Ich darf jetzt nicht an mich denken. Sie hat doch nur mich.

»Es war ja eigentlich geborgt«, höre ich Jupp sagen. »Ich brauchte eben das Geld, für Hedi und ihre Wünsche. Den Rest habe ich auch gleich wieder angelegt, das wird schon, habe ich gedacht. Nur war dann ja blöderweise diese Krise, wegen der Immobilien, und dann gleich die nächste Krise, Banken, Seuchen, das war ja alles nicht so gut für die Finanzmärkte, es war ja quasi ständig Krise ...«

»Jupp!« Evemie klingt jetzt ungeduldig. Sie geht noch einen Schritt, steht jetzt ganz gefährlich nah an der Treppenkante.

»Also, langer Rede kurzer Sinn – diese Schenkung, die Evemie, also, die Frau Hopp Ihnen, also, dem Museum versprochen hat«, höre ich Jupp sagen, obwohl ich versuche, ihn auszublenden. Ich muss mich konzentrieren, jetzt. Nicht länger zögern. Die Evemie hat nur mich. Ich bin es ihr schuldig. Irgendjemand muss ihrem Leid endlich ein Ende bereiten.

»Die Frau Hopp, also Evemie, die dachte ja, dass es um eine siebenstellige Summe geht«, höre ich Jupp ächzen, während ich all meine mentale Kraft zusammennehme.

Und zustoße, ganz sanft, ich will ihr ja nicht wehtun.

»Nur, dass wir vom Vermögenswert her in der Realität derzeit wohl eher im dreistelligen Bereich sind, fürchte ich, und das, das sollte ich Ihnen jetzt sagen, sagt die Evemie, weil es ja meine Schuld ist.«

»Ach du Scheiße«, sagt die Dame vom Museum.

»Ach du Scheiße«, denke ich, obwohl ich es noch gar nicht richtig kapiere. Der Anblick des kleinen, reglosen Bündels da unten an der Treppe lenkt mich ab.

»Ach du Scheiße«, denke ich wieder, weil ich es jetzt eben doch kapiere. Für die Katz, denke ich dann, alles für die Katz, schon wieder, das kann doch nicht wahr sein.

Und dann schreit jemand. Sehr schrill und laut. Und das bin wohl ich.

Und dann ist die Hölle los, alle stürzen zu mir, brüllen und lamentieren, während ich wie gelähmt auf das Bündel starre, das eben noch Evemie war.

Das sich auf einmal regt, ganz sacht. »Ach du liebes bisschen«, keucht. »Na, das hätte ja ins Auge gehen können.«

Ich sehe, wie sie sich aufrappelt. Da steht. Und lächelt. Ihr schrecklich genügsames Lächeln. »Da sieht man es doch wieder – Sonntagskind bleibt Sonntagskind.« Sie klopft sich den Staub vom schäbigen Mantel. Und mir wird schwarz vor Augen.

**Ralf Lano**

# DES WANDERERS LAST

Sascha musste sich eingestehen, dass er auf die Verkäuferin in dem Fachgeschäft für Outdoorbekleidung hätte hören sollen. Einen solchen Fußmarsch quer durch die Hügel der Eifel war er nicht gewohnt. Sein Hemd klebte an ihm wie ein nasser Putzlappen. Die neuen Schuhe drückten mittlerweile an so vielen Stellen, dass er gar nicht mehr sagen konnte, wo es am heftigsten schmerzte. Den Hinweis, die Schuhe zuerst einzulaufen, hätte er wohl besser beherzigt. Allerdings war der Kauf eine spontane Idee gewesen, nachdem ihm sein Kumpel Ben eröffnet hatte, ihr nächster Einsatz würde sie in den Gemünder Ferienpark Salzberg führen, gelegen mitten im Naturpark Nordeifel. Ihr Chef Yuri liebte es, seine diskreten Unternehmungen in Hotels oder Ferienparks der Eifel abzuwickeln. Die vielen internationalen Gäste im Sommer boten dort stets eine prima Tarnung für Geschäfte aller Art.

Der Ferienpark lag idyllisch an einer Bergflanke über dem Örtchen Gemünd, mit dem atemberaubenden Panorama des tief eingeschnittenen Tals der Urft. Der weite Blick über die Eifelhöhen vermittelte in Kombination mit der klaren Luft das unwirkliche Gefühl, über den Dingen zu stehen. Zumindest stellte es sich so dar, ehe Sascha auf die Idee mit der Wette gekommen war.

Sie waren einige Tage vor dem Termin mit irgendwelchen Geschäftspartnern von Yuri in Gemünd angereist. Den sich daraus ergebenden Müßiggang nutzten sie für kleine Spritztouren in die Umgebung. So wie zum Beispiel heute für ein ausgiebiges Mittagessen im Gemünder Brauhaus. Dabei gefiel es Ben, sich über Saschas angeblich dicker werdenden Bauch lustig zu machen. Das konnte der nicht so ohne Weiteres auf sich sitzen lassen. Zugegebenermaßen musste er sich seit einiger Zeit die Hosen eine Nummer größer kaufen, was jedoch nicht bedeutete, er sei dick. Fand zumindest Sascha.

Zufälligerweise hatte er am Tag zuvor mit Frau Hamilton, der netten Chefin der Ferienanlage, ausführlich über eine Wanderung zur nahen Gedenkstätte Vogelsang gesprochen. Bei der Ehre und seiner Eitelkeit gepackt, behauptete Sascha, er sei fit genug, die gut 16 Kilometer nach Vogelsang und wieder zurück in weniger als vier Stunden zu schaffen. Als Ex-Elitesoldat mit ordentlich Afghanistan-Erfahrung quittierte Ben das mit einem schiefen Grinsen. Schließlich wetteten sie um eine Kiste des guten Gemünder Bieres.

Trotz des fortgeschrittenen Nachmittags schnürte Sascha die Stiefel und marschierte allein los. Nach dem Studium des Höhenprofils auf seiner Wander-App beschloss er, zuerst bergab zu gehen. Das erschien ihm einfacher. Zu Beginn seines Weges fand er noch Gefallen an der abwechslungsreichen Eifellandschaft. Entlang der Urft war es zudem wesentlich kühler als auf den Höhen. Gemäß seiner App war er dabei, seine Wette zu gewinnen, bis sich die neuen Schuhe meldeten. Mittlerweile lag ein ununterbrochener Marsch von über drei Stunden hinter ihm. Sascha musste sich eingestehen, dass diese Wanderung doch kein Kinderspiel war. Bei den Trainingsrunden mit Ben ging es mehr um Selbstverteidigung und schnelle Reaktion als um Kondition. Endlos durch die Gegend zu latschen stellte eine komplett neue Herausforderung dar, und der Aufstieg vom Urft-Stausee brachte ihn nun an die Grenzen seiner Leistungsfähigkeit.

Zudem war es ihm gelungen, an einer Bergkuppe mit dem schrägen Namen ›Modenhübel‹ falsch abzubiegen. Es dauerte etwas, bis er sich wieder auf dem richtigen Weg befand. Dies stellte er gerade noch rechtzeitig fest, bevor der Akku seines Handys beschloss, in den vorläufigen Ruhestand zu treten. Sein letzter Blick auf die App bestätigte ihm immerhin, dass der Ferienpark nicht mehr weit entfernt sein konnte. Nach seinem kleinen Abstecher ins Unterholz stand er nun auf einer freien Fläche. Vor ihm am Wegesrand ragte ein Hochsitz in den Himmel.

Sascha machte Halt, um den Rucksack von den verschwitzten Schultern zu schwingen. Umständlich kramte er nach der Wasserflasche. Zu allem Übel befand sich darin nur noch ein kläglicher Rest, der kurz vor dem Kochen stand. Egal, seine Zunge klebte am Gaumen, selbst diese lauwarme Brühe war besser als nichts.

Sascha schulterte gerade den Rucksack, als vom Hochsitz ein schriller Schrei erklang. Zuerst dachte er an einen Vogel, doch das war eindeutig die Stimme einer Frau gewesen.

Oben auf dem hölzernen Gerüst gab es ein kleines Häuschen mit einer seitlichen, von einem Geländer umfassten Plattform. Aus einem Fenster der Hütte ragte kurz ein Kopf mit blonden Haaren heraus. Wieder war ein verzweifelter Schrei zu hören. Trotz seiner pochenden Füße spurtete Sascha los. Keuchend erreichte er die Leiter. Von oben erklangen die Laute eines verzweifelten Kampfes. Mit von der Wanderung schweren Beinen machte er sich an den Aufstieg. Es erklang wieder ein Schrei, gefolgt von einem Hilferuf in einer Sprache, die Sascha nicht verstand.

Oben angekommen, griff er gewohnheitsmäßig mit der rechten Hand unter die linke Achselhöhle nach seiner Pistole, die jedoch fehlte. Wie hätte er ahnen können, dass er einer Frau in Not zu Hilfe eilen musste? Für eine harmlose Wanderung brauchte man keine Waffe.

Im Inneren des Hochsitzes rumpelte es. War da womöglich ein Schäferstündchen ein wenig aus dem Ruder gelaufen?

Sascha versuchte sein Glück am Türgriff, das hölzerne Blatt schwang nach außen auf. Ein breitschultriger Mann kniete mit erhobenem Messer über einer blonden Frau. Mit ausgestrecktem Arm versuchte diese, das Messer von sich fernzuhalten. Der Mann war eindeutig stärker, das Messer senkte sich Zentimeter für Zentimeter auf die Frau hinab.

Weil Sascha auf eine solide Nahkampfausbildung verweisen konnte, setzte ein gewisser Automatismus ein. Ohne lange nachzudenken, trat er dem Angreifer humorlos in die Rippen. Der Mann steckte den Tritt mit einem »Uff« weg. Wieder zuckte Saschas Hand zu dem nicht vorhandenen Pistolenhalfter. Der Fremde sah zu ihm auf, und Sascha nutzte die Gelegenheit. Mit verschränkten Fäusten traf er genau dessen Kinnlade. Das Messer fiel klappernd zu Boden, sein Gegner sackte zur Seite.

Sascha trat im engen Raum einen Schritt nach hinten. Die Frau sprang geschmeidig wie eine Katze auf die Füße. Ehe Sascha irgendetwas sagen oder tun konnte, schnappte sie sich das Messer und rammte es in den Hals ihres Peinigers. Dem blieb diesmal nicht mehr die Gelegenheit, »Uff« zu sagen. Aus seinem geöffneten Mund rann Blut, ehe er endgültig Ruhe gab.

Völlig verblüfft musste Sascha registrieren, dass die Frau ihm gegenüber eine leicht gebückte Angriffshaltung einnahm. Das Messer zeigte auf seinen Oberkörper.

»Was ...?«

Anstelle einer Antwort ging sie entschlossen auf ihn los.

Zum Glück hatte Sascha solche Momente bis zum Erbrechen mit Ben geübt. Seine Konzentration galt einzig der Hand mit dem Messer. Im letzten Moment, bevor die Klinge seinem Hals ebenfalls eine zusätzliche Öffnung verpassen konnte, drückte er ihr Handgelenk zur Seite. Dabei drehte er sich nach links weg, um möglichst keine weitere Angriffsfläche zu bieten. Die Blondine wurde vom eigenen Schwung an ihm vorbeigetragen. Mit Karacho stürmte sie zur offenen Tür des Hochstandes hinaus, ihr letzter Schrei verklang hinter Saschas Rücken. Das war alles fast schneller gegangen, als er es begreifen konnte. Sein Mund fühlte sich so staubig an, als hätte er die Kekse seiner Patentante Helma gegessen.

Mit zittrigen Beinen kletterte er die Leiter hinab. Der Winkel, in dem der Hals der blonden Frau zum Oberkörper lag, verriet ihm, dass von ihr keine Schwierigkeiten mehr zu erwarten waren. Seine Knie knackten protestierend, als er neben ihr in die Hocke ging. Mit geübten Griffen durchsuchte er die Taschen ihrer Jeans. Was er fand, war eine ausgedruckte grafische Wegbeschreibung, die der ähnelte, die auf seiner App zu sehen gewesen war, als das Handy noch funktionierte. Yuri beschäftigte immer wieder wechselnde Mitarbeiter, die aus unterschiedlichen Ländern stammten. Deshalb konnte Sascha zwar nicht lesen, was da geschrieben stand, er wusste jedoch, dass es sich um Kyrillisch handelte. Er hielt es für ratsam, den Zettel einzustecken, um nicht unnötig DNA-Material zu hinterlassen.

Eine Bewegung rechts von ihm ließ ihn herumfahren. Neben ihm stand ein Paar Beine in kurzen Hosen und braunen Sandalen, die ihm irgendwie bekannt vorkamen.

»Was soll das hier werden?« Ben klang irritiert.

»Wo kommst du denn her?«

»Es gibt da so einen Ferienpark.« Ben zeigte mit dem Daumen nach hinten.

»Ach, tatsächlich?«

»Du hast dein Handy ausgeschaltet. Ich wollte nachschauen, ob du allein den Weg findest. Dann ist da eben das Mädel von dem Hochstand gesegelt, und du turnst hinterher. Man könnte einen Zusammenhang vermuten.«

»Mein Akku ist leer«, erklärte Sascha. Hilfesuchend streckte er Ben die Hand entgegen. Der half ihm hoch.

»Was hast du mit der Frau gemacht?«

»Ich? Gar nichts! Die wollte mir ans Leder.«

»Eine Frau? Dir?« Ben klang nun belustigt.

»Ja! Ich glaube, das ist eine Russin.«

»Eine Russin?«

»Sage ich doch.«

»Ist dir die Sonne nicht bekommen?«

Ben beugte sich zu seinem Freund, um wie ein besorgter Arzt seine Stirn zu betatschen. Sascha wischte seine Hand weg. Aus der Hosentasche zog er das Beweismaterial hervor.

»Hier, guck selbst.«

Ben inspizierte den Zettel, seine Augenbrauen zogen sich zusammen.

»Hm«, war alles, was er von sich gab.

»Da oben liegt ein Toter, es gab wohl Beziehungsstress. Bei Russen kommt so etwas schon mal vor. Zu viel Wodka halt.«

»Wie meinst du das, da liegt ein Toter?«

»Die Russen-Trulla wurde von einem Mann angegriffen. Ich wollte helfen, dann hat sie erst den Typ massakriert, anschließend wollte sie mich abservieren. Ohne deine Tricks hätte sie es vielleicht sogar geschafft. So hat sie eine kostenlose Flugstunde erhalten«, fasste Sascha die Ereignisse zusammen.

Ben machte sich kommentarlos an den Aufstieg, und es dauerte nur wenige Minuten, bis er wieder auf dem Erdboden stand. Aus der Beintasche seiner Shorts zauberte er ein Lederetui sowie einen Plastikausweis.

»Das Etui ist vom Toten, den Ausweis habe ich neben der Tür gefunden, der dürfte von deiner Flugschülerin stammen.«

Er klappte das Mäppchen auf, Sascha konnte etwas von CIA lesen.

»Oh.« Seine Zunge meldete erneuten Bedarf nach Flüssigkeit an.

Ben untersuchte die Plastikkarte. Wie auch bei der Wanderkarte gab es kyrillische Buchstaben. Die blonde Frau sah ihnen von einem Foto emotionslos entgegen, sie trug Uniform.

»Ach du Scheiße, sind wir etwa in einen schlechten Actionfilm reingeraten?« Auch Schlucken half nicht, Saschas Kehle zu befeuchten.

Bens Blick wanderte vom Ausweis zur Toten. Wie so oft war er es, der eins und eins zusammenzählte.

»Anscheinend neigt nicht nur Yuri dazu, seine Geschäfte hier in der ruhigen Eifel abzuwickeln.«

»Hä? Es wäre nett, wenn du mich an deinen Gedankengängen teilhaben lassen könntest.«

Ben kratzte sich am Kopf. »Es ist ja nichts Neues, dass du Schwierigkeiten anziehst. Dass du diesmal gleich zwei Geheimagenten erledigst, muss dir erst mal jemand nachmachen. Du James Bond der Eifel.«

»Geheimagenten? Ich habe überhaupt nichts gemacht!«

»Das sagst du immer.«

»Wirklich, ich wollte nur helfen. Das hat man davon.«

»Wie auch immer. Wir haben zwei Tote.«

Was in ihrem beruflichen Umfeld gelegentlich vorkam.

»Na toll. Und was jetzt? Sollen wir sie unten im Stausee versenken?« Sascha sah sich bereits Leichen durch die Gegend schleppen, und das in Schuhen, die ein hochmotivierter Folterknecht entworfen haben musste.

Ben überlegte einige Sekunden, ehe er sagte: »Was auch immer die beiden hier wollten, ich gehe davon aus, sie sind jeweils allein unterwegs gewesen. Andernfalls hätten wir längst Gesellschaft. Hier ist alles ruhig, trotzdem sollten wir zügig verschwinden, bevor sich das ändert. Uns dürfte niemand auf der Rechnung haben.«

»Glaubst du?«

»Glaube ich.«

Bens Handy gab piepende Alarmsignale von sich. Seine Mundwinkel zogen sich nach oben.

»Einen Vorteil hat deine heroische Anwandlung.«

»Oh Mann, ich bin wirklich mehr als bedient für heute. Wenn du nicht willst, dass ich dich mit meinen tollen neuen Wanderschuhen füttere, sag, was du zu sagen hast.«

Vor Saschas Nase erschien jetzt die Stoppuhrfunktion von Bens Handy. Das mit den vier Stunden blieb dann wohl eine Utopie.

»So viel zu deiner Wette.« Ben steckte das Telefon weg. »Mir kommt gerade eine ganz hervorragende Idee für unsere Abendgestaltung.«

Sascha beschlich der Verdacht, diese Idee würde auf seine Kosten gehen. »Aha, und welche?«

»Wir schauen, dass wir uns hier vom Acker machen. Wenn du dich frisch gemacht hast, rufen wir uns ein Taxi, fahren zu diesem Brauhaus und begießen uns ordentlich die Nase. Es kann nichts schaden, dort gesehen zu werden.«

»Das ist ein Wort. Und was machen wir mit ...« Sascha überlegte. »... den Kollateralschäden?« Sein Blick wanderte zu der Blondine mit dem verdrehten Hals.

»In solchen Fällen gibt es immer Hintermänner, die ihre Leute führen. Wenn die beiden sich nicht ordnungsgemäß bei ihren Vorgesetzten melden, tauchen vermutlich zügig die Kollegen der einen oder anderen Seite auf und kümmern sich um alles. Mit der Polizei brauchen wir bei so was eher nicht zu rechnen. Es wird wohl noch nicht mal eine Meldung in der örtlichen Zeitung geben.«

Sascha nickte. Mordlüsterne Amis und Russen waren definitiv nicht sein Problem. »Wenn du das sagst. Jedenfalls werde ich nie wieder wandern gehen, das ist viel zu gefährlich und geht ins Geld.«

Er wollte jetzt nur noch duschen und danach eine ganze Badewanne voll kühles Bier trinken.

**Isabella Archan**

# DUELL UM MITTERNACHT

(oder: Was geschah wirklich in jener Nacht in der Backstube der Printenmanufaktur in Bad Münstereifel)

Die Doppeltür flog mit einer Wucht auf, als würde draußen ein Hurrikan toben.

Es war kurz vor zwölf Uhr nachts, und natürlich hatte der Betrieb schon geschlossen. Erst in einigen Stunden würde die Arbeit für den neuen Morgen starten.

Doch Lukas saß bereits auf einem Drehsessel vor der langen Arbeitsplatte aus hellem Holz. Trotz der nahenden Bedrohung hatte der neue Bäckerlehrling die Atmosphäre beim Warten genossen.

Das Knacken des hohen Backofens, so als sehnte der sich danach, von Neuem erhitzt und befüllt zu werden. Den Anblick der großen Knet- und Rührmaschinen, die wie weiße und silberne Riesenkatzen wirkten, die sich eingerollt hatten. Die noch leeren, glänzenden Backbleche, die akkurat übereinandergestapelten Transportboxen, die aneinandergereihten Regale. Im ganzen Raum herrschte Sauberkeit und Ordnung für die Herstellung des beliebten Backwerks. Der Geruch der speziellen

Printen, gepaart mit Gewürzen, lag hier ständig in der Luft.

Lukas liebte alles an der Herstellung. Er genoss es, den Grundteig aus Mehl, Zucker, Wasser zu vermengen und zu kneten, bevor die Maschinen ihren Einsatz hatten. Später die Köstlichkeiten zu formen, entweder frei mit der Hand oder mithilfe von Platten, in die hinein die Druckformen geschnitten waren. Letztere hatten der Printe ursprünglich ihren Namen gegeben, denn »Printe« bedeutete zunächst dasselbe wie »Presse«, wie Lukas von seinem Chef erfahren hatte.

Herrlich war diese Kraft, die man brauchte, die Energie, die diese Handarbeit freisetzte. Nach getaner Arbeit fühlte sich Lukas stets selbst geerdet und, ja, angekommen im neuen Leben.

Jeden Tag wurden frische Köstlichkeiten fabriziert, im Laden verkauft, verschickt oder direkt im angeschlossenen kleinen Café zu einem Kaffee oder Tee verspeist. Mit Genuss und Freude. »Die Printen sind spitze, so weich und würzig« und »Wir holen unseren süßen Nachschub immer hier«, waren nur zwei der Komplimente der Kundinnen und Kunden, die Lukas in seinen Pausen aufgeschnappt hatte, wenn er bei einem Espresso und ein oder zwei Printen im Ladenlokal saß. An die Arbeitszeiten und Abläufe hatte er sich schnell gewöhnt.

Ob für ihn aber all diese Rituale nach dieser speziellen Mitternacht noch würden stattfinden können, war mehr als ungewiss.

Bevor die Doppeltür zu dieser schicksalsträchtigen Stunde ihren ungewöhnlichen Einsatz hatte, war auch Chiara zögernd aus dem – um diese Uhrzeit stillen und einsamen – Café nach hinten zu Lukas gekommen. Dicht gefolgt vom dicken Erich. Als Vorhut der Bande konnte man sagen.

Gleich würde es losgehen.

Chiaras helles Haar hatte mit der Notbeleuchtung um die Wette geschimmert. Zusätzlich drang Licht vom Hinterhof durch die breiten oberen Fenster und verlieh dem Raum eine gewisse dämmrige Magie.

Erich, der übergewichtige, aber immer noch gefährlich alte Wiener, eigentlich schon weit über das Rentenalter hinaus, hatte die Taschenlampenfunktion an seinem Handy aktiviert. Der Strahl war durch die Backstube geirrt und an Lukas' Gesicht hängen geblieben. Den Revolver in der anderen Hand hatte Lukas nur erahnen können.

»Alles gut, Erich. Ich bin allein hier. Oder denkst du, ich will Chiaras Leben aufs Spiel setzen?«

Erich hatte noch einen seiner Ösi-Flüche losgelassen, die hierzulande von kaum jemandem verstanden wurden: »Händ' foilten, Goschn hoilten!«

Dann hatte er Chiara in seine Richtung gestoßen und ein *Okay* über sein Handy gesendet.

Lukas hatte den alten Kerl schon erlebt, wenn der Alkohol ihn fröhlich stimmte und ihn seinen miesen Job vergessen ließ. Dann lachte Erich über seinen eigenen Schmäh am meisten, und sein dicker Bauch sprang wie ein Prellball auf und ab.

Kumpels waren sie gewesen, konnte man behaupten.

Den glatzköpfigen, fülligen Wiener hatte Lukas gemocht, genauso wie er eine lange Zeit gern zu der Bande, der *Gang*, gehört hatte. Die kriminelle Gemeinschaft hatte ihm die Familie ersetzt. Anfangs war der Boss der

Organisation, der sich »Der Kneifer« nannte, sogar eine Vaterfigur für ihn gewesen.

Doch seine Prioritäten hatten sich geändert. Jetzt war es dieses neue, unspektakuläre Leben: die Backstube, das Café, die Printenmanufaktur, die schon seit Generationen geführt wurde. Jeden Tag, wenn ihn der Wecker frühmorgens aus dem Schlaf riss und er seiner Chiara einen Kuss auf die Wange hauchte, dankte er irgendwem da oben, der ihn auf andere Wege geführt hatte.

Überhaupt, seine Chiara. Alles für sie und mit ihr.

Lukas fragte sich oft, wie ihm einst bloß das Wort *lieben* so schwer über die Lippen gekommen war, heutzutage konnte er jede Mehlstaubwolke und jedes Nussstückchen *lieben*. Er *liebte* das Ansteigen der Hitze am frühen Morgen, wenn der Ofen zu glühen begann, das Stimmengewirr unter Tag, das aus dem Laden in die Backstube rieselte. Er *liebte* jedes Holzscheit, jeden Stein und auch jede einzelne Printe, die er seither gebacken hatte. Selbst die Doppeltür am Hintereingang *liebte* er.

Und jene Tür nun, die schließlich aufflog wie im Sturm, rettete Chiara und ihm höchstwahrscheinlich sogar das Leben. Denn sie schwang zwar mit Wucht auf, was aber zur Folge hatte, dass sie auch schnell wieder zuschlug und die erste Salve aus dem Maschinengewehr komplett auffing.

Der erste Angreifer war blöde genug, um die Wirkung einer in der Mitte geteilten Tür nicht zu durchschauen.

Lukas und Chiara warfen sich instinktiv nach unten, hinter dem Arbeitstisch. Selbst bei dem dämmrigen

Licht konnte Lukas Chiaras Augen sehen. Sie waren weit aufgerissen, die Panik flackerte in den Pupillen.

»Was is'n das für ein Mist!« hörten sie Erich vom Ofen her brüllen. »Feuer einstellen, du anschwappter Donaufetzn, du. Keiner soll schießen! Sakra!«

In dieser Minute, die als Zeitpuffer durch die dämliche Türaktion entstanden war, hatte Lukas schon das Gewehr und Chiara die elegante Smith und Wesson in der Hand.

Lukas war als Erster hergekommen, ganz allein, aber nicht, ohne die Waffen aus der Truhe im Schlafzimmer mitzunehmen. Mit einem Seufzen hatte er das Vorhängeschloss von dem Möbelstück entfernt, die Truhe geöffnet und die Relikte aus seiner Zeit als Handlanger des Bösen an sich genommen. Die einzigen Gegenstände aus seiner Vergangenheit, die er aufbewahrt hatte. Nur für den Fall ...

Eben für den Fall, der heute Nacht eingetreten war.

Chiara hatte Lukas seit ihrer beider Flucht stets gewarnt, wie rachsüchtig der Kneifer sein würde, nachdem sie ihn betrogen, verlassen und verraten hatten. Dass der Boss nicht ruhen würde, bis er die Liebenden aufgespürt haben würde. So fern der Hauptstadt und unschuldig hübsch Bad Münstereifel auch war, ganz in Sicherheit waren sie hier nie gewesen.

Lukas sprang hoch und feuerte los und landete einen Treffer. Dieser Typ, der gegen die Doppeltür getreten und dann sofort geballert hatte, fiel wie eine Tonfigur nach hinten.

»Einer weniger!« Lukas' Stimme klang heiser, wie das Krächzen eines Raben.

Eine kurze Pause auf der anderen Seite entstand.

»Draußen im Hinterhof warten noch mehr Männer, Lukas.« Erich brüllte wieder. »Ihr seid's gleich schöne Leichen, wenn ihr nicht die Waffen fallen lasst.«

Lukas war bereit zu sterben, aber Chiara musste leben. Zu kurz erst war ihre Zeit in Freiheit und ohne den Zwang, dem Kneifer zu Willen zu sein. Er begann zu beten, dass sein Plan aufgehen würde.

Lukas hob das Gewehr hoch über seinen Kopf und erhob sich langsam aus der Hocke. »Okay! Ich ergebe mich.«

Chiara schüttelte neben ihm den Kopf und zerrte an seiner Jeans.

»Es wird alles gut, Chiara«, hauchte er ihr zu. Davon war er allerdings nicht wirklich überzeugt.

Das Licht wurde eingeschaltet. Es stach Lukas in die Augen und brachte sie zum Tränen. Doch kein weiterer Schuss fiel, noch war er also am Leben. Chiara seufzte schwer und kam ebenfalls hoch. Ihre Smith & Wesson hatte sie sich zwischen die Fußknöchel geklemmt, was nur Lukas bemerkte.

An der Doppeltür zeigte sich schließlich der Boss.

Der Kneifer war gut gesichert von einem halben Dutzend Männern mit Knarren. Und dem dicken Erich, immer noch seitlich am Backofen lehnend, auf dessen Glatze und Gesicht Schweißtropfen glitzerten.

»Chiara, mein Vögelchen.«

Stets schlug er einen leisen Ton an. Seine Lippen kniff er gerne spitz nach vorne, was ihm beim Sprechen ein leichtes Lispeln verlieh. Er selbst hielt das für distinguiert. Gnade Gott dem, der darüber lachte. »Chiara, ich hatte dir doch gesagt, dass wir uns wiedersehen.«

Sie zuckte zusammen.

Der Big Boss war also höchstpersönlich gekommen. Der Kneifer, einer der Großen im Kokainhandel und Diamantenschmuggel, hatte es sich nicht nehmen lassen, seinen ehemaligen zweiten Mann und seine Exgeliebte, die sich zusammen mit einer Lieferung Diamanten aus dem Staub gemacht hatten, abzuholen. Oder hinzurichten. Keiner hinterging den Kopf der Bande und atmete dann lange weiter.

Chiara war kreidebleich. Die lange Narbe, die sich über ihre Schläfe bis zum Kinn herunterzog, leuchtete in der Blässe. Ein Geschenk vom Kneifer, als sie einmal, seiner Meinung nach, zu spät vom Einkaufen zurückgekommen war. Er hatte sie blutend liegen gelassen. Lukas hatte sich um sie gekümmert. So hatte alles angefangen. So waren sie sich nähergekommen, und eine Liebe war zwischen Gewalt und Schmerz, Verbrechen und Mord erblüht.

Chiara und Lukas gegen den Rest der Welt unter der Herrschaft des Kneifers. Was hätten sie anderes tun sollen als eine der Diamantenlieferungen einfach nehmen und abhauen?

Den Kneifer mit einer anonymen Anzeige aus dem Verkehr ziehen und raus aus der Hölle, das war ihr magerer Plan gewesen. Einmal quer durch das Land fliehen und in dieser entzückenden Printenmanufaktur am Ende des kriminellen Universums, in Bad Münstereifel, Schutz und Heim suchen. Aber natürlich hatte die Organisation sie irgendwann finden müssen. Das hatten sie beide gewusst, von Anfang an.

»Chiara, mein Vögelchen, wir machen es ganz einfach für euch beide!«

Die Stimme des Kneifers hörte sich jetzt an, als hätte er sich zu viele Backwaren auf einmal in den Mund gestopft.

»Du, Chiara, gehst hinaus und wartest im Wagen auf mich. Ich komme rasch nach, denn hier riecht es mir zu süßlich. Und du, Lukas, wirst Erich meine Glitzersteinchen aushändigen, und aus früherer Verbundenheit wird er dich schnell, mit einem Kopfschuss, töten. Das kommt mir sehr ... sagen wir mal ... fair vor. Back in der Hölle weiter, mein Freund. Und Erich, du Fettwanst, hol die Diamanten!«

Lukas sah die Leere in Chiaras Blick. Würde es hier enden?

»Du, du deppertes Arschloch, du. Ich bin nicht mehr dein Watschenmann, verstehst ...!«

Ein Schuss fiel.

Für Sekunden atmete keiner.

Erich hielt seinen Revolver mit beiden Händen umklammert. Sein dicker Bauch hing über seiner Hose, seine Glatze schien zu glühen. Sein Gesicht war purpurrot, er starrte Richtung Kneifer.

Am Hintereingang zur Backstube stand der Big Boss immer noch aufrecht. Doch Lukas sah das schwarze Loch in der Brustmitte des Kneifers. Er sah das halbe Dutzend Männer wie paralysiert verharren und auf den dicken alten Wiener stieren.

Lukas reagierte als Erster. Er schnappte sich sein Gewehr und richtete es auf die Truppe. »Abgang, die Herren, aber schnell. Einen oder zwei erwische ich auf jeden Fall, wenn ihr kämpfen wollt. Ich würde euch raten, es nicht zu tun. Für wen auch?«

Chiara hielt nun ihre Smith & Wesson ebenfalls wieder in ihrer rechten Schusshand. Sie umrundete hastig den Arbeitstisch, stieß an der Ecke an, taumelte weiter, bis sie vor dem leicht zitternden Kneifer stoppte.

Aus der Schusswunde in seiner Brust floss mehr und mehr Blut. Er hob beide Hände in Chiaras Richtung, als wollte er sie fragen, wie das denn passieren konnte, der große und mächtige Kneifer, angeschossen von einem alten Kerl mit Übergewicht und Wiener Schimpfwörtern?

Dann gaben die Beine des Kneifers nach, er sank nach unten.

»Raus! Alle raus!«, brüllte Erich. »Ich regel' das jetzt hier. Verschwindet! Abmarsch!« Er gestikulierte und spuckte wie ein Berserker.

Zwei der Handlanger fassten den tödlich verwundeten Boss unter den Achseln und schleiften ihn aus der Backstube. Die Doppeltür ging diesmal gemächlich auf und zu, wie der Flügelschlag eines großen Vogels. Motoren heulten auf, Wagen jagten vom Hinterhof davon.

Die drei Verbliebenen schauten sich an.

Lukas war der Erste, der laut zu lachen anfing. Chiara stimmte mit einem hysterischen Kichern mit ein. Erichs Hand begann zu zittern, und er ließ den Revolver fallen.

Lukas umrundete den Tresen und war an der Seite des alten Wieners, als dieser nach der Aufregung ins Schwanken kam. Er führte ihn zum Drehsessel.

»Danke, Erich. Danke! Dafür gebührt dir die Hälfte des Geldes, das ich für die Diamanten beschaffen werde. Wie abgemacht. Was hab ich dir gesagt? Schon vor Wochen, als du mich aus alter Verbundenheit warnen wolltest? Unser Plan ist aufgegangen. Ich wusste es, Kumpel. Meine letzte kriminelle Aktion, danach bin ich nur noch auszubildender Printenbäcker. Die Organisation wird jetzt erst mal genug mit all den internen Nachfolgekämpfen zu tun haben, als dass sie sich um uns kleine Lichter kümmern würden.«

»Himmel, Arsch und Zwirn. Oida, ich bin von mir selbst beeindruckt!«

Erich wischte sich den Schweiß von der kahlen Stirn, seine Stimme bebte.

Chiara kicherte immer noch.

Von draußen hörten sie nun Sirenen näher kommen. Der mitternächtliche Lärm hatte den beschaulichen Kurort aufgeschreckt.

Lukas löschte das Licht. »Unser Stichwort. Höchste Zeit, sich zurückzuziehen. Mit etwas Glück wird uns keiner mit der Sache in Verbindung bringen. Rasch.«

»Aber der Schaden hier. Die Einschüsse …« Chiara zögerte.

Ein Augenzwinkern von Lukas folgte. »Es wird eine anonyme Spende geben, denke ich. Komm.«

Chiara fasste seine Hände.

Erich schaute die beiden an. »Die Eifel g'fallt mir. Und hier drinnen riecht es richtig gut nach Printen. Am Ende bleib' ich auch.«

**Ralf Kramp**

# HINWEISE, DIE ZUR ERGREIFUNG DES TÄTERS FÜHREN

Es sind Herbstferien, und das Wetter ist erbärmlich. Seit Tagen regnet es ununterbrochen, sodass man Angst haben muss, dass einem Schwimmhäute zwischen Fingern und Zehen wachsen. Volker macht das eigentlich nichts aus, er kann Tage, Wochen und, wenn es sein muss, auch Monate vor dem Fernseher verbringen. Für Streaming-Dienste hat er kein Geld. Er guckt alles, was frei empfangbar ist. Besonders gerne True-Crime-Sendungen. Er ist mit *Aktenzeichen XY ungelöst* aufgewachsen.

Seit er bei seiner Schwester zur Untermiete wohnt, nörgelt die dauernd rum. Obwohl er nur ein Zimmer mit winzigem WC hat. Auch wenn das womöglich nie was wird mit irgendeinem Job, soll er sich doch bitteschön irgendwie sinnvoll betätigen, meint sie. Er findet Fernsehgucken ja eigentlich sinnvoll genug, aber seine Schwester ist da anderer Meinung.

Heute hat sie Volker dazu verdonnert, was mit den Kindern zu unternehmen. Kein Fernsehgucken, hat sie noch schnell ergänzt, bevor er das vorschlagen konnte.

Volker mag die Zwillinge nicht. Volker mag eigentlich gar keine Kinder. Als Ken-Teophil und Benita-Laurena darum betteln, nach Kall ins *aktivi* zu fahren, ist ihm das eigentlich ganz recht. Da können sie sich ordentlich austoben, ohne dass er einen Finger krümmen muss. Dass sie auch noch ein paar Freunde mitnehmen wollen, passt ihm zwar gar nicht, aber seine Schwester meint nur: »Stell dich nicht so an«, und er fügt sich.

Der große Gebäudekomplex am Ortsausgang in Richtung Gemünd grenzt an den Sportplatz. Die Kinder wissen sofort, wo es langgeht. Im Nu sind sie drin, haben ihre Schuhe ausgezogen und stürmen das Spielareal. Alles ist grellorange und knallblau. Im Nu haben sie sich auf die unzähligen Trampolins, die Kletterwand und die Rutschbahnen verteilt.

Volker lässt sich im Bistro nieder und schlürft einen Kaffee. Seine Schwester hat ihm abgezähltes Geld für die Kinder mitgegeben. Nur für die Kinder. Egal, die können sich auch zu zweit jeweils eine Cola teilen. Ach nein, keine Cola, hat seine Schwester gesagt.

Gerade hat er angefangen, vor der Lärmkulisse des Kleinkinderbereichs leicht wegzudämmern, als einer der Jungs vor ihm steht und heult. »Die Tamijah zieht mir immer an den Zöpfen!«

»Nerv nicht rum«, murmelt Volker und schlürft an seinem Kaffee. Früher waren es die Mädchen, die an den Zöpfen gezogen wurden. Mit einer wedelnden Handbewegung scheucht er das Kind weg.

Er hat keine Lust auf den Stress mit den Gören. Aber vermutlich war das noch nicht alles.

Und tatsächlich: »Der Duncan-Leander ... *Schnief* ... der hat ...«, schluchzt zwei Minuten später ein anderes kleines Balg mit dicker Brille und kriegt vor Schniefen und Luftholen kaum die Worte heraus. »Der hat ... *Schnief* ... hat ... mich ... *Schnief* ... von der ... von der ... *Schnief* ... *Schnief* ...«

»So schlimm kann es ja wohl nicht sein, wenn du es mir nicht mal richtig sagen kannst!«, raunzt er. »Verzieh dich und spiel weiter.«

Super, so geht das jetzt die nächsten Stunden weiter, denkt Volker und seufzt tief.

Er muss mal dringend aufs Klo.

Kaum hat er es gefunden und sich niedergelassen, plärrt auch schon vor der Tür eine panische Kinderstimme: »Onkel Volker, Onkel Volker, komm mal schnell. Der Flynn-Konstantin hat den Vivaldo im Schwitzkasten, und der Vivaldo hat schon ein ganz dunkelrotes Gesicht!« Schnell und laut entfernen sich die Kinderfüße mit kurzen, schnellen Schritten.

Verärgert zieht Volker ab und verlässt das Klo. Er könnte jetzt schön zu Hause sitzen und fernsehgucken. Heute Abend kommt *Medical Detectives* auf *VOX*. Da wird er wohl hoffentlich rechtzeitig zurücksein.

Zuerst fehlt ihm die Orientierung. Rechts oder links? Es geht ein paarmal um die Ecke, und als er durch einen Durchgang späht, erkennt er den Eingang zum Restaurant. Da würde er sich jetzt viel lieber hinsetzen, und es riecht da auch ganz köstlich. Aber Geld hat er dafür sowieso keins.

Doch dann bleibt sein Blick an einem Tisch haften, an dem eine einzelne Frau sitzt. Sie ist irgendwas Mitte fünfzig, nicht besonders attraktiv, hat einen struppigen, graublonden Kurzhaarschnitt und pickt an einem Salat herum. Jetzt guckt sie auf die Armbanduhr. Bei jeder Geste, jedem Runzeln der Stirn, jeder Drehung des Kopfes ist sich Volker sicher: Die kennt er!

Und augenblicklich weiß er es: Die wurde letztes Jahr bei *Aktenzeichen XY* gesucht! Henriette »Henny« Bechtold, die Supermarkt-Räuberin aus Wiesbaden! Acht Supermärkte in anderthalb Jahren. Die hat ihn total fasziniert. Eine Frau, die einfach nicht zu fassen ist, die sich immer schon aus dem Staub gemacht hat, wenn die Polizei ihren derzeitigen Aufenthaltsort aufgespürt hat. Eine Belohnung ist damals auch ausgesetzt worden. Wie hoch die war, weiß Volker nicht mehr, aber es war eine Zahl mit mehr Nullen hintendran, als er jemals auf seinem Konto gehabt hat oder haben wird.

An ihrer linken Hand fehlt der Daumen, so wurde es damals beschrieben. Deshalb hält sie jetzt die Hand unter der Tischplatte versteckt.

Volker kann nicht anders. So unauffällig wie möglich schlendert er zu einem der freien Tische und setzt sich so hin, dass er die Frau beobachten kann. Die Kellnerin bringt ihm eine Speisekarte, und er blättert darin herum. Was er liest, nimmt er kaum wahr. Vielleicht kommt er hier noch mal hin, wenn er die Belohnung kassiert hat. Früher hieß das bei *Aktenzeichen XY* immer: »Hinweise, die zur Ergreifung des Täters führen ...« Also in diesem Fall zu der Täterin.

Die Kellnerin fragt ihn nach seinem Getränkewunsch. Er bestellt sich ein Bier. Die Kinder können sich ja auch jeweils zu dritt eine Limo teilen. Ach nein, auch keine Limo, hat seine Schwester gesagt.

Er beobachtet die Frau und hat keinen Zweifel. Das ist Henny Bechtold, die Supermarkt-Räuberin. Sie macht alles mit der rechten Hand. Essen, trinken, sich mit der Serviette den Mund abtupfen … Die Linke bleibt die ganze Zeit im Verborgenen. Kein Wunder.

Die Kellnerin bringt ihm das Bier. Das Lokal ist gemütlich, das Licht der zierlichen Lampen auf den Tischen und die dezente Deckenbeleuchtung stellen eine warme, gemütliche Atmosphäre her. Aber dafür hat Volker keinen Blick.

Er versucht sich an den Beitrag im Fernsehen zu erinnern. Man sieht eine Supermarktkasse. Eine junge Frau zieht die Sachen über den Scanner, die vier andere Laiendarsteller auf das Band gelegt haben. »Es ist Freitag, kurz nach sechs, und Nicole W. freut sich auf den Feierabend, denn sie hat sich mit Freunden zum Kinobesuch verabredet«, erklärt die Stimme aus dem Off. »Nicole W. ahnt zu diesem Zeitpunkt noch nicht, dass ihr die schrecklichsten Minuten ihres Lebens bevorstehen.«

»Onkel Volker, der Duncan-Leander hat ganz oben in der Kletterwand in die Hose gepinkelt«, sagt seine Nichte Benita-Laurena kichernd und prustend. Verdammt, wie hat die ihn denn hier gefunden?

»Dann soll er schön da oben bleiben, da trocknet das schneller!«, zischt er verärgert. »Los, mach, dass du zurückkommst.«

»Ich habe Hunger auf das da!« Sie tippt auf die Speisekarte. *Chicken Teriaki Bowl*.

»Quatsch, ihr könnt zu Hause essen. Zum letzten Mal, zieh Leine!«

Als die Kleine endlich wieder weg ist, fixiert Volker wieder sein Zielobjekt. Was macht sie jetzt? Sie holt ihr Handy raus und nimmt ein Gespräch an.

»Prima, ich komme dich abholen«, kann er undeutlich verstehen. Und er sieht ein Lächeln in ihren Mundwinkeln. Sie erhebt sich und verlässt den Tisch. He, Moment mal, sie muss doch noch bezahlen! Das geht aber jetzt auf einmal alles ein bisschen sehr schnell. Sie hat offenbar schon bezahlt. Sie verabschiedet sich freundlich von der Kellnerin.

Auch Volker springt auf und holt sein Portemonnaie aus der Gesäßtasche. Sein Bier hat er nicht mal angerührt.

Während er der verdutzten Kellnerin einen Fünf-Euro-Schein in die Hand drückt und sagt: »Ist gut so«, versucht er, Henny Bechtold mit seinen Blicken zu folgen.

Sie schlendert in aller Ruhe aus dem Lokal, geht am Empfangstresen vorbei und steuert den angrenzenden Teil des Gebäudekomplexes an. Da sind die Fitnessräume. Um die macht Volker immer einen ganz großen Bogen. Da kriegt er schon Muskelkater, wenn er die Foltergeräte nur von Weitem sieht. Hastig stolpert er hinterher.

Auch die quäkende Kinderstimme aus dem Hintergrund hält ihn nicht zurück: »Der Perditus hat auf das Trampolin gekotzt! Das stinkt voll eklig!!!«

Er dreht sich gar nicht erst nach dem Kind um. Verdammt, wo ist sie? In welche Richtung ist sie abgebogen? Was hat sie vor? Will sie hier und heute erneut zuschlagen? Volker versucht, sich alles genau einzuprägen. Er wird ein guter Zeuge sein. Bei *Aktenzeichen XY* würde es heißen: »Für Hinweise, die zur Ergreifung ...«

Dann hat Volker sie entdeckt. Ihre linke Hand ruht in der Tasche ihrer Strickjacke. Immer schön verborgen, damit niemand den fehlenden Daumen bemerkt. Sie reckt den Hals, hält nach etwas oder jemandem Ausschau, und dann winkt sie auf einmal mit der Rechten.

Es ist ein großer, breitschultriger Typ im petrolfarbenen Jogginganzug mit tätowierten Unterarmen, dichtem, schwarzem Kinnbart und einem akkuraten Undercut. Er kommt aus dem Durchgang zum Fitness-Center. Die beiden eilen aufeinander zu, küssen sich, und er legt den muskulösen Arm um sie, während sie gemächlich auf den Ausgang zuschlendern. Mit der anderen Hand trägt er eine Sporttasche.

Volkers Gehirn arbeitet auf Hochtouren. Er hat den Eindruck, dass die Leute, die im Foyer verstreut stehen und in kleinen Gruppen miteinander schwatzen und lachen, hören müssten, wie die Zahnräder sich quietschend drehen. Alle sind bester Laune in diesem Wohlfühltempel, und keiner von ihnen ahnt, wer da mitten unter ihnen ist: eine gewaltbereite Supermarkt-Räuberin, die bei acht Überfällen insgesamt 14.000 Euro erbeutet, die eine Kassiererin angeschossen und schon drei Mal Kunden als Geiseln genommen hat.

Wer ist der Typ? Ihr Komplize? Ist das mit der trauten Zweisamkeit nur Show?

Oder ist er wirklich völlig ahnungslos, genau wie all die anderen hier?

Wann ist der richtige Zeitpunkt, um die Polizei zu informieren. Noch nicht. Jetzt noch nicht!

Als die beiden das Gebäude verlassen, ist Volker ganz dicht an ihnen dran. Fast zu nah, aber er will auf keinen Fall riskieren, dass sie ihm durch die Lappen gehen.

»Onkel Volker!« Es ist sein Neffe Ken-Teophil. Er winkt wie wild und hält einen dunklen Gegenstand in die Höhe, den Volker nicht erkennen kann. »Onkel Volker!«

»Geh zurück!«, ruft Volker genervt. »Geh sofort zu den anderen zurück!«

Dann rennt er auf den Parkplatz hinaus, stolpert dabei mehr, als er läuft. Er keucht und schnauft und schaut sich hektisch um.

Dieses Mal bemerken sie ihn. Sie drehen sich gleichzeitig zu ihm um, und er reißt instinktiv sein Handy ans Ohr und tut so, als sei er in ein Gespräch vertieft. »Ah ja, hier draußen ist es besser. Jetzt kann ich dich gut verstehen!«

Sie wenden sich wieder um und wechseln noch ein paar Worte. Er hört ihr Lachen. Sie küssen sich. Dann gehen sie in unterschiedliche Richtungen zwischen den parkenden Autos davon.

»Onkel Volker, die Zoe-Shayanne hat meinen Schuh angezündet.« Fassungslos starrt Volker auf den verschmorten Klumpen in der Hand des Jungen, der unbemerkt an seine Seite getreten ist.»Und dann haben wir mit deinem Kaffee gelöscht, und dann ist der Aufpasser gekommen, ist ausgerutscht und hat sich irgendwas gebrochen, und …«

»Verdammt, geht sofort zurück!«, faucht Volker voller mühsam unterdrückter Wut. »Ich darf jetzt nicht gestört werden, hörst du? Ich muss jetzt höllisch aufpassen!« Er weist instinktiv mit dem ausgestreckten Finger in die Richtung, in die die Räuberin verschwunden ist.

Es piept in diesem Moment einmal kurz durch den dämmrigen Abend, und an einem Toyota Corolla leuchten die Blinker zweimal kurz hintereinander auf. Die Frau winkt, bevor sie einsteigt, noch einmal mit der Linken in die Richtung des Mannes, den Volker nicht sehen kann.

»Was willst du denn von Frau Zenker?«

Volker starrt den Kleinen fassungslos an. »Frau Zenker?«

»Unsere Klassenlehrerin.«

»Klassenlehrerin?«

»Die ist oft hier und spielt Tennis.«

»Tennis?« Volker merkt nicht, dass er sich anhört wie ein extrem begriffsstutziger Papagei.

Frau Zenker hat beim Winken fünf Finger an der linken Hand.

Sie setzt sich hinters Lenkrad und schließt die Autotür, startet und setzt rückwärts aus der Parklücke. Als sie langsam an ihnen vorbeirollt, kann Volker ihr Gesicht sehen. Sie sieht jetzt überhaupt nicht mehr so aus wie Henrike »Henny« Bechtold. Sie ist eine Lehrerin an der Grundschule Nettersheim.

Volker schluckt schwer. »Los, geh zu den anderen zurück und sag ihnen, dass wir jetzt gleich heimfahren.«

»Aber wir sind doch gerade erst ...«

»Geh jetzt!«, brüllt Volker unbeherrscht. »Sofort!«

Wütend stapft Ken-Teophil auf Socken über den regennassen Boden zurück zum Eingang.

Volker steht auf dem menschenleeren Parkplatz und kaut frustriert auf der Unterlippe. In seinen Ohren rauscht es. Keine Supermarkt-Räuberin, keine sachdienlichen Hinweise, keine Belohnung ...

Hinter ihm raschelt etwas. Dann ist da ein Luftzug. Er schafft es nicht mehr rechtzeitig, sich umzudrehen, als jemand von hinten nach seinem linken Arm greift, ihn auf den Rücken dreht, als von rechts etwas Kaltes, Hartes an seine Kehle gehalten wird.

»Keinen Ton«, raunt eine dunkle Männerstimme. Sie klingt so, als könnte sie zu einem großen, breitschultrigen Typ mit tätowierten Unterarmen, dichtem, schwarzem Kinnbart und einem akkuraten Undercut gehören. »Los, vorwärts. Und keine Zicken.«

Sie steuern ein Auto an. Einen bulligen Ford Ranger. Die Seitentür ist offen. Volker wird brutal hineingestoßen. Als er unsanft auf dem Sitz landet, sieht er für einen kurzen Moment dem Mann direkt in die Augen, die ihn gefährlich anblitzen.

»Wie hast du mich gefunden?« Das Gesicht kommt jetzt ganz nah an ihn heran. Volker riecht ein herbes Deo. Es ist tatsächlich der Begleiter der Lehrerin, der Typ mit der Sporttasche, der Fitness-Mann.

Vor allen Dingen aber ist er Eberhard »Amboss« Stachowiak, das erkennt Volker mit einem Mal. Stachowiak ist vor vier Jahren aus der JVA Werl ausgebrochen, wo er wegen fünffachen Mords lebenslänglich eingesessen hat. Das hat Volker damals im Fernsehen alles ganz genau verfolgt. Stachowiak gilt als brutal und unberechenbar. Er hat einen Wärter halbtot geschlagen und auf seiner Flucht ein altes Ehepaar umgebracht. Gefasst wurde er bisher nicht.

»Als Volker S. in diesem Moment die spitz zulaufende Klinge des Springmessers erkennt, ahnt er, dass diese Fahrt die letzte seines Lebens sein wird«, hört er im Geiste die sonore Stimme aus dem Off.

Es ist in diesem Moment für Volker zwar nur ein sehr schwacher Trost, aber immerhin hat er die berechtigte Hoffnung, dass sie schon bald bei *Aktenzeichen XY ungelöst* über ihn berichten werden.

**Peter Godazgar**

# ES WERDE LICHT

Es dauert eine Weile, bis er das Kabel der Lichterkette entwirrt hat, und während er mit dünner werdendem Geduldsfaden vorsichtig die miteinander verbundenen Lämpchen übereinanderlegt und untereinander durchführt, denkt er über eines der letzten großen Menschheitsrätsel nach: Wie, verdammt noch mal, kommen diese meterlangen Lichterketten so perfekt aufgefädelt in diese winzigen Kartons? Hatte man sie einmal daraus befreit, gab es keinen Weg mehr, sie wieder ordentlich zu verpacken. Versuchte man es dennoch, so musste man scheitern – und am Ende würde man alles in eine Kiste stopfen, die mindestens dreimal so groß war.

Endlich ist er fertig, und er hat sich gerade auf den Boden gekniet, um die ersten Lämpchen der Kette um den Stamm des Bäumchens in seinem Vorgarten zu wickeln, als er eine tiefe Stimme hinter sich hört. Er erschrickt ein wenig.

»Tach!«

Ole Neukötter dreht sich um. Zwei Männer stehen auf dem Gehweg und blicken ihn über den Jägerzaun hinweg an, der das Grundstück begrenzt. Ein hagerer großer sowie ein etwas kleinerer und deutlich kräftigerer, mit altmodischem Brillengestell und strähnig langem Resthaar an den Kopfseiten.

»Hallo«, antwortet Neukötter und erhebt sich. Er ist mit seiner Frau und den beiden Kindern erst vor einem Monat in das Einfamilienhaus in der ruhigen Stichstraße in der Euskirchener Südstadt gezogen. Von hier braucht er nur zehn Minuten bis zur Arbeit in Kuchenheim. Ab dem Frühjahr wird er mit dem Rad fahren, hat er sich vorgenommen. Um der zunehmenden Wölbung seines Bauchs etwas entgegenzusetzen.

Den Rundlichen erkennt er als den Nachbarn aus dem Haus gegenüber. Den anderen hat er auch schon ein paar Mal hier in der Straße gesehen, vermutlich noch ein Nachbar?

Neukötter tritt an den Zaun: »Guten Tag, Herr, äh ... sorry ... Sie wohnen da vorn, stimmt's?« Er zeigt auf das Haus auf der gegenüberliegenden Straßenseite.

Der Mann nickt. »Knolles.«

»Was?«

»Knolles, Edgar Knolles. Genau, ich bin Ihr Nachbar.«

»Und ich heiße Rübsam«, sagt der lange Dünne. »Karl-Heinz Rübsam. Ich wohne da vorne.«

»Ah ja. Guten Tag.«

»Was machen Sie da?«, fragt Knolles.

Neukötter runzelt die Stirn. »Ähm, wonach sieht es denn aus?«

»Es sieht so aus, als wollten Sie eine Lichterkette an Ihrem Bäumchen anbringen.«

Neukötter nickt langsam und sagt gedehnt: »Kooorreeekt.«

»Wir möchten Sie bitten, das nicht zu tun«, sagt Knolles sachlich.

»Wie bitte?«

»Wir hängen keine Lichterketten in unserer Straße auf.«

Neukötter ist perplex. »Äh ... Was ... Das ... Und wieso ...?«

»Ist zu gefährlich«, sagt Knolles.

»Hä?« Neukötter fragt sich, ob ihn dieses seltsame Duo veräppeln will. War hier irgendwo 'ne versteckte Kamera?

»Da können schlimme Sachen passieren«, sagt Rübsam.

»Was?« Plötzlich glaubt Neukötter zu wissen, worauf diese schrägen Typen hinauswollen. Er lacht auf und schüttelt den Kopf. »Nein, nein! Das ist Topqualität, kein No-Name-Kram aus dem Internet. Die Kette war richtig teuer.«

Das Duo am Jägerzaun schweigt.

»CE-Kennzeichen, GS-Siegel, alles dran«, sagt Neukötter. »Sie können mir glauben, ich kenn mich damit aus. Auch beruflich. Ich bin Energieelektroniker. Arbeite bei e-regio.«

Die Männer tauschen einen Blick.

Neukötter deutet auf die am Boden liegenden Lämpchen. »Die Kette hat Schutzklasse IP 65. Nicht nur 44 wie die meisten Außenketten. Und einen Rundstecker hat das Kabel natürlich auch.«

Die beiden Männer schweigen hartnäckig, also plappert Neukötter weiter: »Den Originalkarton habe ich leider nicht mehr. Hab die Kette nicht mehr reingekriegt.«

Neukötter lacht erneut. »Das ist ja eines der ungelösten Menschheitsrätsel: Wenn man die Kette einmal aus dem Karton ...«

Knolles unterbricht ihn: »Wir wollen das nicht.«

Ole Neukötter kratzt sich am Kopf. *Wir wollen das nicht* – was soll das denn heißen? »Hören Sie zu, Sie brauchen da wirklich keine Sorge zu haben. Ich bringe jetzt hier diese Lichterkette an, und dann werden Sie sehen, wie schön ...«

»Nein, *Sie* hören jetzt zu«, sagt Knolles. »Wir haben einen Schwur geleistet. Alle Nachbarn in dieser Straße. Keine Lichterketten.«

Neukötter verzieht das Gesicht. Langsam wird er ungeduldig. »Aha. Und warum?«

»Weil wir erleben mussten, wie das enden kann«, sagt Rübsam.

Neukötter lacht ein bisschen verächtlicher, als es klingen soll. »Und wie kann das enden?«

»Mit zwei Toten«, antworten Knolles und Rübsam wie aus einem Mund.

Neukötter muss schlucken.

Knolles zeigt auf die am Boden liegende Kette. »Und genau so hatte es angefangen. Mit einer Lichterkette im Vorgarten. Ganz klassisch, am Weihnachtsbaum. Vierzig Lämpchen, Kerzenform. Ebenso unspektakulär wie herzerwärmend. Das war vor mindestens zwanzig Jahren. Jeder hier in der Straße hatte zur Adventszeit eine Lichterkette in den Vorgarten gehängt.«

Rübsam nickt und schaut versonnen: »Richtig schön sah das aus. Heimelig. Im Jahr drauf hatten wir uns dann verabredet: zum großen *Anleuchten*, quasi das vorweihnachtliche Gegenstück zum *Angrillen* oder zum *Anbaden*. Hatten uns am ersten Adventssonntag getroffen, um die Lichterketten anzubringen. Waren nach Einbruch der Dunkelheit wie auf ein geheimes Zeichen aus unseren Häusern gekommen und hatten die Kabelenden genommen, um sie in die jeweilige Außensteckdose unserer Häuser zu stecken. Hatten uns zugewinkt, und Fummel hatte gerufen …«

Rübsam schaut zu Knolles, und Knolles ruft: »Es werde Licht!«

»Fummel?«, fragt Ole Neukötter.

Rübsam nickt zu Neukötters Haus. »Willi Fummel, der Mann, der vor Ihnen hier wohnte. Einer der beiden Toten. Na ja, damals hatten wir alle noch gelacht und die Stecker eingestöpselt.«

Wieder übernimmt Knolles: »Und es ward Licht«, sagt er salbungsvoll. »Und wir sahen, dass das Licht gut war.«

»Danach gab's Glühwein, selbst gebackenen Stollen und Kekse.«

»Nachbarschaft, wie man sie sich vorstellt.«

Rübsam zieht geräuschvoll die Nase hoch. »Ja, und danach haben wir den kleinen Lord geguckt. Je öfter ich den sehe, umso früher muss ich weinen. Spätestens wenn Cedric dem Farmer Higgins eröffnet, dass der auf seinem Grundstück bleiben kann, und der Farmer ihn mit großen Augen anschaut, und der Earl of Dorincourt ist völlig überrumpelt, weil er Higgins ja eigentlich keinen Aufschub …«

»Ja, ja, ja«, unterbricht ihn Knolles. »Trotzdem ging von da an alles den Bach runter.«

»Das stimmt nicht«, sagt Rübsam. »Eine Weile ist es gut gegangen.«

Knolles schüttelt den Kopf. »Nää, nää, die Stimmung änderte sich schon im Jahr drauf. Als Fummel zusätzlich einen leuchtenden Weihnachtsstern in das Küchenfenster hängte, das zur Straßenseite zeigte.«

»Stimmt«, sagt Rübsam. »Ich erinnere mich noch, wie Linsengruen über die Straße rief: ›Jetzt willst du's uns wohl zeigen, was?‹«

»Genau«, ergänzt Knolles. »Und Fummel rief zurück: ›War eine Idee meiner Frau!‹«

»Linsengruen?«, fragt Neukötter.

Knolles zeigt mit dem Daumen über die Schulter. »Der wohnte gleich neben mir.« Er senkt die Stimme noch tiefer, soweit das überhaupt möglich ist: »Der zweite Tote.«

Rübsam nickt. »Fummel und Linsengruen lächelten und winkten, aber als Linsengruen in sein Haus ging, knurrte er mir leise zu: ›Eine Idee von seiner Frau, na klar.‹ Am nächsten Abend hingen Weihnachtssterne in zwei Fenstern von Linsengruens Haus. Und noch zwei Tage später hing sowohl bei Fummel als auch bei Linsengruen in jedem Fenster ein Stern.«

Knolles nickt. »Sah schön aus, keine Frage.«

Rübsam brummt zustimmend. »Als wir im Jahr drauf gemeinsam ›Es werde Licht‹ riefen, leuchteten bei Fummel und Linsengruen die Sterne in den Fenstern. Fummel jedoch hatte außerdem die Fensterrahmen mit leuchtenden Lichterketten umrahmt. Ich weiß noch, wie ich meiner Frau an jenem Abend sagte: ›Hast du gesehen? Das sieht ja hübsch aus, wie Fummel seine Fenster beleuchtet hat.‹«

Knolles hebt einen Zeigefinger. »Ich stelle mir vor, wie Linsengruens Frau dasselbe zu ihrem Mann gesagt hat. Und ich stelle mir vor, wie Linsengruen gedacht hat: Nächstes Jahr schlage ich zurück.«

Rübsam übernimmt wieder: »Das tat er – Fummel aber auch. Und so standen sie an jedem ersten Adventssonntag aufs Neue in ihren Vorgärten und riefen gemeinsam: ›Es werde Licht!‹«

Knolles macht eine ausholende Geste über den Vorgarten: »In Fummels Vorgarten leuchteten an sämtlichen Gewächsen Lämpchen auf, außerdem über die gesamte Länge des Jägerzauns. Hinzu kamen Lichterketten im Tür- und in den Fensterrahmen, außerdem an den Hauskanten.« Knolles weist mit dem Daumen über die Schulter. »Bei Linsengruen blieben die Hauskanten unbeleuchtet, dafür hatte er entlang der Dachrinnen Eiszapfen-Lichterketten angebracht und die Dachfläche mit Lichtervorhängen illuminiert. Fummel und Linsengruen standen sich eine Weile stumm gegenüber, dann rief Fummel: ›Sieht schön aus bei dir.‹ Linsengruen antwortete: ›Bei dir aber auch.‹ Tja, das war das Jahr, in dem einige von uns ihre Lichterketten nicht mehr aufhängten.«

Ein Moment des Schweigens entsteht, dann sagt Neukötter: »War aber schon ein bisschen kindisch, das Verhalten der beiden, oder?«

Knolles zuckt mit den Schultern. »Na ja, Fummel und Linsengruen waren nicht die dicksten Freunde. Sie hatten immer so ein Konkurrenzding am Laufen. Wir anderen hielten uns da raus.«

Rübsam sagt: »Hatte vielleicht auch damit zu tun, dass Fummel dem Linsengruen die Frau ausgespannt hatte.«

»Möglich«, nickt Knolles. »Im Jahr drauf registrierte Fummel jedenfalls mit einigem Entsetzen, dass Linsengruen bereits Ende November eine Rentier-Figur in seinen Vorgarten wuchtete. Fummel begab sich stante pede in den Baumarkt seines Vertrauens. Dort erstand er zwei Rentier-Figuren, außerdem einen beleuchteten Schneemann, einen beleuchteten Schwan, einen beleuchteten Eisbären und ein Fünfer-Set beleuchteter Erdmännchen. Es war auch das Jahr, in dem erstmals die Heimatzeitungen auf die beleuchteten Häuser aufmerksam wurden und hübsche Vorweihnachtsgeschichten draus strickten. Die Überschrift des Artikels im *Stadt-Anzeiger* lautete: ›Es werde Licht‹, in der *Rundschau* hieß es: ›Euskirchens weihnachtlichste Vorgärten‹.«

Knolles fingert ein Stück Papier aus seiner Jackentasche. Während er es auseinanderfaltet, spricht er weiter: »Hier! Den Artikel aus dem *Stadt-Anzeiger* hab ich noch. Im Text wurden Fummel und Linsengruen nicht nur als Nachbarn dargestellt, sondern als ...« Knolles malt Anführungsstriche in die Luft –. »Freunde, die gemeinsam ihre Straße zur Vorweihnachtszeit ein bisschen schöner machen wollten.« Knolles hebt das Blatt und liest: »Es geht uns nicht darum, wer das schönere Haus hat«, wehrt der 69-jährige Willi Fummel ab. Und sein 71 Jahre alter Nachbar schmunzelt: »Wir spornen uns gegenseitig an mit unseren Ideen.«

Rübsam schaut düster. »Und wie die sich angespornt haben. Im Jahr drauf standen Fummel und Linsengruen natürlich wieder zur verabredeten Zeit in ihren Vorgärten, um ›Es werde Licht!‹ zu rufen. Es ward aber nicht Licht. Vielmehr gab es erst einen sehr lauten Knall und eine Sekunde später einen zweiten.«

»Dann herrschte Finsternis«, sagt Knolles.

»In der gesamten Straße«, sagt Rübsam.

Ole Neukötter atmet geräuschvoll aus. »Na ja, aber das kann ja heutzutage gar nicht mehr passieren. Die LEDs ziehen doch kaum noch Strom. Wie gesagt, ich arbeite bei der e-regio. Übrigens nicht nur am Schreibtisch, ich bin tagtäglich unterwegs, um ...«

Knolles winkt ab. »In gewisser Weise war das ja das Problem. Mit den LEDs gab es sozusagen keine technische Grenze mehr.«

Neukötter fragt: »Haben Sie denn nicht versucht, mit den beiden zu reden?«

Knolles blickt nachsichtig. »Selbstverständlich. War aber zwecklos. Die Fronten waren längst verhärtet. Klassische Nachbarschaftsstreitdynamik.«

»Hatte vielleicht auch damit zu tun, dass Linsengruens Frau zwischenzeitlich wieder zu Knolles zurückgekehrt war«, ergänzt Rübsam.

»Ja«, nickt Knolles. »Und es wurde sogar noch dynamischer.« Er schaut Rübsam an. »Weißte noch?«

»Klar«, sagt Rübsam und zeigt an Neukötter vorbei. »Sehen Sie den Baumstumpf da?«

Neukötter schaut sich in seinem Vorgarten um. »Den da?«

Rübsam nickt. »Da stand das alte Tannenbäumchen von Fummel. Linsengruen hat es abgesägt. Mit einer Kettensäge.«

Neukötter starrt auf den Stumpf. »Und das hat Fummel auf sich sitzen lassen?«

»Natürlich nicht. Fummel revanchierte sich, indem er die Weihnachtsmannfigur auf Linsengruens Dach köpfte.«

»Und letztes Jahr ist die Sache dann so richtig eskaliert«, sagt Knolles.

»Noch mehr eskaliert?«, fragt Neukötter.

»Hatte vielleicht auch damit zu tun, dass Linsengruens Frau nun auch bei Fummel wieder ausgezogen und mit dem *Bofrost*-Fahrer durchgebrannt war«, murmelt Rübsam.

»Ich dachte, es war der *Eismann*-Fahrer?«, fragt Knolles.

»Oder so. Jedenfalls: Es war am vierten Adventssonntag. Wir saßen vorm Fernseher und guckten den kleinen Lord, es lief gerade die Szene, in der Mr. Havisham dem Earl mitteilt, dass Cedric nun doch der rechtmäßige Erbe von Dorincourt ist und diese Minna Tipton nur eine Betrü…«

»Komm zur Sache!«, unterbricht Knolles.

Rübsam räuspert sich. »Auf einmal hören wir Schüsse. Als ich aus dem Fenster gucke, sehe ich, wie gerade einer von Fummels beleuchteten Schwänen zerplatzt. Im nächsten Moment knallt es erneut, und in Linsengruens Vorgarten fliegt einem Rentier das Geweih weg.«

Knolles übernimmt: »Bis die Polizei endlich da war, waren die beiden Vorgärten völlig verwüstet. Alles kaputt. Alles dunkel. Vor Gericht taten die beiden es dann als aus dem Ruder gelaufenes Späßchen ab. Der Richter glaubte ihnen und gab ihnen Bewährung. Leider.«

»Das ganze Jahr über haben die beiden dann ihre Vorgärten in Ordnung gebracht. Und als sie im September damit begannen, die ersten Lichterketten anzubringen, hatten wir beschlossen, dass es so nicht weitergehen kann.«

»Na ja, und am Samstag vor dem ersten Adventssonntag fand man Fummel und Linsengruen.«

»In ihren Vorgärten?«, fragt Neukötter.

Knolles winkt ab. »Nää, auf einer Lichtung im Billiger Wald.«

»Hatten sich offenbar duelliert«, ergänzt Rübsam.

»Und beide hatten getroffen.«

»Tja.«

Schweigen legt sich über die Straße. In Neukötter arbeitet es. Er starrt auf die beiden Männer, dreht sich um und schaut auf die Lichterkette, zum Baumstumpf, auf sein Haus, in das er vor einem Monat gezogen ist, und auf das Haus auf der gegenüberliegenden Straßenseite, in dem Linsengruen gewohnt hatte.

Knolles' tiefe Stimme reißt ihn aus den Gedanken. »Ich nehme an, Sie verstehen jetzt, warum wir hier keine Lichterketten wollen.«

Neukötter nickt langsam, dann sagt er: »Sie meinten eben, Sie hätten beschlossen, dass es so nicht mehr weitergehen kann.«

Knolles und Rübsam schauen sich an. »Was?«, fragen sie gleichzeitig.

»Sie sagten: Wir hatten beschlossen, dass es so nicht weitergehen kann. Was haben Sie damit ...«

»Das haben wir nicht gesagt«, sagt Knolles streng.

»Doch«, sagt Neukötter.

»Nein«, sagt Rübsam noch strenger. »Sie müssen sich verhört haben.«

»Wir haben gesagt: Uns war klar, dass die Sache böse enden muss«, sagt Knolles.

Die beiden Männer starren Neukötter unverwandt an.

Neukötter öffnet den Mund, um etwas sagen, lässt es dann aber.

In die Stille hinein sagt Knolles: »Ein großes Stück Pappe.«

»Was?«, fragt Neukötter.

»Nehmen Sie ein großes Stück Pappe. Oben und unten schneiden Sie eine Kerbe. In die eine Kerbe haken Sie den Stecker der Lichterkette ein, dann wickeln Sie die Lichterkette um die Pappe. Das Ende kommt in den anderen Schlitz. Dann gibt's auch kein Kuddelmuddel.«

»Aha«, sagt Neukötter. »Guter Tipp. Danke.«

»Keine Ursache«, sagt Knolles, und Rübsam ergänzt: »Wir helfen gern.«

Die beiden Männer wollen sich umdrehen, da fragt Neukötter: »Was ist denn mit einem Stern? Ein Stern im Fenster? Selbst gebastelt. Von den Kindern.«

»Beleuchtet?«, fragt Knolles.

»Nein, ein Fröbelstern. Aus Geschenkpapier.«

Knolles und Rübsam tauschen einen Blick, dann nicken sie Neukötter langsam zu, drehen sich um und schlendern zu ihren Häusern.

# DIE AUTORINNEN UND AUTOREN

Nach vielen Jahren als Schauspielerin an Staats- und Stadttheatern in Österreich, der Schweiz und Deutschland lebt **Isabella Archan** freiberuflich in Köln. Hier beginnt auch ihre Karriere als Autorin.

Ihre Krimi-Reihen um die MörderMitzi, Dr. Leo Kardiff und Willa Stark laufen mit großem Erfolg.

Neben dem Schreiben ist die gebürtige Grazerin immer wieder im TV zu sehen, u. a. im Tatort und ZDF-Produktionen. Die *MordsTheaterLesungen* zu ihren Krimis erfreuen sich großer Beliebtheit. *www.isabella-archan.de*

**Christina Bacher,** geb. 1973 in Kaiserslautern, ist Mitbegründerin des Marburger Krimifestivals und jahrelange Autorin der hr2-Ratekrimireihe *Bolle und die Bolzplatzbande.* Neben der KBV-Anthologie *SOKO Marburg-Biedenkopf* zur Kriminale in Marburg folgte der Kriminalroman *Hinkels Mord,* dessen Geschichte auf einem echten Fall basiert.

Heute lebt die Journalistin und Autorin von Jugendbüchern und Kriminalromanen in Köln, wo sie vor ei-

nigen Jahren »Bachers Büro« gründete – eine Schmiede für Texte aller Art. Als Chefredakteurin des Straßenmagazins *DRAUSSENSEITER* wurde sie 2023 zudem als »Journalistin des Jahres« ausgezeichnet. Der Eifel fühlt sich die Wahl-Kölnerin sehr verbunden.
*www.bachers-buero.de*

**Stefan Barz,** geboren 1975 in Köln, wuchs in Kommern auf und lebt heute in Wuppertal. In Bonn studierte er Germanistik und Philosophie und arbeitete nebenbei als freier Journalist. Nach dem Studium wurde er Lehrer und begann mit dem Schreiben fiktionaler Texte.

2014 erschien sein erster Kurzkrimi *Erbsünde*, mit dem er für den Agatha-Christie-Krimipreis nominiert wurde. Im selben Jahr erschien sein Debütroman *Schandpfahl*, für den er den »Jacques-Berndorf-Förderpreis« verliehen bekam. Seither veröffentlichte er eine Eifel-Krimi-Reihe um den Kommissar Jan Grimberg und Krimis aus seiner Wahlheimat, dem Bergischen Land.
*www.stefan-barz.de*

**Carsten Berg** wurde in Castrop-Rauxel geboren, wuchs in der Nähe von Düsseldorf im Bergischen Land auf und studierte in Aachen: sehr kurz Bergbau, dann sehr lange Germanistik und Philosophie. Durchlief in den folgenden Dekaden die für Bestseller-Autoren klassische Schule: Journalist, PR-Redakteur, Werbetexter, Vorleser, Vater, Stützlehrer, Fallmanager.

1998 erschien sein erster Krimi; seit 2000 Kooperation mit dem Musiker HeJoe Schenkelberg: *SilbenTasten*, mit Auftritten im Raum der Euregio.

Hier ermittelt auch sein Detektiv Libuda und wohnt à la Rockford in einem Caravan, den er mit einem Volvo »Schneewittchensarg« zusammen mit einem Sack voller ungeklärter Fragen geerbt hat.
*https://liton.nrw/person/berg-carsten/*
*https://www.das-syndikat.com/autoren/autor/11795-carsten-berg.html/*

**Ulrike Bliefert,** geb. 18. September 1951, ist Autorin, Schauspielerin, Hörspiel-Sprecherin und leidenschaftliche Vorleserin. Sie lebt mit vier Katzen, zwei Hunden und einem Ehemann in einem idyllischen kleinen Dorf in der Mecklenburgischen Seenplatte. Ihre historischen Kriminalromane um die Fotografin Auguste Fuchs entführen die Leserinnen ins ausgehende 19. Jahrhundert: *www.augustekrimi.de.*

Als Ex-Kölnerin und Eifel-Fan begeistern sie die in ihrer Geschichte erwähnten Bilder des Eifelmalers Fritz von Wille, u. a. zu sehen im Bitburger Haus Beda: *www.haus-beda.de/museum-im-haus-beda.html.*

**Christiane Dieckerhoff** schreibt Spreewaldkrimis, Entwicklungsromane und unter dem Pseudonym Nelly Fehrenbach dramatische Liebesromane. Sie sagt, es sei einfacher, einen Menschen umzubringen, als ihn zu verlieben.

Ihr Roman *Engel der Themse* stand auf der Shortlist des Goldenen Homer in der Kategorie »Historischer Kriminalroman« (Pseudonym Anne Breckenridge). Im Jahre 2023 wurde ihre Kurzgeschichte *Bescherkind* mit dem GLAUSER-Krimipreis des SYNDIKATS ausgezeichnet.

**Peter Godazgar,** geb. 1967, studierte Germanistik und Geschichte und besuchte u. a. die Henri-Nannen-Journalistenschule in Hamburg. Er arbeitet in der Pressestelle der Stadt Halle (Saale).

Seine teils mörderischen Fantasien verarbeitet er in Kriminal- und anderen Romanen, vor allem aber in einer stetig wachsenden Zahl schwarzhumoriger Kurzkrimis, was ihm bereits zwei Mal eine Nominierung für den renommierten Friedrich-Glauser-Preis eingebracht hat.

Bei KBV hat er die Anthologien *Ruhe sanft in Sachsen-Anhalt* und *Killing you softly* herausgegeben, und in den Bänden *Der tut nix, der will nur morden* und *Killer am Rande des Nervenzusammenbruchs* veröffentlichte er seine schwarzhumorigen Kurzkrimis. *www.godazgar.de*

**Carsten Sebastian Henn,** geb. 1973 in Köln, ist einer der einflussreichsten Weinjournalisten Deutschlands und gilt als »König des kulinarischen Krimis« (WDR). Er studierte Weinbau in Australien und besitzt einen uralten Riesling-Weinberg an der Mosel.

Seine Romane um den Ahrtaler Koch und Meisterdetektiv Julius Eichendorff (Emons) bilden die erfolgreichste Weinkrimiserie im deutschsprachigen Raum. Für KBV las er seine Romane *Der letzte Whisky* und *Der letzte Aufguss* als Hörbuch ein und gehört zum Trio Kramp/Henn/Voehl, die die »Mords«-Krimi-Komödien für KBV verfassten. Außerdem ist er einer der Autoren des Krimi-Camps, die in jeweils nur acht Tagen die Romane *8* und *Acht Leichen zum Dessert* schrieben. Mit seinen Romanen *Der Buchspazierer*, *Der Geschichtenbäcker*

und *Die Butterbrot-Briefe* eroberte er die Bestsellerlisten.
*www.carstensebastianhenn.de*

Zur Welt kam **Rudi Jagusch** 1967. In dem Jahr starben Benno Ohnesorg und Che Guevara; einem zu kalten Frühling folgte ein heißer Sommer. Heute lebt er mit meiner Familie in einem Dorf nahe Köln. Im ersten Leben Elektriker, Diplomverwaltungswirt, Tausendsassa, Weltenbummler und Abenteurer, widmet er sich inzwischen seiner Leidenschaft: dem Schreiben.
*www.rudijagusch.com*

**Thomas Kiehl** ist Schriftsteller und Jurist. Aufgewachsen zwischen IKEA-Möbeln im naturbelassenen Allgäu, lebt er heute zwischen Dom und feinster Nachkriegsarchitektur in Köln. Zum Ausgleich zieht es ihn regelmäßig zum Schreiben ins einsame Norwegen. Während seines Studiums verdiente er sich sein Geld als Klavierlehrer für Kinder, nach dem Abschluss als Manager in einem Großkonzern. Neben vielen Kurzgeschichten veröffentlichte er eine Thriller-Trilogie um die Verhaltensbiologin Lena Bondroit.

**Ralf Kramp,** geb. 1963 in Euskirchen, lebt in einem alten Bauernhaus in der Eifel. Für sein Debüt *Tief unterm Laub* erhielt er 1996 den Förderpreis des Eifel-Literatur-Festivals. Seither erschienen mehrere Kriminalromane und zahlreiche Kurzgeschichten.

In Hillesheim in der Eifel unterhält er zusammen mit seiner Frau Monika das »Kriminalhaus« mit dem »Deutschen Krimi-Archiv« (30.000 Bände), dem »Café

Sherlock«, einem Krimi-Antiquariat und der »Buchhandlung Lesezeichen«.

Im Jahr 2023 wurde er mit dem Ehren-Glauser für »herausragendes Engagement für die deutschsprachige Krimiszene« ausgezeichnet. Mit seinen schwarzhumorigen Kurzkrimis hat er sich nicht nur ein treues Lesepublikum erobert, sondern er tourt auch mit unterhaltsamen Leseabenden durch den deutschsprachigen Raum. *www.ralfkramp.de, www.kriminalhaus.de*

**Tatjana Kruse,** Jahrgangsgewächs aus süddeutscher Hanglage, lebt und arbeitet in Schwäbisch Hall, der Stadt zur Bausparkasse. Sie schreibt hauptberuflich Krimödien und reist damit vorlesenderweise viel durch die Lande – besonders gern immer wieder in die Eifel. Mehr unter *www.tatjanakruse.de*.

**Manfred »Manni« Lang** ist 1959 auf einem Bauernhof in Bleibuir/Eifel geboren und hat sich zeitlebens außer zu militärischen, Lern-, Arbeits- und Urlaubszwecken nie sehr weit aus der rheinisch sprechenden Eifel entfernt.

Der gelernte Tageszeitungsredakteur und langjährige selbstständige Betreiber einer Presse- und PR-Agentur (»ProfiPress«) in Mechernich hat mittlerweile über 15 Bücher aus und über die Eifel geschrieben und herausgegeben.

Lang ist Ständiger Diakon in der katholischen Kirche (Bistum Aachen) und vielfältig als Rezitator und Vortragskünstler unterwegs, unter anderem mit der berühmt-berüchtigten »Eifel-Gäng«.

**Ralf Lano**, geb. 1965 in Kyllburg. Hat nach der mittleren Reife eine Ausbildung zum Werkzeugmacher absolviert. Nach dem Grundwehrdienst im Fallschirmjäger Btl 262 und einigen Jahren Berufstätigkeit folgte eine Weiterbildung zum Staatlich geprüften Maschinenbautechniker. Im Anschluss arbeitete er einige Jahre als Designer/Konstrukteur von Kachelöfen. Seit 21 Jahren ist er als Maschinenbaukonstrukteur bei einem größeren Automobilzulieferer beschäftigt. Zum Schreiben kam er bereits sehr früh, bisher ist eine Kurzgeschichtensammlung *Geschichten aus Disselbach* erschienen sowie ca. 20 Kurzgeschichten in regionalen Publikationen (z. B. Eifeljahrbuch). Bei KBV startete 2023 mit *Ein Echo aus stählerner Zeit* seine neue historische Krimireihe.

Ralf Lano lebt mit seiner Frau in einem kleinen Ort in der Nähe von Bitburg.

**Ute Mainz** wohnt seit über 60 Jahren mit ihrer Familie in der Nordeifel und fühlt sich mit diesem Landstrich und den hier lebenden Menschen eng verbunden. Das spürt man auch in ihren unterhaltsamen Kriminalgeschichten, denn sie lässt die Leserinnen und Leser an den lokalen Besonderheiten teilhaben, die diesen manchmal etwas rauen Landstrich so liebenswert machen. Bekannt wurde sie als Autorin der Krimireihe »Steling«, die hauptsächlich im Großraum Monschau und dem Hohen Venn spielt.

**Marcus Metzner** wurde 1969 im Ruhrgebiet geboren und lebt heute in Neuss und Gütersloh. Er studierte Filmwissenschaft, Germanistik und Anglistik und absolvierte ein Volontariat zum TV-Journalisten. Nach mehrjähriger Tätigkeit in TV-Agenturen arbeitet Metzner seit vielen Jahren im Bereich PR und Marketing. Als Mitglied des Neusser Künstlervereins beschäftigt er sich zudem freischaffend mit künstlerischer Fotografie und ist mit seinen Arbeiten regelmäßig in Ausstellungen vertreten. 2022 wurde Marcus Metzner mit dem »Deutschen Kurzkrimipreis« ausgezeichnet.

Als Journalistin, Reporterin und Korrespondentin hat **Angelica Netz** aus vielen Ländern der Welt berichtet. Seit 30 Jahren ist Köln ihre Heimat, wo sie zuletzt beim WDR Leiterin des Hörfunkprogramms WDR 2 und Chefredakteurin des WDR Hörfunks war. Im April 2024 erschien im KBV Verlag ihr erster Roman *Schuld ohne Sühne*. Ihr Beitrag zu *Mordeifel Nordeifel 2* spielt nun an einem der Lieblingsorte der gebürtigen Münchnerin, im Nationalpark Eifel.

**Herbert Pelzer,** geb. 1956, lebt und schreibt auf dem platten Land vor den Toren Kölns. Zuletzt hat er bis zum Frühjahr 2020 in der Film- und Fernsehausstattung gearbeitet, daneben widmet er sich seit einigen Jahren dem Schreiben.

Seit 2008 verfasst er Beiträge zur Regionalgeschichte, 2017 erschien mit *Durch die Jahre* sein Debütroman. 2021 veröffentlichte er bei KBV *Es wird jemand sterben*, die erste Kriminalerzählung, die – wie viele seiner Texte – in die Nachkriegszeit seiner Heimat, der Voreifel, führt. 2022 folgte mit *Niemand* der erste Band seiner Krimireihe aus der Voreifel, die 2023 mit *Rosental* fortgesetzt wurde.

**Elke Pistor,** Gemünder Jahrgang 1967, studierte Pädagogik und Psychologie. Seit 2009 ist sie als Autorin, Publizistin und Medien-Dozentin tätig. 2014 wurde sie für ihre Arbeit mit dem Töwerland-Stipendium ausgezeichnet, 2015 und 2023 *(»Venn«* aus *Tatort Eifel 8)* für den Friedrich-Glauser-Preis in der Kategorie »Kurzkrimi« nominiert. Seit 2012 Mitglied der SoKo Nordeifel Mordeifel, 2014 bis 2016 Sprecherin des SYNDIKATs, der Autorenvereinigung deutschsprachiger KrimiautorInnen. Elke Pistor lebt mit ihrer Familie in Köln.
*www.elkepistor.de*

**Tobias Quast,** aufgewachsen in Wuppertal, studierte Literatur- und Medienwissenschaft an der Universität Düsseldorf. Mehr als seine zahlreichen Jobs, etwa als Buchhändler, Journalist oder Übersetzer, prägte ihn, dass er mit einer Finnin verheiratet ist. Seine Lieblingsstadt Helsinki ist ihm mittlerweile zur zweiten Heimat geworden. Nach Aufenthalten in England und den USA lebt Tobias Quast heute als freier Autor mit seiner Familie im Rheinland. Bei HarperCollins erscheint seine Krimi-Reihe um die Münchnerin Sarah Fuchs.

**Andrea Revers** wurde 1961 in Brühl/Rheinland geboren. Sie ist Diplom-Psychologin, studierte Publizistik und Kommunikationswissenschaften und machte eine Ausbildung zur Journalistin und Marketing-Beraterin.
Sie lebt in der Eifel und widmet sich nach langjähriger Tätigkeit als Management-Trainerin und Coach nun voll und ganz dem Schreiben. Sie verfasste Bücher, Fachartikel und zahlreiche Kurzkrimis. 2011 wurde sie

für den »Deutschen Kurzkrimipreis« nominiert. Ihre Romanreihe um die Ex-Kommissarin Frederike Suttner hat der Palette der Eifelkrimi-Literatur eine neue Farbe hinzugefügt und umfasst nun bereits vier Bände und wird 2024 mit *Vertrau mir nicht* fortgesetzt.
*www.andrearevers.de*

**Andreas J. Schulte,** geb. 1965, verheiratet, zwei Söhne, ist geboren und aufgewachsen in Gelsenkirchen und lebt heute mit seiner Familie in der Nähe von Andernach. Neben seinen Krimis und Thrillern schreibt und veröffentlicht er auch Kurzgeschichten und historische Kriminalromane. Seine mehrbändige Krimireihe aus der Eifel dreht sich um die Fälle des ehemaligen Militärpolizisten und NATO-Sonderermittlers Paul David.
*www.krimiautor.com*

**Klaus Stickelbroeck,** geb. 1963, lebt in Kerken am Niederrhein und arbeitete als Polizeibeamter in Düsseldorf. Seinen ersten Kurzkrimi veröffentlichte er im Jahr 2000. Der erste Kriminalroman *Fieses Foul* erschien 2007. *Fischfutter* (2010) wurde für den Friedrich-Glauser-Preis als bester Kriminalroman des Jahres nominiert.

Sein Serienermittler ist der Ex-Profifußballer und Privatdetektiv Hartmann. Die Reihe umfasst bisher neun Bände, zuletzt *Kickstart*. Stickelbroeck ist zudem einer der vier »Krimi-Cops«, deren Kriminalromane, zuletzt *Zahltag* (2024), ebenfalls bei KBV erschienen sind.
*www.klausstickelbroeck.de*

**Sabine Trinkaus** wuchs im hohen Norden hinter einem Deich auf. Zum Studium verschlug es sie ins Rheinland, wo sie nach internationalen Lehr- und Wanderjahren sesshaft und heimisch wurde. Heute lebt sie in Alfter bei Bonn.

2007 begann sie ihre kriminellen Neigungen schriftlich auszuleben. Sie veröffentlichte Kurzgeschichten, für die sie einige Blumentöpfe gewann. 2012 begann sie dann, auch in langer Form zu morden. Bislang erschienen vier Kriminalromane und drei Thriller aus ihrer Feder, derzeit arbeitet sie an einem historischen Roman.

**Jutta Wilbertz** studierte Theaterwissenschaft in Gießen, machte Theater in Rom, sang in Köln und blieb dort kleben. Als Autorin und Musikkabarettistin liebt sie die kurze Form und gewann u. a. den 1. Ostfriesischen Kurzkrimipreis sowie das Masterstipendium für Textdichter »Celler Schule«. Mit ihren schwarzhumorigen Kurzkrimis und bösen Liedern ist sie deutschlandweit unterwegs – oft mit Gatte Thomas an der Gitarre, mit dem sie zwar keine Rumba, aber fleißig Tango Argentino lernt. *www.jutta-wilbertz.de*

Manfred Lang, Günter Hochgürtel & Ralf Kramp
**DIE EIFEL-GÄNG
HÄNDE HOCH – ES WIRD LUSTIG!**

Hardcover, 156 Seiten, farbig illustriert, mit Audio-CD!
ISBN 978-3-95441-539-7, 24,50 EURO

**Zum Lesen, Lachen, Liederträllern ...
Die Eifel-Gäng in Wort, Bild und Ton für zuhause!**

Seit ihrem ersten gemeinsamen Auftritt im Jahr 2012 machen sie die Eifeler Bühnen unsicher: Troubadour Günter Hochgürtel, Krimi-Komödiant Ralf Kramp und Mundart-Spezialist Manfred Lang. Einer singt, einer liest und einer trägt vor - so lautet das Motto der drei Eifeler Urgesteine, die es faustdick hinter den Ohren haben. Mit Bauernschläue, brachialem Witz und abgründigem Eifel-Humor begeistern sie bei ihren Auftritten die Menschen zwischen Vorgebirge und Mosel.

Das Buch zur Show, mit Geschichten, Verzällchen, Liedern und vielen, vielen Bildern.

Auf der beiliegenden CD finden Sie Live-Mitschnitte einiger herrlich haarsträubender Szenen aus verschiedenen Bühnenprogrammen.